KB268994

엿새 동안에

6일 창조의 증거들

편역 **이병수**

서울대학교 수의과대학 및 보건대학원 졸업
서울대학교 수의학 박사, 경인여자대학 교수
한국창조과학회 이사, IT사역위원장
안양제일교회 집사

엿새 동안에
6일 창조의 증거들

초판 1쇄 발행 2011년 11월 25일

초판 2쇄 발행 2012년 5월 10일

옮긴이 한국창조과학회 이병수

펴낸이 이방원

편집 김명희 · 안효희 · 조환열 · 강윤경

디자인 박선옥 · 손경화

마케팅 최성수

펴낸곳 세창미디어

출판신고 1998년 1월 12일 제300–1998–3호

주소 120–050 서울시 서대문구 냉천동 182 냉천빌딩 4층

전화 02–723–8660

팩스 02–720–4579

이메일 sc1992@empal.com

홈페이지 http://www.scpc.co.kr

ISBN 978–89–5586–139–6 03230

이 도서의 국립중앙도서관 출판시도서목록(CIP)은 e–CIP 홈페이지(http://www.nl.go.kr/ecip)와

국가자료공동목록시스템(http://www.nl.go.kr/kolisnet)에서 이용하실 수 있습니다.

(CIP제어번호: CIP2011004875)

엿새 동안에

6일 창조의 증거들

한국창조과학회

이병수 편역

세창미디어

　하나님의 말씀은 인류역사와 함께 끊임없이 공격을 당해왔다. 특별히 현대 과학시대에 진화론은 성경을 훼손하고 기독교를 공격하는 강력한 도구가 되고 있다. 이러한 진화론의 기초에는 지구의 나이가 수십억 년이라는 긴 연대가 자리잡고 있다. 그러므로 모든 세계가 성경대로 6일간 창조되었다는 짧은 연대를 과학적으로 증명할 수 있다면 진화론은 붕괴될 것이며 성경의 권위는 더욱 견고해질 것이다. 이처럼 연대문제는 진화론의 생명과 같을 뿐 아니라 성경의 권위에도 중요한 것임을 알 수 있다.

　최근 수십억 년의 지구 나이를 주장하는 현대 지질학과 천문학, 방사성 동위원소 연대측정법들은 많은 문제점들을 가지고 있음이 속속 밝혀지고 있다. 그리고 젊은 지구 연대를 가리키는 많은 증거들이 지질학, 생물학, 천문학, 물리학, 인류학 등 다양한 분야에서 발견되고 있다.

　「엿새 동안에」는 그러한 증거들을 모아 놓은 책이다. 한국창조과학회 창립 30주년을 맞아 이 책의 발간을 허락하신 하나님과 저술하느라 수고하신 이병수 교수님께 감사드리며, 또한 그 동안 저희 학회를 위해 물심양면으로 도와주시고 기도해주신 목사님, 성도님, 회원님들 모두에게 진심으로 감사드린다. 끝으로 이 책을 읽는 모든 분들에게 성경은 성령의 영감으로 기록된 하나님의 말씀이란 확신과 성경의 권위가 회복되는 감격과 기쁨이 넘치길 기원하는 바이다.

2011년 11월
한국창조과학회 회장 이웅상

「엿새 동안에」 발간을 진심으로 축하드립니다.

한국창조과학회는 지난 30년간의 활동을 통해 한국교회와 한국사회에 큰 영향을 끼친 단체입니다. '진화론'이 지배하는 현대사회의 패러다임이 하나님의 창조라는 거대한 진리 앞에 얼마나 무력한지를 직접 논증하며 알리는 사역을 감당했기 때문입니다. 결과적으로 창조과학을 통하여 우리는 찰스 다윈이 제창하였던 진화론이 과학이 아닌 이데올로기일 뿐이며, 인간의 지식이 얼마나 미약한지를 깨닫게 되었습니다.

본서 「엿새 동안에」는 수억, 수천만, 수십억 년으로 당연하게 여겨지는 지구의 역사, 창조의 기록이 얼마나 허구에 가득 찬 주장인지를 과학적으로 잘 논증한 저서입니다. 본서는 창조과학회가 연구해온 소중한 결실이자 과학적으로 창조의 과정을 잘 설명한 책이라고 생각합니다. 나아가 본서를 통해 현대사회가 강요하는 무신론적 이데올로기에 대항하는 진리의 깃발이 한국교회와 한국사회, 나아가 전세계에 가득하게 되기를 기대해 봅니다.

그렇기에 본서 「엿새 동안에」를 독자 여러분에게 강력하게 추천합니다. 본서가 '한국창조과학회'의 땀과 수고가 배어든 노력의 산물이기에, 그리고 창조과학이 얼마나 우수한지를 잘 보여주고 있기 때문이며, 하나님 나라의 선포에 큰 영향을 미칠 것으로 생각하기 때문입니다.

모쪼록, 본서를 통해 하나님의 큰 영광이 드러나기를 기원하며, 한국창조과학회의 사역 위에 하나님의 크신 은혜가 함께 하시기를 기원합니다. 감사합니다.

_총신대학교 총장 정일웅

성경은 하나님의 말씀이다. 하나님께서는 창세기를 통하여 엿새 동안에 천지 만물을 창조하셨음을 분명히 말씀하고 계신다. 진화론이 등장하면서 하나님의 6일 창조를 신화나 인간의 설화 수준으로 격하시키고 있는 상황에서 이 책은 최근의 과학적 발견들에 근거하여 이와 같은 진화론의 허구성을 폭로하고 있다. 한국창조과학회가 창립 30주년을 맞이하여 이 귀한 책을 발간하게 된 것을 진심으로 축하하며, 하나님의 말씀으로서의 성경의 권위를 드높이고 살아계신 하나님의 영광을 드러내는 계기가 되길 삼가 기원한다.

_장로회신학대학교 총장 장영일

성경 말씀을 기록된 뜻대로 믿는 신앙은 매우 중요하다. 사람의 사상이나 이론으로 성경을 해석해서는 안 된다. 창세기에 기록된 내용은 신화나 인간들이 지어낸 이야기가 아니다. 6일 창조, 선악과 사건, 노아 홍수 등이 사실이 아닌 신화나 비유라면, 어떻게 예수님의 동정녀 탄생과 부활, 오병이어의 기적들이 사실일 수 있단 말인가? 성경을 수호하기 위한 한국창조과학회의 노력에 깊은 감사를 드리며, 이 책이 크리스천들에게 성경에 대한 확실한 믿음을 가져다 줄 것을 확신한다.

_합동신학대학원대학교 총장 성주진

성경은 하나님께서 쓰신 책이고, 과학은 하나님이 창조하신 질서를 연구하는 것이다. 따라서 성경과 과학이 상호 배타적일 수 없다. 창세기 기록을 통해 지구와 우주의 연대가 결코 오래될 수 없다는 것은 현재의 과학적 상식이 얼마나 잘못되어 있는지를 보여주고 있다. 지구와 우주의 연대에 대한 잘못된 과학적 상식을 바로잡을 귀한 책을 오랜 기간 창조과학 사역에 헌신한 이병수 교수께서 정리해서 출간하게 되어 얼마나 기쁜지 모른다. 이 책이 많은 사람들을 올바른 길로 인도하는 귀한 도구가 되길 기도한다.

_고려대학교 의과대학 예방의학과 교수 이은일

다윈의 「종의 기원」이 발표된 이후 지난 152년 동안 과학은 상상을 초월할 정도로 발전하였다. 그런데 놀라운 사실은 새로운 과학적 발견이 거듭될수록 진화론이 틀렸음이 명백하게 드러나고 있다는 점이다. 반면에 성경에 기록된 창조 6일의 내용들이 과학적으로 역사적으로 사실임이 속속 밝혀지고 있다. 이 책은 잘못된 지식 때문에 창조주를 부인하고 공격하는 많은 사람들을 창조주께 돌아오게 하는 좋은 길라잡이가 될 것으로 기대한다.

_전북대학교 BIN 융합공학과 교수 한윤봉
(세계 100대 과학자)

"태초에 하나님께서 천지를 창조하시니라"(창세기 1:1). 하나님께서 창조하신 천지만물에 대한 주목할 만한 결과들이 최근 많이 알려졌습니다. 이런 중요한 연구결과들을 포함하는 좋은 책이 이병수 교수님의 수고로 발간되게 되어 참으로 기쁩니다. 새로운 과학적 발견들을 통해 하나님의 창조에 대한 시각을 올바르게 세우는 기쁨을 맛보시길 바랍니다.

_한양대학교 과학기술대학 응용물리학과 교수 권영헌

성경은 하나님의 감동으로 기록된 하나님의 말씀이다(딤후 3:16, 벧후 1:21). 성경은 하나님이 엿새 동안에 천지만물을 창조하셨다고 기록하고 있다(창세기 1장, 출 20:11, 31:17).

1859년 찰스 다윈의 책 「종의 기원」이 발간된 후 150여 년이 지난 오늘 날 진화론은 과학계의 하나의 패러다임으로 자리잡았다. 교육, 과학, 언론, 문화, 잡지, 박물관 등 모든 곳에서 생명의 기원에 대해서는 오직 무신론적 진화론만 가르쳐지고 있다. 진화론에서 반드시 필요한 것은 진화하는 데에 필요한 장구한 시간이다. 따라서 진화론과 함께 수십억 년의 장구한 지구 연대는 언제나 같이 말해진다. 이러한 장구한 시간은 현대 지질학의 기초인 동일과정설이 가져다주었다. 그래서 고생대, 중생대, 신생대와 같은 진화론적 지질시대가 존재했고, 지구의 나이는 46억 년이라는 것이다.

진화론과 수십억 년의 지구 나이가 맞는다면, 성경은 틀린 말씀을 기록하고 있는 것이다. 성경은 오류투성이의 책이 아니며, 신화를 기록한 책도 아니다. 역사의 주인이시며, 천지를 창조하실 때에 그 곳에 계셨던 하나님의 말씀을 기록한 책이다. 하나님은 틀린 말씀을 하실 분이 아니다.

사실 연대 논쟁에 있어서 그 중심에 있는 것은 노아 홍수이다. 성경에 기록된 전 지구적 홍수가 역사적 사실이었음이 확증된다면, 현대 지질학인 동일과정설은 붕괴되는 것이고, 고생대, 중생대, 신생대 같은 지질시대들은 연기처럼 사라지는 것이며, 수억 수천만 년이라는 시간도 거품처럼 꺼져버리는 것이고, 진화할 시간이 없는 진화론은 기초부터 붕괴되는 것이다.

이번에 출간하게 된 「엿새 동안에」는 저희 한국창조과학회와 협력하고 있는 ICR(Institute for Creation Research), AiG(Answers in Genesis) 등에

서 발표한 자료들로서, 지난 10여 년 동안 학회 홈페이지(www.creation.
or.kr)에 번역하여 게재되었던 3,000여 편의 글들 중 일부를 모아 책으로
엮어낸 것이다. 이 책은 지구와 우주의 나이가 진화론이 주장하는 것처
럼 수십억 년이 되지 않았으며, 이 세계는 성경에 기록된 그대로 6일 동
안에 창조되었고, 따라서 지구와 우주의 나이는 매우 젊으며, 그것을 가
리키는 성경적, 생물학적, 화석학적, 지질학적, 천문학적 증거들을 제시
하고 있다.

한국창조과학회 창립 30주년을 맞이하여 「정확 무오한 성경」에 이어
「엿새 동안에」의 출판을 허락하신 하나님께 먼저 감사드리며 이 책을 올
려드린다. 바알에게 무릎을 꿇지 않았던 칠천 명의 사람들처럼 그 동안
진화론과 수십억 년의 연대에 무릎을 꿇지 아니하고, 성경에 기록된 그
대로 하나님이 6일 동안에 천지만물을 창조하셨으며, 노아 홍수는 전 지
구적 홍수였고, 성경은 정확 무오한 하나님의 말씀임을 믿고 힘써 외쳐
왔던 한국창조과학회의 모든 회원님들과, 그 동안 학회를 이끌어 오셨
던 김영길, 송만석, 이웅상, 정계헌 회장님들, 지부장님들, 이사님들께 감
사드리는 바이다. 그리고 이 책이 출간되도록 번역과 감수로 수고해 주
신 IT 사역위원회와 성경위원회의 여러분들, 행정적으로 지원해 주신 사
무처장님과 간사님들, 그리고 저희 학회를 기도와 물질로 후원해 주셨던
많은 목사님들, 성도님들께 감사드리는 바이다.

발간되는 책이 수십억 년이라는 진화론적 패러다임 속에서 살아가야
하는 오늘날의 크리스천들과 수많은 교회들에게 커다란 기쁨이 될 수 있
기를, 그리고 무엇보다도 하나님께서 기뻐하시는 책이 될 수 있기를 소
망해 본다. 그리고 6일 창조가 역사적으로 과학적으로 사실임이 밝혀져,
성경을 기록된 그대로 믿는 신앙이 신학계, 과학계, 교육계, 언론계, 문화
계 등 모든 영역으로 퍼져나가길 소망해 본다.

2011년 11월

이 병 수

수억 수천만 년의 연대를 부정하는 화석학적 증거들

부정되고 있는 오래된 연대의 지질학적 증거들

젊은 태양계와 젊은 우주의 증거들

빅뱅설과 별빛 문제

 방사성 동위원소 연대측정의 문제점

 맺는 글

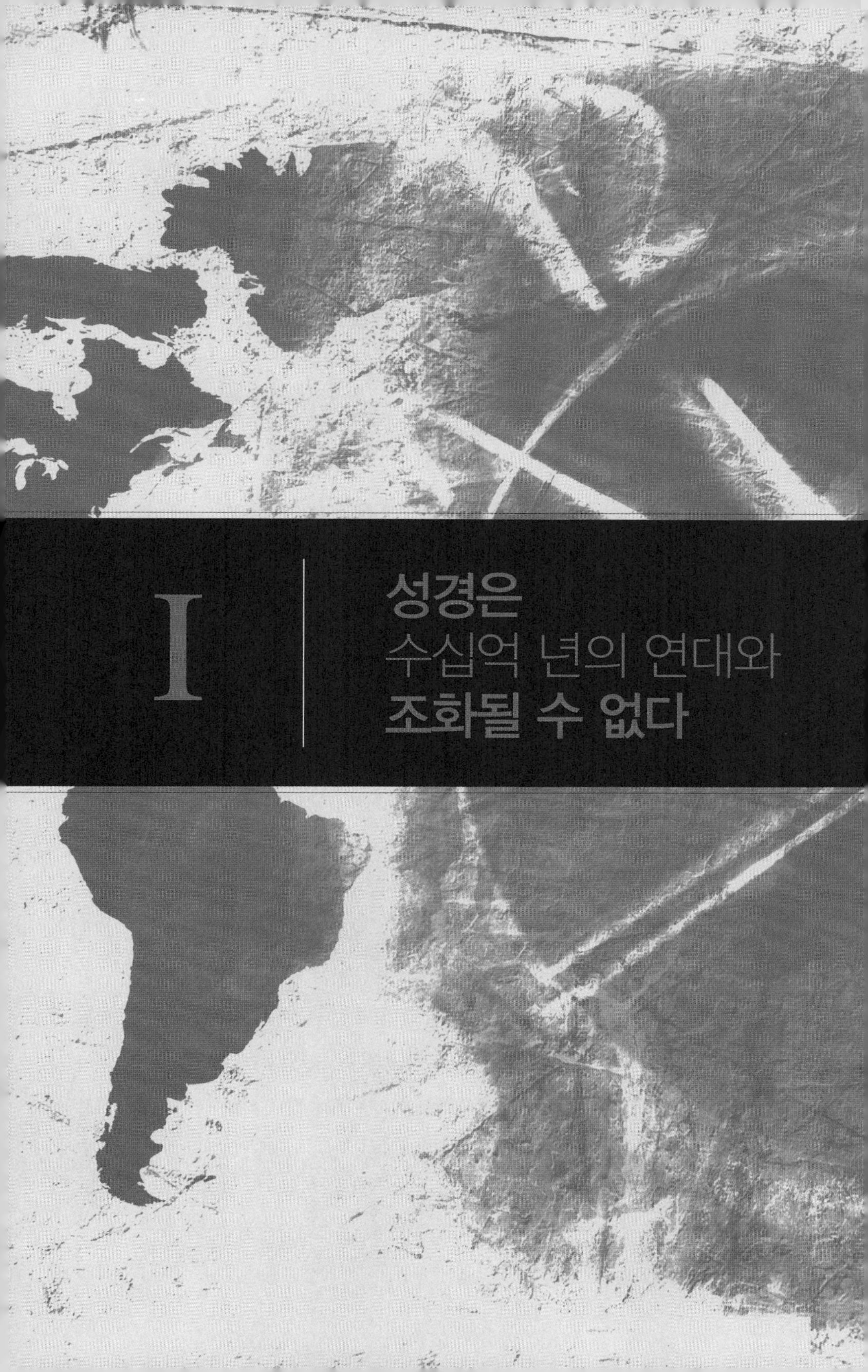

I

성경은
수십억 년의 연대와
조화될 수 없다

_01
수십억 년의 연대를 받아들여서는 안 되는 7가지 이유

" … 나 여호와가 엿새 동안에 천지를 창조하고 … " (출 31:17)

지구의 나이에 관해서 전 세계적으로 교회 안에 강력한 논쟁이 일어나고 있다. 교회 역사에 의하면 18세기까지 크리스천들의 보편적인 믿음은 하나님께서 예수님이 오시기 대략 4천 년 전에 문자 그대로의 6일 동안 이 세계를 창조하셨으며, 노아의 시대에 한 번의 전 지구적 홍수를 일으켜 이 세계를 파멸시키셨다는 믿음이었다.

그러나 대략 200년 전에 일부 과학자들이 지구 역사에 대한 새로운 이론을 개발하였다. 그 이론은 지구와 우주의 나이가 수십 수백억 년 되었다는 것이었다. 지난 200년 동안 기독교 지도자들은 수십억 년의 연대와 성경을 조화시키기 위해서 여러 시도들을 하였다. 이러한 타협적 이론들에는 날-시대 이론(창세기 1장의 날들은 오랜 지질시대들이라는 견해), 간격 이론(창세기 1장 1절과 2절 사이에 오랜 시간 간격이 있다는 견해), 골격 가설(창세기는 단지 영적인 진실만을 담고 있는 것이지 과학적 또는 역사적 진실을 포함하고 있지 않다는 견해), 유신진화론

(하나님이 진화를 이용하여 이 우주와 생물들을 창조하셨다는 견해), 지역적 홍수론(노아의 홍수는 중동 지방의 지역적 홍수였다는 견해), 점진적 창조론(수십억 년의 지구 연대를 믿는 창조론)과 같은 생각들이 포함된다.

그러나 많은 과학자들을 포함하여 점점 더 많은 크리스천들이 성경만이 진정 신뢰할 수 있는 유일한 것이라는 전통적인 견해로 되돌아가고 있으며, 과학적 증거들은 오늘날 과학계의 지배적 패러다임인 오래된 지구연대와 맞지 않는다고 믿고 있다.

많은 크리스천들이 지구의 나이 문제는 중요하지 않으며, 복음을 전파하는 데에 방해가 되는, 크리스천들을 분열시키는 지엽적인 주제라고 말하고 있다. 그러나 이것이 정말 그러한가? 여러 창조론 단체들은 그렇게 생각하지 않고 있다.

크리스천들이 수십억 년의 오래된 지구 연대를 받아들여서는 안 된다고 생각하는 몇 가지 이유를 소개하고자 한다. 그래서 독자들이 이 연대 문제에 관하여 좀더 주의 깊게 생각해볼 수 있기를 희망한다. 그리고 좀더 깊이 있는 많은 글들을 살펴볼 수 있게 되기를 희망한다.

1. 성경은 하나님이 수천 년 전에 문자 그대로 하루가 24시간인 6일 동안에 창조하셨음을 가르치고 있다.

창세기 1장에서 '날(day)'이라는 히브리어 단어는 '욤(yom)'이다. 구약성경에서 욤이라는 단어는 문자 그대로의 하루를 의미하는 것으로 거의 대부분 사용되었다. 그리고 하루를 의미하지 않을 때는 문맥 속에서 그것을 분명히 알 수 있게 되어 있다.

마찬가지로 창세기 1장의 문맥은 창세기의 날들이 문자 그대로의 날이었음을 분명히 나타내고 있다. 첫째, 욤은 성경에서 사용된 최초의 시간으로서(창 1:4~5) 두 가지 문자적 의미로, 즉 빛/어둠 주기에서 빛 부분과 전체 빛/어둠의 주기로서 정의되어 있다. 둘째, 욤은 '저녁과 아침'이라는 단어와 함께 사용되고 있다. 이 저녁과 아침이라는 단어는 구약성경 모든 곳에서 함께 또는 각각, 그리고 욤이라는 단어와 함께 또는 없이, 항상 문자 그대로의 하루 중에서 문자 그대로의 저녁과 아침을 의미하고 있다. 셋째, 욤은 숫자로 수식되어 있다. 즉, 첫째 날, 둘째 날, 셋째 날… 등. 이러한 사용은 구약성경의 모든 곳에서 문자적인 날들을 가리킨다. 넷째, 욤은 창 1:14절에서 하늘의 천체들과 관련하여 문자 그대로 정의되고 있다.

이들 창조의 날들은 단지 대략 6,000년 전에 일어났었다는 것은 창세기 5장과 11장의 족보(여기에는 마태복음 1장의 간략하게 쓰여진 족보와는 분명히 다른, 매우 상세한 연대기적 정보를 제공하고 있다)와 성경의 다른 연대기적 정보들로부터 분명해진다.

2. 출 20:11절은 창세기 1장을 수십억 년의 연대와 조화시키려는 모든 시도를 차단하고 있다.

"이는 엿새 동안에 나 여호와가 하늘과 땅과 바다와 그 가운데 모든 것을 만들고 일곱째 날에 쉬었음이라 그러므로 나 여호와가 안식일을 복되게 하여 그 날을 거룩하게 하였느니라" (출 20:11)

이 구절은 이스라엘 백성들이 엿새 동안 일하고, 일곱째 날에는 안식하라는 하나님의 명령에 대한 이유를 말해주고 있다. 욤은 계명의 양쪽 부분에서 같이 사용되었다. 만약 하나님이 오랜 여섯 시대(기간) 동안 창조하셨고, 이스라엘 백성들이 6일 동안 일하는 것을 의미했다면, 불명확한 시간을 나타내는 3개의 히브리 단어 중 하나를 사용하셔서서 말씀하셨을 것이다. 하나님은 문자적으로 하루를 나타내는 유일한 단어를 선택하셨고, 유대인들은 그것을 문자 그대로 이해했다(그 단어가 수천만 년의 시간을 나타낸다는 생각은 19세기 초까지 생겨나지 않았다). 이러한 이유 때문에, 날-시대 이론이나, 골격가설은 거부되어야만 한다. 또한 6일 이전에 수십억 년이 있었다는 간격 이론이나 다른 시도들도 잘못된 것이다. 왜냐하면 하나님은 엿새 동안에 하늘과 땅과 바다와 그 가운데 모든 것을 만드셨다고 말씀하고 있기 때문이다. 따라서 하나님은 문자 그대로의 엿새 동안에 모든 것을 만드셨고, 첫째 날 이전에는 아무것도 없었다.

3. 노아의 홍수는 수십억 년의 시간을 쓸어가 버린다.

창세기 6~9장에서 노아의 홍수가 전 세계적인 대격변적인 홍수라는 증거는 압도적이다. 예를 들면, 홍수는 모든 범죄한 사람들뿐만이 아니라, 모든 육상동물과 새들, 그리고 지구의 표면을 파괴시키기 위해서 의도되었다. 이것은 단지 전 지구적인 홍수만이 달성할 수 있는 것이다. 방주의 목적은 모든 종류의 육상동물들과 새들을 각기 종류대로(정결한 짐승 암수 7쌍, 부정한 짐승 암수 한 쌍, 공중의 새들 암수 7쌍) 구원하여 홍수 이후에 지구상에서 재번성하도록 하는 것이었다. 만약 노아 홍수가 지역적 홍수였다면, 방주는 전혀 불필요했다. 홍수가 발생하기 전에 사람, 동물, 새들은 홍수 지역을 벗어나 이주할 수 있었을 것이며, 홍수 이후에 바깥 지역에서 살고 있던 동물들이 이주해 와서 번성할 수 있었을 것이다. 노아 홍수의 특징은 비가 40일 동안 멈추지 않고 계속되었다는 것이다. 이것은 대대적인 침식, 진흙사태, 허리케인 등을 일으켰을 것이다. "큰 깊음의 샘들이 터지며"(창 7:11)로 번역된 히브리 단어들은 분명히 150일 동안 많은 장소에서 지표면이 갈라지는 지각 변동적인 구조적 파괴가 있었으며, 그 결과 수많은 화산폭발, 지진, 쓰나미 등이 동반되었음을 가리키고 있다. 노아의 홍수는 오늘날 우리가 전 세계적으로 보고 있는 지질학적 지층 모습들과 정확히 같은 것을 만들었을 것이다. 즉, 수천 피트의 퇴적물들이 물에 의해서 퇴적되었고, 후에 이들은 수십억 개의 화석들을 포함하는 암석으로 굳어졌다. 만약 1년여의 홍수가 대부분의 암석지층과 화석들을 만들었다면, 그러면 진화론자들이 주장하는 것처럼 이들 암석지층들과 화석들은 수십억 년의 지구 역사를 나타내는 것이 아니다.

4. 예수님은 젊은 지구 창조론자이셨다.

예수님은 구약성경에 기록된 기적적인 사건들을 직접적으로, 그리고 진정한 역사적인 사건들로서 말씀하고 계신다(예를 들면, 아담의 창조, 노아의 홍수, 소돔에서 롯과 그의 아내, 만나, 물고기 뱃속에 있었던 요나… 등). 예수님은 사람들의 생각과 전통 위에 성경의 권위를 계속적으로 주장하셨다(마 15:1~9). 막 10:6절의 "창조 때로부터 사람을 남자와 여자로 지으셨으니"라는 구절은 예수님이 젊은 지구 창조론자이셨음을 보여주는 명백한 구절이다. 예수님은 아담과 하와가 태초의 수십억 년 이후가 아니라, 창조 때로부터 있었다고 말씀하고 계신다. 만약 실제로 우주가 수십억 년 되었다면, 그렇게 말씀하시지 않으셨을 것이다. 따라서 예수님이 젊은 지구 창조론자셨다면, 그를 믿고 따른다는 제자들이 어떻게 다른 견해를 가질 수 있겠는가?

5. 수십억 년의 연대는 죽음과 하나님의 특성에 대한 성경의 가르침을 왜곡하는 것이다.

창세기 1장에는 하나님이 만물을 창조하시고 보시기에 "좋았더라(good)"라 말씀을 6번이나 하고 계신다. 그리고 하나님은 여섯째 날 창조를 끝내시고 지으신 모든 것을 보시고 "심히 좋았더라(very good)"라고 말씀하셨다. 사람, 동물, 그리고 새들은 원래 채식성이었다(창 1:29~30). 그리고 성경에 의하면 식물은 사람과 동물처럼 '살아있는 생물체'가 아니었다. 그러나 아담과 하와는 죄를 범하였고, 전 피조물들에 대한 하나님의 심판을 가져왔다. 아담과 하와는 영적으로 즉시 죽었으며, 하나님의 저주 이후에 그들은 육체적으로 죽어가기 시작했다. 뱀과 하와는 신체적으로 변형되었으며, 땅은 저주를 받았다(창 3:14~19). 이제 전 피조물들은 크리스천들의 마지막 구속을 기다리며 썩어짐의 종노릇을 하며 탄식하고 있는 것이다. 마지막 구속의 때에 우리는 타락 이전의 세계로 만물이 회복되는 것을 볼 것이요(행 3:21, 골 1:20), 더 이상 육식 행동이 없을 것이요(사 11:6~9), 사망이 없고, 고통이 없으며, 질병이 없을 것이다(계 21:3~5). 왜냐하면 거기에는 저주가 없을 것이기 때문이다(계 22:3). 아담의 창조와 범죄 이전에 수억 수천만 년 동안 수많은 동물들의 죽음이 있었다는 것을 받아들이는 것은 사망에 대한 성경적 가르침을 부정하는 것이며, 파괴하는 것이고, 또한 예수 그리스도의 완전한 구원 사역을 훼손하는 것이다. 그리고 하나님을 어떠한 도덕적 원인이 없음에도 피조물들을 파괴시키기 위하여 질병과 자연재해와 멸종을 사용하시는(또는 막지 못하는), 그리고 그러한 일들을 보시고 "심히 좋았더라"고 말씀하시는 무능하고 잔인한 창조주로 만드는 것이다.

6. 수십억 년이라는 생각은 과학적인 사실로부터 생겨나지 않았다.

이 생각은 18세기 말과 19세기 초에 이신론적이고 무신론적인 지질학자들에 의해서 개발되었다. 이들은 창조와 홍수 및 지구의 나이에 대한 성경적 설명을 명백하게 반대하는 방법으로 지질학적 관측들을 해석하기 위해서 반성경적인 철학적, 종교적 가정들을 사용했다. 대부분의 교회 지도자들과 신학자들은 성경과 오래된 연대를 조화시키기 위해서 간격이론, 날시대 이론, 지역적 홍수론 등을 사용하여 빠르게 타협하였다. 그러나 그들은 지질학적 주장들에 대한 이해도 없었을 뿐만 아니라, 주의 깊게 성경을 연구하여 그들의 타협책을 방어하려 하지도 않았다. '오래된 연대' 개념은 과학적 관측으로부터 생겨난 것이 아니라, 자연주의적 가정들로부터 생겨난 것이다.

7. 방사성 동위원소 연대측정 방법은 수십억 년을 입증하지 않는다.

방사성 동위원소 연대측정(radiometric dating)은 20세기 초까지 개발되지 않았었다. 그때에 전 세계는 수억 년의 연대 개념을 이미 받아들이고 있었다. 수십 년 동안 창조과학자들은 이 연대측정 방법이 매우 틀린 연대들을 나타내었음을 학술지에 발표한 많은 예들을(가령 수십 년 전에 분출한 용암들이 수백만 년의 연대를 나타내는 것과 같은) 인용하여 왔었다. 최근에 창조과학자들은 그러한 증거들을 더 많이 밝혀내기 위해서 'RATE 프로젝트'라는 실험적, 이론적, 현장 연구를 수행했다. 그 결과 방사성 동위원소 연대측정 시계들은 같은 시료에 대해서 서로 다른 결과들을 나타내었고, 진화론자들이 수억 수천만 년 되었다고 주장하는 다이아몬드와 석탄들에서 단지 수천 년에 해당하는 방사성탄소(C-14)가 남아 있었으며, 방사성 붕괴율은 과거 한때 엄청나게 가속 붕괴되었다는 사실이 밝혀졌다. 이것은 수십억 년의 연대가 수천 년으로 축소될 수 있음을 가리키는 것으로, 성경의 기록을 확증하는 것이다.

결 론

이것은 성경이 창조의 진실된 역사를 기록하고 있음을 가리키는 몇 가지 이유들이다. 하나님의 말씀은 단지 도덕적, 영적 문제들뿐만이 아니라, 역사, 고고학, 과학 등 말씀하고 있는 모든 문제들에 대한 최종적인 권위가 되어야만 한다. 수십억 년의 연대를 받아들인다면 위험에 처하게 되는 것은, 성경의 권위, 하나님의 특성, 사망에 대한 가르침, 복음의 기초이다. 만약 창세기 앞부분의 장들이 진정한 문자 그대로의 역사가 아니라면, 구원과 도덕성에 대한 가르침들을 포함한 성경의 나머지 부분들에 대한 신뢰도 훼손될 수밖에 없다. 교회의 건강, 잃어버린 영혼들에 대한 복음전파의 효과, 창조주로서 하나님의 영광이 위험에 처해 있다.

〈Terry Mortenson, http://www.creation.or.kr/library/itemview.asp?no=3640〉

_02
오래된 지구의 신 : 점진적 창조론, 간격이론, 날-시대이론, 다중격변설…

성경은 질병, 피흘림, 폭력, 고통들이 항상 삶의 한 부분이었다고 가르치고 있는가? 칼 세이건이 쓴 책 「접촉(Contact)」에서 다음과 같이 말하고 있다.

"하나님이 전지전능하시다면, 왜 그는 우주가 처음 시작될 때, 그가 원하는 방법으로 시작하지 않았는가? 왜 그는 지속적으로 수선하고, 한탄하는가? 아니, 성경이 분명히 말하고 있는 한 가지가 있다. 그것은 성경의 하나님은 너절한 제작자라는 것이다. 그는 형편없는 디자이너이다. 그는 능력도 없어 보인다. 만약 어떠한 경쟁이 있었다면, 그는 파산하였을 것이다."

칼 세이건이 왜 성경의 하나님을 이같이 생각하게 되었는지 이해하기는 쉽다. 세이건은 화석 기록이 보여주는 죽음, 돌연변이, 질병, 고통, 피흘림, 폭력 등이 수억 수천만 년의 지구 역사를 통해 일어났다고 믿었기 때문이었다. 그는 또한 오늘날에도 전 세계는 죽음, 돌연변이, 질병, 고통, 피흘림, 폭력으로 가득 차 있는 것을 보았기 때문이다. 그래서 이렇게 엉망진창인 삶과 죽음에 책임이 있는 신이라면 전능하고 전지할 수 없다고 결론지었던 것이다.

하나님에 대한 세이건의 이같은 견해는 오래된 지구연대를 믿는 그의 믿음과 일치한다. 수십억 년의 오래된 지구를 받아들이는 사람들은, 암석과 화석들이 느리고 점진적인 과정에 의해서 생성되었다고 믿고 있기 때문에, 또는 방사성 동위원소 연대측정이 정확하게 암석의 연대를 측정하였다고 믿고 있기 때문에, 화석기록은 사람이 존재하기 이전에 (그래서 인간의 죄 이전에) 수억 년의 시간을 보여준다고 믿고 있는 것이다.

그러나 화석기록은 아름다운 것이 아니다. 그것은 서로 다른 동물들을 잡아먹는 일들, 뼈에 남아 있는 암과 같은 질병, 폭력, 가시를 가진 식물 등등의 증거들을 보여주고 있다.

세이건의 글은 그가 창세기와 어느 정도 친숙했음을 보여주고 있다. 그가 창세기를 읽고 생각했어야만 했던 것은, 6일 간의 창조를 마치시고 하신 "하나님이 지으신 그 모든 것을 보시니 보시기에 심히 좋았더라…"(창 1:31)라는 말씀이었다. 어떻게 암과 같은 질병이 있는 지구가 보시기에 심히 좋을 수 있었을까? 성경은 아담의 죄로 인한 저주로 가시덤불이 생겨났다고(창 3:18) 말하지 않았는가?

오래된 지구의 하나님에 대한 진정한 속성을 확인한 사람은 세이건 한 사람만이 아니었다. 하버드 대학의 인류학자인 이반 드보르는 다음과 같이 말했다.

"나는 개인적으로 온화한 우주가 존재했다는 조각난 증거도 찾아볼 수 없다. 나는 무관심과 변덕만을 보게 된다. 어떤 종류의 신이 99.9%의

멸종률로 일을 하는가?”

드보르는 화석기록은 하나의 거대한 멸종임을 인정하고 있었다. 만약 이것이 수억 수천만 년에 걸쳐서 일어났다면, 인간의 죄에 대한 홍수 심판과 같은 이유도 없이 거대한 수의 생물체들이 파멸되어 온 것이었다. 어떤 종류의 신이 그러한 시나리오를 만들 수 있겠는가? 오래된 지구의 신은 사랑의 하나님이 될 수 없다.

이 논쟁은 또한 찰스 다윈의 주요한 논쟁거리 중의 하나였다. 수억 수천만 년 동안 질병, 고통, 죽음과 같은 끔찍한 과정들을 어떻게 사랑의 하나님이 허락하실 수 있었겠는가? 수십억 년의 오래된 지구를 믿는 크리스천들은 오래된 지구의 신에 대한 진정한 본성을 이해할 필요가 있다. 그 신은 성경이 말하는 사랑의 하나님이 아니다.

많은 보수적이고 복음주의적인 크리스천 지도자들까지도, 지층 암석의 나이가 수억 수천만 년 되었다는 믿음을 받아들이고, 활발하게 전파하고 있기도 하다. 많은 기독교인들이 점진적 창조론에 영향을 받아왔다. 대표적인 대변자가 휴 로스(Hugh Ross)이다. 그는 다음과 같이 말하고 있다.

“인류는 우주의 나이가 어느 정도 되었을 때만 단지 존재할 수 있다. 만약 우주가 너무 젊거나 늙었다면 생물체는 불안정해질 것이다. 생명체는 우주의 나이가 120~170억년 정도일 때만 존재가 가능하다… 당신이 성경에서 볼 수 있는 것처럼, 아담과 하와는 범죄하기 이전에 식물들을 먹고 살았기 때문에, 아담이 범죄하기 이전에도 식물들의 최소 부분들은 죽고 있었다.”

흥미롭게도 자유주의 신학 진영은 오래된 지구 개념을 지지하면서도 복음주의적 기독교에 남아 있으려는 모순성을 보이고 있다. 예를 들어, 미국의 최고 총감독인 죤 셀비 스퐁은 다음과 같이 언급하고 있다.

"찰스 다윈은 우리 크리스천들에게 창조 이야기는 문자 그대로일 수가 없다는 사실을 알게 하였을 뿐만 아니라, 또한 그는 수 세기 동안 말해져 오던 예수에 대한 근본 신화를 파괴하였다. 그 신화는 완성된 창조가 있었고, 인류는 죄로 인해 타락하게 되었고, 그래서 우리가 하나님이 원래 창조하셨던 상태로 돌아가기 위해서는 구원하는 신의 존재가 필요하다는 것을 말하고 있었다. 그러나 찰스 다윈은 완벽한 창조는 없었다고 말한다. 왜냐하면 그것은 아직도 완성되지 않았기 때문이다. 그것은 지금도 진행되고 있다. 죄로 인해 타락하고 추방되었던 완벽한 인간이란 없었다. 오히려 45~50억 년 동안 천천히 출현하여, 복잡성이 증가하고, 의식이 증가되었던 하나의 단세포가 있었을 뿐이었다."

"그래서 죄로부터 우리를 구원하기 위해 오셨다는 예수의 이야기는 어리석은 이야기인 것이다. 어떻게 타락하지도 않았고, 완성되지도 않은 인류의 배경과 반대되는 예수의 이야기가 완전성과 힘을 가지고 말해질 수 있었을까?"

진화론자인 스퐁은 분명히 수십억 년의 지구 역사를 믿고 있었다. 점진적 창조론자와 같이, 그는 한 번의 전 지구적인 홍수를 거부했다. 왜냐하면 그는 지층 암석들이 매우 오래된 연대를 가지는 것으로 해석했기 때문이었다. 스퐁이나 점진적 창조론자들은 죄 이전에 완벽한 세계를 가질 수 없다. 스퐁은 창세기에 기록된 타락이 실제로 발생하지 않았기 때문에, 오래된 지구의 신은 소위 타락으로부터 인간을 구원할 수 없음을 분명히 하고 있었던 것이다.

종교의 발전에 대한 템플턴 상의 수상자이며, 카렌톤 대학의 명예 교수인 이안 바보르는 최근에 다음과 같이 말했다.

"전통적인 크리스천들이 말하는 것과 같이 사망은 죄에 대한 하나님의 벌이라고 더 이상 말해질 수 없다. 사망은 인간이 존재하기 오래 전에 이미 존재했던 것이다."

이것은 수억 수천만 년의 시간이 화석기록과 연관되어 있음을 분명히 보여주고 있다. 오래된 지구의 신은 창조의 한 부분으로서 사망을 사용했던 신인 것이다. 그러므로 사망은 죄에 대한 벌이, 또는 맨 나중에 멸망받을 원수가(고전 15:26) 될 수 없는 것이다.

1994년, 영국 성공회 신부인 톰 앰브로즈는 영국 교회신문에 게재한 글에서 오래된 지구의 신에 대한 진정한 본질을 간명하게 묘사했다.

"화석들은 인간이 진화로 태어나기 이전 수십억 년 동안 살다가 죽어간 생물체들의 잔해이다. 죽음은 생물체들의 삶만큼 오래되었고, 이들은 잠시도 분리되지 않았다. 그러므로 죽음이 죄에 대한 하나님의 벌이 될 수 있는가?"

"아담은 범죄 하기 이전까지 하나님과 완벽한 관계를 가지고 있었고, 그리고 우리가 해야 할 필요가 있는 것은 하나님과의 원래의 관계를 회복하기 위해서 회개하고 예수 그리스도를 받아들이라고 사람들은 말하려고 한다. 그러나 이와 같은 완벽함은 결코 존재하지 않았다. 그러한 세계는 결코 없었다. 실제이든 영적이든, 그러한 곳으로 돌아가려는 노력은 하나의 착각이다. 불행하게도 그것은 아직도 많은 복음주의적 설교의 중심이 되고 있다."

성경은 명백히 완벽한 창조가 있었으나 지금은 죄에 의해서 훼손되었음을 가르치고 있었음에도, 스퐁은 그것을 단순화하였고, 앰브로즈에 의해서 함축되었다. 그들은 화석기록에 대한 수억 년의 역사를 받아들임으로써, 일관성을 위하여 원죄와 인간의 범죄에 대한 형벌로서의 사망을 집어던져 버려야만 했던 것이다. 그러므로 오래된 지구의 신은 죄와 사망에서 우리를 구원하시는 성경의 하나님이 될 수 없는 것이다.

따라서 많은 과학자들에 의해 화석 기록에 부여된 수억 수천만 년의 연대와 타협하는 크리스천들은 다른 신을, 즉 오래된 지구의 잔인한 신을 경배하는 것과 같은 것이다.

세이건과 다윈과 같은 사람들이 가지는 문제점은 이 세상이 완벽하게 시작되었다는 것을, 그들이 이해하지 못했다는 것이다.

그러나 아담이 반역함으로써(로마서 5장) 죄가 세상에 들어오고 사망이 왔으며, 심히 좋았던 세상은 변하여 탄식하며 고통하는 것으로 바뀌었던 것이다(롬 8:22). 이 현재의 세상을 바라보았을

때, 그들은 하나님의 본성을 보지 못하였고, 다만 죄의 결과만을 보았던 것이다. 이것이 차이이다.

성경의 하나님은 자비와 은혜와 사랑의 하나님이시며, 당신의 독생자를 인간의 죄를 위해 보내셨던 분이다. 그로 인해 우리가 죄로부터 구원을 얻고, 하나님과 영원히 함께할 수 있게 되었다. 왜냐하면 그는 죄가 없으셨던 분이고, 우리를 위하여 죄인 되셨고, 그래서 그로인해 우리는 하나님 앞에 의로운 자가 될 수 있기 때문이다(고후 5:21).

의심할 여지없이, 오래된 지구(점진적 창조론, 간격 이론, 날-시대 이론, 다중격변설… 등)의 하나님은 복음을 파괴하고 있는 것이다. 성경이 말하는 사랑의 하나님, 거룩한 하나님, 의로우신 하나님으로 교회가 돌아가는 데에, 이 글이 도전이 되기를 바란다.

〈Ken Ham, http://www.creation.or.kr/library/itemview.asp?no=2016〉

_03
아담 이전의 죽음은 성경을 왜곡하는 것이다

1800년대 초부터 시작하여, 기독교 지도자들은 화석들(fossils)로 인해서 당황하기 시작했다. 문제는 다음과 같은 사실로부터 유래하였다. 1) 화석은 한때 살았던 동물과 식물의 잔존물인 것처럼 보인다. 2) 제임스 허튼과 찰스 라이엘과 같은 일부 과학자들은 화석들은 오랜 기간 동안 느리고 점진적인 과정에 의해서 쌓여졌음이 입증되었다고 주장했다. 3) 성경을 직설적으로 읽을 때, 창조는 단지 수천 년 전에 일어났으며, 사망은 하나님의 원래의 계획 중의 하나가 아니라 아담과 하와의 범죄 때문에 들어오게 된 것이라고 성경은 말하고 있었기 때문이었다.

이 시기 이전까지 대부분의 과학자들과 신학자들은 화석은 노아 홍수에 의한 전 지구적인 파괴로 생겨났다고 생각하고 있었다. 그러나 지구의 나이에 대한 매우 오래된 연대 개념이 지지를 얻기 시작하면서, 어떤 무엇인가가 화석을 해석하는 데에 사용되어야만 했다. 신학자들은 반대 증거들에 직면하여 성경을 구하는 일이라고 주장하면서 여러 가지 가능성들을 제시하였고, 이러한 오래된 연대 개념을 받아들이도록 인도하였다.

성경을 손상시키고 왜곡하고 있는 이러한 타협적인 개념들 중 하나는 '다중격변론'으로서, 지구상에는 여러 번의 격변이 있었는데, 노아의 홍수가 여러 번의 격변들 중에서 가장 마지막에 일어난 격변이었다는 것이다(노아의 홍수는 신생대 제4기 홍적세 지층을 만들었던 홍수라고 주장함). 그래서 대부분의 화석들은 노아의 홍수와는 다른 수억 수천만 년 전에 일어났었던 여러 번의 홍수들에 의해 만들어진 것이라는 것이다.

또 하나의 타협적 개념으로 노아의 홍수는 어떠한 화석이나 지질학적 흔적을 남기지 않고 산들을 덮었던 '평온한 홍수'였다는 것이다. 그리고 또 다른 가설로는 노아의 홍수는 단지 메소포타미아 지역에 일어났었던 '지역적 홍수'였고, 그래서 지층 깊이 들어있는 전 지구적인 화석들은 노아 홍수와는 관계가 없는 노아 홍수 이전에 장구한 세월동안 형성된 것들이라는 것이다.

스코필드는 '간격 이론'이라고 불리는 견해를 대중화시켰다. 이 이론은 창세기 1장의 1절과 2절 사이에 광대한 시간의 간격이 있었다는 이론이다. 그의 주석성경에서 기록했던 것처럼, 그 이유는 "화석들을 태고의 창조 시기로 내쫓아 버리고, 창세기의 우주론과 과학이 충돌하지 않기 위해서"였다. 오늘날 더 인기가 있는 타협책은 '날-시대 이론'이다. 이것은 창세기의 날들은 화석들이 쌓였던 매우 오랜 기간이었다고 제안하는 것이다. 그리고 창세기를 아예 무시해 버리는 '유신진화론'이 있다. 그리고 오늘날 복음주의 신학교에서도 활발하게 가르쳐지고 있는 타협 이론은 '골격가설'이다. 이것은 창세기는 단지 영적인 진실만을 담고 있는 것이지, 과학적인 또는 역사적인 진실을 포함하고 있지 않다는 견해이다. 이러한 주장들 각각은 화석 문제는 제거해버릴 수 있었지만, 사실 성경을 왜곡하는 것으로서 끝을 맺고 있는 것이다.

성경을 믿는 크리스천들에게 무엇이 과거에 일어난 일들에 대한 사람들의 추정을 받아들이도록 하고 있는가? 사람들은 현재를 살고 있지 않은가? 그들은 모든 것을 알 수 없지 않은가? 그들은 화석들이 만들어질 당시인 과거에 그곳에 없지 않았는가? 하나님의 말씀이 시작부터 틀렸다고 말하는 사람들은 누구인가? 그리고 크리스천들은 왜 그러한 추정과 적합시키기 위해서 성경을 왜곡하는가? 성경은 과거와 현재의 모든 것을 알고 계시는 분의 기록이 아닌가? 성경은 분명하고 명백하게 사망은 사람의 범죄 함으로써 이 세상에 들어왔다고 우리에게 말해주고 있지 않은가?

"선악을 알게 하는 나무의 열매는 먹지 말라 네가 먹는 날에는 반드시 죽으리라 하시니라" (창 2:17)

"네가 흙으로 돌아갈 때까지 얼굴에 땀을 흘려야 먹을 것을 먹으리니 네가 그것에서 취함을 입었음이라 너는 흙이니 흙으로 돌아갈 것이니라 하시니라" (창 3:19)

"죄의 삯은 사망이요…" (롬 6:23)

"그러므로 한 사람으로 말미암아 죄가 세상에 들어오고 죄로 말미암아 사망이 들어왔나니…" (롬 5:12)

"피조물이 다 이제까지 함께 탄식하며 함께 고통을 겪고 있는 것을 우리가 아느니라" (롬 8:22)

성경은 또한 우리에게 사망이 들어온 이후 전 지구적인 거대한 홍수가 있었음을 말해주고 있다. 이것은 물에 의해 만들어진 엄청난 양의 퇴적지층들을 쌓아 놓았을 것이다. 그리고 그 안에 수많은 생물들을 파묻어 버렸을 것이다. 퇴적물은 이제 퇴적암이 되었다. 그리고 죽은 생물들은 화석이 되었다. 우리는 엄밀한 과학적 조망으로 노아의 홍수를 입증할 수는 없다. 그러나 화석기록의 본질은 성경 기록에서 기대되는 것과 정확히 같은 것이다. 우리는 화석이 쌓여질 당시에 그곳에 있지 않았던 사람들의 추정보다, 그곳에 계셨던 그리고 그 모든 것을 보고 계셨던 분의 증언을 더 신뢰해야 할 것이다!

〈John D. Morris, http://www.creation.or.kr/library/itemview.asp?no=3589〉

*식물들은 아담의 범죄 이전에 죽었는가?

오래된 지구 연대를 주장하는 사람들은 아담의 범죄 이전에도 죽음이 있었다고 말한다. 왜냐하면 아담이 식물들을 먹을 때에 식물들은 죽었기 때문이라는 것이다. 아담의 범죄 이전에 죽음이 있었는지를 결정하기 이전에, 우리는 생명이 무엇인지에 대해 정의할 필요가 있다. 식물들은 '생명의 호흡'도 없고 '피'도 없다. 그래서 그들은 사람과 동물들이 '죽는' 것과 같은 의미로 죽을 수 없다. 하나님은 식물을 사람과 동물들에게 먹을 거리로 주신다고 말씀하셨다. "하나님이 이르시되 내가 온 지면의 씨 맺는 모든 채소와 씨 가진 열매 맺는 모든 나무를 너희에게 주노니 너희의 먹을 거리가 되리라 또 땅의 모든 짐승과 하늘의 모든 새와 생명이 있어 땅에 기는 모든 것에게는 내가 모든 푸른 풀을 먹을 거리로 주노라 하시니 그대로 되니라" (창 1:29~30). "… 네가 먹을 것은 밭의 채소인즉" (창 3:18)

홍수 이후에 하나님은 동물들을 사람의 먹을 것으로 추가하여 주셨다.
"모든 산 동물은 너희의 먹을 것이 될지라 채소 같이 내가 이것을 다 너희에게
주노라 그러나 고기를 그 생명 되는 피째 먹지 말 것이니라"(창 9:3~4)

생명은 피에 있음에 주목하라. 식물은 피를 가지고 있지 않다.
"육체의 생명은 피에 있음이라 내가 이 피를 너희에게 주어 제단에 뿌려 너희
의 생명을 위하여 속죄하게 하였나니"(레 17:11)

식물과 관련된 구절들에서 '피'라는 단어를 찾아볼 수 없다. 식물들은
사람이 죽는 것과 같은 방법으로 죽지 않고, 시들고, 마르고, 쇠잔한다
고 표현되어 있다.
"… 그들은 들의 채소와 푸른 풀과 지붕의 잡초와 자라기 전에 시든 곡초 같이
되었느니라"(왕하 19:26).
"… 다른 풀보다 일찍이 마르느니라"(욥 8:12).
"그들은 풀과 같이 속히 베임을 당할 것이며 푸른 채소 같이 쇠잔할 것임이로
다"(시 37:2).

〈Kent Hovind, http://www.creation.or.kr/library/itemview.asp?no=3302〉

_04

창세기 1장의 날(day, 욤)은 얼마의 시간이었는가?

창조 주간의 날들은 그 길이가 24시간 동안이었는가? 아니면 오랜 기간들이었는가? 이 글은 창세기 저자가 사용했던 '시간'을 나타내는 히브리어 단어들을 검토해봄으로써, 그가 선택하여 사용했던 구체적인 단어들을 통해 어떤 의미를 전달하려고 했는지를 살펴보고자 한다.

욤의 의미

모세가 하나님의 감동으로 창세기 1장의 창조에 대한 설명을 편집했을 때, '날(day)'을 가리키는 단어로 '욤(yom)'이라는 히브리어 단어를 사용했다. 그는 '첫째', '둘째', '셋째' 등의 수를 나타내는 단어들과 '저녁과 아침'이라는 단어들을 욤과 결합시켰고, 욤이라는 단어를 처음 사용했을 때 욤의 의미를 하루 밤/낮의 주기인 것으로 주의 깊게 정의하였다(창 1:5). 그 이후부터 전 성경에 일관하여 이런

식으로 사용된 욤은 항상 정상적인 24시간으로 된 하루와 관련되어 있다. 그래서 하나님이 욤이라는 단어를 이렇게 사용하셨을 때는, 그분은 창조의 각 날들은 24시간의 하루였음을 전달하려고 의도하셨다는 것이 외견상으로 명백하다.

이제 만약 하나님께서 24시간보다 훨씬 오랜 기간을 전달하시기를 원하셨다면, 어떤 다른 단어들을 사용하실 수 있으셨을지를 생각해 보기로 하자.

'시간'을 나타내는 몇몇 히브리어 단어들

오랜 기간을 나타내는 몇몇 히브리어 단어들이 있다. 먼저 퀘뎀(qedem)이라는 단어는 주로 '고대'를 의미하며 간혹 '오래된'으로 번역된다. 오람(olam)이라는 단어는 '끝없는'이나 '영원'을 의미하고, '영속하는'이나 '오래된' 또는 '영원히'로 번역된다. 타미드(tamid)라는 단어는 '계속해서' 또는 '영원히'를 뜻한다. 아드(ad)라는 단어는 '무한한 시간' 또는 '영원히'를 의미한다. 오렉(orek)이라는 단어는 욤과 함께 사용될 때는 '날들의 길이'라고 번역된다. 쇠나(shanah)라는 단어는 '일 년' 또는 '시간의 회전'(계절의 변화로부터)을 의미한다. 넷사흐(netsach)라는 단어는 '영원히'를 의미한다. 에트(eth)라는 단어는 보다 짧은 기간(시간을 나타내는 일반적인 용어)을 나타내며, 모에드(moed)라는 단어는 '계절'이나 '축제'를 의미한다. 이들 단어들 중 일부가 사용될 수 있었을지를 생각해 보자.

1) 창조가 수십억 년 전에 일어났던 사건이었다면

만약 하나님께서 창조 사건이 수십억 년 전인 오래 전 과거에 발생했었다는 것을 우리에게 말씀하시기를 원하셨다면, 하나님은 그것을 그렇게 말씀하실 수 있는 몇 가지 방법이 있으셨다. 즉 야밈(yamim, yom의 복수)이라는 단어를 홀로 또는 '저녁과 아침'과 함께 쓸 수 있으셨다. 그러면 그것은 저녁과 아침으로 된 '날들'을 의미했다. 이것은 가장 간단한 방법이었을 것이고, 그래서 많은 날들을, 더 나아가 장구한 시대를 나타낼 가능성이 있었을 것이다.

퀘뎀이라는 단어를 단독으로, 또는 '날들'과 함께 쓸 수 있었을 것이다. 이것은 고대의 날들을 의미했을 것이다. 오람이라는 단어를 '날들'과 함께 썼다면, 그것은 오래된 날들을 의미했을 것이다.

그래서 만약 하나님이 우리에게 장구한 시간 전에 창조 사건이 있었음을 전하려고 하셨다면, 하나님이 우리에게 이것을 말해주실 수 있는 최소한 3가지의 문장 구성법이 있었다. 그러나 하나님은 이들 중 어떤 것도 택하여 사용하시지 않으셨다.

2) 창조가 수십억 년 전부터 계속 진행되고 있는 사건이었다면

만약 하나님께서 먼 과거에 창조를 시작하셨으나, 어떤 종류의 유신론적 진화가 일어나도록 하여 이후로 계속 진행되었다는 것을 우리에게 말씀하기를 원하셨다면, 그분은 그것을 말씀하실 수 있는 몇 가지 방법이 있으셨다.

도르(dor)를 단독으로, 또는 '날', '낮과 밤', '저녁과 아침' 등과 함께 사용하여 표현하실 수 있었고, 그것은 여러 세대들에 걸친 날들과 밤들이었음을 의미할 수 있었다. 만약 이것이 그런 의미였다면, 진화론에서 주장하는 영겁을 가리키는 최고의 단어였을 것이다. 또

한 오람을 전치사 레(le)와 함께, 그리고 '날' 또는 '저녁과 아침'을 더하여 사용하였다면, 이것은 '영구적'인 것을 의미할 수 있었다. 또 다른 구조로 레 오람 바에드(le olam vaed)는 '시대를 나아가며'를 의미하며, 출 15:18절에서는 '영원무궁하도록'으로 번역되었다.

타미드를 '낮들과 밤들' 또는 '저녁과 아침'과 함께 사용했다면, 그것은 '그리고 그 날들은 계속되었다'를 의미할 수 있었다. 아드를 단독으로 또는 오람과 함께 사용했다면, 그것은 '그리고 그것은 영원히 계속되었다'를 의미할 수 있었다. 또한 솨나는 특별히 복수 형태로 사용되면, '한 오랜 시간'에 대해 비유적으로 사용될 수 있었다.

욤 라브(yom rab)는 문자적으로 '한 긴 날'을 의미한다 (참조: 수 24:7에서는 '많은 날', 또는 NASB에서는 'long time'). 이런 구조는 만일 하나님이 '날들'이 오랜 기간이었다는 것을 우리가 이해하기를 의도하셨다면, 그분에 의해서 잘 사용될 수 있었다. 그래서 창조과정이 오래 걸렸다는 것을 우리가 믿기를 원하셨다면, 그분은 우리에게 이것을 말해 주기 위해 사용할 수 있었던 몇 개의 적절한 단어들이 있었던 것이다. 그러나 하나님은 이들 중 어느 것도 사용하기를 선택하지 않으셨다.

3) 애매모호한 시간이었다면

만약 하나님이 창조과정이 얼마나 오래 걸렸는지에 대해 아무런 실제적 시사를 하지 않으시면서, 창조가 그냥 과거에 일어났다고만 말씀하시고 싶으셨다면, 그렇게 할 수 있었던 방법들이 있었다. 욤을 '빛과 어둠'과 결합시켜 나타내었다면, 그것은 빛과 어둠의 하루였음을 의미했을 것이다. 빛과 어둠은 구약성경의 다른 곳에서 상징적으로 사용되었기 때문에 모호할 수 있었다. 그러나 '저녁과 아침'

과 함께, 특히 그 앞에 숫자들과 함께 쓰여진 욤은 결코 애매모호할 수 없다.

예레미야 33:20절 및 스가랴 14:7절에서와 같이 '밤과 낮'이 결합된 에트는 모호할 수도 있었다. '빛과 어두움'이 결합된 에트(하나의 이론적 구조)도 마찬가지다. 만약 이들 중 어떤 형식이 사용되었다면, 창조 '날들'의 길이는 많은 논란을 벌였을 것이다. 그러나 하나님은 이것들 중 어떤 것도 선택하지 않으셨다.

저자의 의도

다음의 고찰은 하나님이 우리가 무엇을 이해하기를 의도하셨는지를 보여준다 :

1. 성경 어느 부분의 의미는 저자의 의도가 무엇이었는가에 의해서 결정되어야 한다. 창세기의 경우 저자의 의도는 분명히 역사적인 설명을 기록하기 위한 것이었다. 이것은 주 예수 그리스도와 바울 사도가 창세기를 대했던 방법에 의해 알 수 있다. 다시 말하면 예수님과 바울은 창세기를 실제로 있었던 역사적 사실로서 인용하셨고, 상징적인 신화나 비유로 생각하지 않으셨다. 분명히 저자의 의도는 우화적인 시나 환상 또는 신화를 전하는 것이 아니었다. 그래서 하나님이 모세를 통하여 창세기에서 창조에 대해 말씀하셨던 것은 그와 같은 의미로 해석되어서는 안 된다.

   사실 모세는 창조의 날들과 관련된 것은 아니지만, 앞에서의 '오랜 시간'을 의미하는 단어들 중 일부를 사용하고 있었다. 예를 들면 모세는 창 1:14절에서 "하늘의 궁창에 광명체들이 있어 …. 계절(for seasons, 모에드 moed)과 …"라고 기록했고, 창 6:3절에는 "나의 영이 영원히(오람 olam) 사람과 함께 하지 아니하리니", 창 9:12절에는 "영원히(도르 오람, olam dor, 도르=까지, 오람=영원) 세우는 언약의 증거는 이것이니라", 민 24:20절에는 "그의 종말은(아하리트, 아드 ad) 멸망에 이르리로다", 신 30:20절에는 "그는 네 생명이시요 네 장수(오레크 욤, yom orek, 오레크=길이, 욤=시간, 생애)이시니", 신 32:7절에는 "옛날(욤 오람, yom olam)을 기억하라" … 등과 같이 기록했다.

왜 하나님은 다른 것들을 설명하기 위해서는 그러한 단어들을 사용하셨으면서도, 창조의 날들과 관련해서는 그러한 단어들 중 어떤 것도 사용하지 않으셨을까? 분명히 창조의 날들은 정상적인 지구의 자전에 의한 하루로 간주되도록 하셨던 것이 하나님의 의도셨다. 그리고 어떠한 장구한 기간이 추론되도록 하는 것은 하나님의 의도가 아니셨다.

옥스퍼드 대학의 히브리어 교수인 제임스 바 교수는 창세기 1장에서 사용된 단어들은 "우리가 현재 경험하는 24시간으로 된 하루와 똑같은 연속적인 6일"을 언급하고 있다는 것에 동의하고, 유수한 대학의 히브리어 교수들 중 어느 누구도 그와 같은 해석과 다르게 말하는 사람은 없는 것으로 알고 있다고 말했다.

2. 아이들은 창세기 1장을 읽고 그 의미를 이해하는 데에 아무런 문제가 없다. 다른 해석들이 생겨나는 유일한 이유는 사람들이 진화론/무신론 등과 같은 성경 밖의 개념들과 조화시키기 위해 성경을 해석하려고 하기 때문이다.

3. 성경은 하나님이 인간들에게 주신 하나님의 메시지이다. 따라서 성경 말씀은 현실적인 부분에 있어서도 권위를 가지고 있다. 만일 누군가 성경에서 현실적인 부분을 제거하더라도, 하나님은 여전히 우리에게 진리를 전해줄 수는 있다. 그러나 그 경우에 독자들은 저자가 의도했던 대로 성경을 이해했는지 결코 확신할 수 없다. 더구나 하나님이 말씀하시는 것이 우리의 현실적 영역 밖에 있다면, 그때는 성경에 있는 단어들이 실제로 무엇을 의미하는지, 또는 그 단어들이 우리의 이해 범위를 넘어 전혀 다른 어떤 것을 의미하는지 알 수 없다. 예를 들어 만약 우리가 예수님의 부활에 대해 이와 같은 잣대를 적용한다면, 아마도 부활이라는 단어는 예수가 육체적으로는 다시 살아나지 못했으나 우리가 이해할 수 없는 어떤 방법으로는 다시 살아나셨음을 의미할지도 모른다고 생각할 수도 있을 것이다. 이런 종류의 단어 게임이 성경에 적용될 때, 성경은 그 권위를 상실하고, 우리는 현실 세계에서 신본주의적 관점을 잃게 되며, 기독교는 삶을 바꾸는 능력을 잃어버리게 되는 것이다.

4. 만약 '날'들이 일상적인 날들이 아니었다면, 그때는 하나님은 수천 년 동안 그의 백성들을 심각하게 오도해온 책임을 면할 수 없을 것이다. 수억 수천만 년의 오래된 연대와 진화론에 성경을 조화시키려는 시도가 있기 전까지, 주석가들은 보편적으로 창세기를 말씀하고 있는 그대로 기록된 그대로 이해했다.

결 론

창세기 1장에서 하나님은 모세의 '펜'을 통해서, 창조의 '날'들은 글자 그대로 지구 자전에 의한 24시간의 하루들이라는 것을 우리에게 말씀해 주시기 위해 그의 방법을 사용하셨다. 이렇게 하시기 위해 하나님은 '숫자'들과 '저녁이 되고 아침이 되니'라는 단어들과 결합된 '욤'이라는 히브리어 단어를 사용하셨다. 만약 하나님께서 그것이 수십억 년 전의 창조였다고 우리에게 말씀하시기를 원하셨다면, 그때는 그렇게 말씀하실 수 있었던 여러 좋은 방법들이 있었다. 만약 유신진화론자들의 주장과 같은 의도를 가지셨다면, 그렇게 말씀하실 수 있는 몇 가지의 구도가 있었다. 만약 시간 요소가 애매모호한 의미를 가지도록 말씀하셨다면, 히브리어로 그것을 그렇게 말하는 방법들이 있었다. 그러나 하나님은 문자적인 24시간의 태양일 하루 이외의 다른 의미를 전달할 어떠한 구도도 선택하지 않으셨다.

사용된 히브리어 단어로부터 가능한 유일한 의미는 창조의 '날'들은 24시간으로 된 날들이었다는 것이다. 하나님이 창세기 1장에서 말씀하셨던 것보다 더 명확하게 이런 의미를 전달할 수는 없어 보인다. 하나님이 이와 같은 의미로 말씀하셨다는 것은, 같은 단어인 '날'들이 일관적으로 사용된 출 20:9~11, 31:16~18절에서 확인할 수 있다 :

"엿새 동안은 힘써 네 모든 일을 행할 것이나 일곱째 날은 네 하나님 여호와의 안식일인즉 … 엿새 동안에 나 여호와가 하늘과 땅과 바다와 그 가운데 모든 것을 만들고 일곱째 날에 쉬었음이라 그러므로 나 여호와가 안식일을 복되게 하여 그 날을 거룩하게 하였느니라" (출 20:9~11).

"이같이 이스라엘 자손이 안식일을 지켜서 그것으로 대대로 영원한 언약을 삼을 것이니… 나 여호와가 엿새 동안에 천지를 창조하고 일곱째 날에 일을 마치고 쉬었음이니라 하라 여호와께서 시내 산 위에서 모세에게 이르시기를 마치신 때에 증거판 둘을 모세에게 주시니 이는 돌판이요 하나님이 친히 쓰신 것이더라" (출 31:16~18).

〈Russell Grigg, http://www.creation.or.kr/library/itemview.asp?no=4440〉

＊"저녁이 되고 아침이 되니"라는 구절은 '날'을 정의하는 데 도움이 되는가?

창세기 1장에 기록되어 있는 '날(days)'들의 길이에 대해 많은 논란이 있어 왔다. 창세기 1장의 '날'이 과연 지구가 지축을 중심으로 회전하는 태양력의 하루를 말하는 것인가? 아니면 지질학에서 말하는 장구한 지질시대들에 버금가는 길고 무한한 기간들을 의미하는 것인가?

실제로 '날(day)'로 번역된 히브리어 단어 '욤(yom)'은 여러 의미를 가질 수 있다. 가장 흔한 쓰임새는 문자 그대로 '날'이다. 그러나 '시대(age)'를 뜻할 수도 있다. 문제는 여기에서는 무엇을 의미하고 있는가이다. 다양한 의미를 가지고 있는 단어에 대하여 항상 그렇듯이, 특별히 사용된 '날'의 의미를 규명하는 데 있어서도 성경적 문맥에 대한 이해가 선행되어야 한다.

흥미롭게도 그 단어가 처음 사용된 창세기 1장 5절에서, '날'은 한 방향에서 오는 빛의 근원하에서 지구가 회전할 때 갖게 되는 빛/어둠의 주기(낮/밤을 만드는) 중에서 빛이 비춰지는 부분으로 너무도 분명하게 정의되고 있다. 또한 둘째 날 또는 여섯째 날에서처럼, '날'이 숫자의 수식을 받을 때는 언제나, 태양력상의 진짜 하루를 뜻한다는 것이다. 히브리어에서도 예외는 없다. 이는 십계명을 보면 더욱 분명하게 알 수 있는데, 하나님께서 엿새 동안에 창조를 하시고 제 칠일에 쉬셨듯이 우리에게도 엿새 동안 일하고 하루를 쉬라고 말씀하셨다(출 20:11).

그리고 창세기에서의 각 날들은 '저녁이 되고 아침이 되니'라는 구절로 수식되고 있음을 숙고해 보자. 이들 '저녁과 아침'이라는 단어는 구약성경에서 흔히 사용되고 있는 단어이다. 그 단어들이 무한한 길이의 시간이라고 말할 수 있는가? 표준성경 연구 자료를 보면, '저녁(evening, ereb)'이란 단어는 단순히 저녁 또는 밤을 의미하는 것으로 정의되어 있다. 그것은 '해가 지는 것 또는 일몰'을 내포하는 표현에서 파생되어, 저녁에 드리는 희생 제물과 제사의식과 연관되어 있다. '저녁에 드리는 희생제물'이나 '저녁에 돌아간다'는 식으로 자주 쓰인다. 마찬가지로 '아침(morning, boqer)'이라는 단어도 문자적으로 '아침 또는 새벽, 하루의 날이 밝아 옴'을 뜻한다. 예를 들어 '아침에 일찍 일어난다' 또는 '아침까지 모닥불을 피우다'는 식이다. 이 두 개의 단어가 한 쌍으로 '한 시대의 끝'과 '한 시대의 시작'을 뜻하고 있을 가능성은 거의 없다.

성경 연구가나 주석가들은 성경의 기자가 독자들에게 무엇을 전달하려고 하는지를 주의 깊게 결정해야 한다. 우리는 정직한 하나님의 말씀에 우리 자신의 편견을 감히 덧붙일 수 없다. 우리는 하나님과 하나님의 말씀 아래에 서야 한다. 기억해야 것은 하나님은 전적으로 지혜로우시고, 우리가 알지 못할 수도 있는 진리를 우리에게 나타내시기를 원하신다는 사실이다. 하나님은 또한 분명하게 기록하실 수 있다. 하나님은 우리의 생각을 그분의 생각 아래 복종시키기만 한다면, 아무리 어려운 구절도 우리가 이해할 수 있도록 도와주실 것이다.

〈John Morris, http://www.creation.or.kr/library/itemview.asp?no=3932〉

어느 믿음이 최근의 탈선인가?
: 오래된 지구 또는 젊은 지구?

창조과학 단체들은 성경 창세기의 연대기를 그대로 받아들임으로써, 창조는 1만 년 전 이내에 이루어졌다는 입장을 견지하고 있다. 그러나 교회 비판가들은 오늘날 크게 선전되고 있는 수십억 년의 연대를 받아들이고 있다. 그리고 젊은 지구 견해를 개신교의 근본주의자 교회들에 의한 최근의 발명이라고 주장하고 있다. 그들은 여러 교부들과 다른 고대의 권위자들은 젊은 지구를 지지하지 않는 글들을 썼다고 주장하고 있다.

그러나 교부들과 종교개혁자들에 대한 그들의 주장은, 베버와 테일러가 쓴 휴 로스에 대한 반박글에서 볼 수 있듯이 잘못되었음이 밝혀지고 있다. 그 글은 교부들이 말했다고 주장되는 것 대신에 실제 무슨 말을 했는지를 잘 분석해 놓고 있었다.

문제는 창조시 날들과 시간에 관한 하나의 평범한 문장을, 교부들이 견해를 가지고 있지 않았다고 주장하면서 잘못 해석하는 것이다. 이것은 분명히 침묵으로부터의 주장인 것이다. 어거스틴이 창조의 날들을 비유로 사용했다 하더라도, 오래된 지구 개념을 지지했다고 말할 수 없다(그는 히브리어 학자가 아니었다).

게다가 고대의 연대기들이 연구되면서, 성경에 직접 기초하지 않은 많은 문화들에서도 창조의 연대가 수천 년에 불과함을 선언하고 있었음이 발견되었다. 진실한 학자들 중 누구도 오늘날의 유행인 오래된 지구 연대를 믿지 않았던 것처럼 보인다. 오래된 연대에 대한 믿음은 현대적인 발명품임이 분명하다.

다음은 1879년에 출판된 성경에 대한 「영의 분석 색인(Young's Analytical Concordance)」으로부터 발췌한 것이다. '창조(Creation)' 단어 아래에, 영은 1830년 윌리암 헤일즈 박사에 의해서 여러 출처로부터 수집된 창조의 시점을 목록화하여 놓았다. 헤일즈 박사는 연대학의 전문가였다. 그것들 중 어느 것도 창조의 시점이 9,000년을 넘지 않았다. 비기독교 자료나 비유대인 자료(인도, 중국, 기독교 전파이전의 그리스, 바빌로니아… 등)로부터의 여러 자료들 모두에서, 창조의 시점은 수천년 전이었음을 선언하고 있음을 주목하라.

더군다나 가톨릭 또는 개신교 학자들이 모두 이것에 동의하고 있었다. 진지한 연대학자들은 누구도 오래된 지구를 믿지 않았던 것으로 보인다. 이 표에 올라와 있는 학자들 대부분은 고대의 기록들을 꼼꼼하게 서로 비교해보고 맞춰보며 평생을 연구하여 세계의 연대를 결정했던 것이다(이것들 중 많은 것들이 오늘날에는 이용되지 않는다). 이 학자들은 이들 연대들을 주사위를 던져서 아무렇게나 만들어내지 않았다는 것이다. 이러한 학문에 대한 주의 깊은 전통을 무시해 버리는 것은 오늘날 현대인들의 오만인 것이다.

우리는 이 연대문제의 중요성에 다시 한 번 밑줄을 그어야만 한다. 오래된 지구 옹호자들도 지구가 수십억 년 되었다는 것은 최근의 주장임을 인정하고 있다. 이 오래된 연대는 오로지 방사성동위원소 연대측정에 기초하고 있다.

같은 방법으로 화석화된 죽은 동물의 연대를 사람이 출현하기 수억 년 전으로 평가하고 있다. 이들 화석들은 격변과 고통의 증거를 보여주고 있다(예를 들어 암과 관절염도 화석들에서 보여질 수 있다). 그래서 오래된 지구 개념에서는 이러한 죽음과 고통들은 하나님이 아담과 하와를 창조하시기 이전에, 그리고 모든 것을 보시니 "보시기에 심히 좋았더라"고 말씀하시기(창 1:31) 이전에 진행되고 있었다는 것이다.

성경은 아담과 하와가 피조물들에게 명하신 하나님의 명령을 어기면서 죄악과 나쁜 것들이 생겨났고, 죽음의 저주는 그 결과로 임하게 되었다고 명백하게 가르치고 있다(창 3:17~19, 롬 8:20~22 등). 그리고 이러한 세상의 진실된 역사 때문에, '마지막 아담'인 예수 그리스도가 첫 번째 아담(롬 5:12, 고전 15:21~22, 45)의 죄 많은 후손들을 위하여 죽으시기 위해 이 땅에 오셨던 것이다. 아니, 오래된 지구 개념과 성경을 결합시키려는 모든 시도는 사실상 복음을 훼손하고 있는 것이다.

창조의 시점

헤일즈 박사는 그의 작업에 "연대기와 지리, 역사, 그리고 예언의 새로운 분석"(1830년 발행, vol.1, p.210)이라는 제목을 붙였고, 다음과 같이 표현했다.

"종교적이거나 세속적인 모든 연대기들의 체계는 대부분 두 가지의 중요한 시점을, 즉 세계의 창조와 그리스도의 탄생을 기준으로 채택하고

있다. 이것을 기준으로 하여 다른 종속적인 시대, 연대, 기간들이 조정
되어 왔다."

그는 BC 6984년부터 시작하여, BC 3616년까지 120개의 창조 시
점들에 대한 연대들을 목록화했는데, 이 결과는 다른 권위 있는 문
헌들에 의해서 제시된 것들이었다. 그는 목록이 300여 개로 늘어날
수도 있음을 인정했다. 그는 창조 시점을 BC 5411년으로 보았다. 흔
히 채택된 창조 시점은 어서, 스팬하임, 칼멜, 블레어 등이 생각하
였던 BC 4004년이었는데, 이 연대는 영어 성경인 킹제임스 번역본
(KJV)에서 사용되었다.

다음의 연대들은 약간의 차이가 있을 수 있다(편집, 출판 연도, 또는
다른 출처에 의한 정보 등의 표시는 추가되었다).

창조 시점의 출처	근 거	연대 (BC)
알퐁소 10세 (Alfonso X, Spain, 1200s)	Muller	6984
알퐁소 10세 (Alfonso X, Spain, 1200s)	Strauchius, Gyles (1632~1682)	6484
인도 (India)	Gentil (프랑스 천문학자, 1760)	6204
인도 (India)	Arab records	6174
바빌로니아 (Babylonia)	Bailly, John Silvain (프랑스 천문학자, 1736~1793)	6158
중국 (China)	Bailly	6157
디오게네스 (Diogenes Laertius, 그리스, 3세기)	Playfair	6138
이집트 (Egypt)	Bailly	6081
70인역 (Septuagint, LXX)	Albufaragi	5586
요세프스 (Josephus, 1세기, 유대인)	Playfair	5555

70인역, 알렉산드리아 (Septuagint, Alexandrine)	Scaliger, Joseph (프랑스, 고전학자, 1540~1609)	5508
페르시아 (Persia)	Bailly	5507
악숨의 연대기 (Chronicle of Axum, Abyssinian)	Bruce (1700s)	5500
요세프스 (Josephus)	Jackson	5481
잭슨 (Jackson)		5426
헤일즈 (Hales)		5411
요세프스 (Josephus)	Hales	5402
인도 (India)	Megasthenes, (그리스 역사학자, BC 340~282)	5369
탈무디스트 (Talmudists)	Petrus Alliacens	5344
70인역, 바티칸 (Septuagint, Vatican)		5270
베드 (Bede, 673~735)	Strauchius	5199
요세프스 (Josephus)	Univ. Hist.	4698
사마리아본 계산 (Samaritan Computation)	Scaliger	4427
사마리아본 (Samaritan text)	Univ. Hist.	4305
히브리(맛소라)본 [Hebrew (Masoretic) text]		4161
플레이페어, 워커 (Playfair and Walker)		4008
어셔, 스팬하임, 칼멭, 블레어 등 (Ussher, Spanheim, Calmet, Blair, etc.)		4004
케플러 (Kepler, 천문학자, 1571~1630)	Playfair	3993
페타비우스 (Petavius, 프랑스, 1583~1652)		3984
멜란크톤 (Melanchthon, 종교개혁가, 1500s)	Playfair	3964
루터 (Luther, 종교개혁가, 1500s)		3961
라이트풋 (Lightfoot)		3960
코넬리우스 (Cornelius a Lapide)	Univ. Hist.	3951
스칼리져, 이삭슨 (Scaliger, Isaacson)		3950
스트라우키우스 (Strauchius)		3949
벌가 유대인 계산 (Vulgar Jewish computation)	Strauchius	3760
랍비 립만 (Rabbi Lipman, 1579~1654)	Univ. Hist.	3616

〈Don Batten, http://www.creation.or.kr/library/itemview.asp?no=1922〉

_06
성경에 근거하여 천지창조의 시점은 어떻게 계산될 수 있는가?

창세기 5장과 11장은 자식을 낳은 나이와 수명을 기록해 놓음으로써 연대를 매우 분명하게 계산할 수 있게 해준다.

"아담은 백삼십 세에 자기의 모양 곧 자기의 형상과 같은 아들을 낳아 이름을 셋이라 하였고 아담은 셋을 낳은 후 팔백 년을 지내며 자녀들을 낳았으며 그는 구백삼십 세를 살고 죽었더라 셋은 백오 세에 에노스를 낳았고 에노스를 낳은 후 팔백칠 년을 지내며 자녀들을 낳았으며 그는 구백십이 세를 살고 죽었더라… " (창 5:3~8)

그 가운데 오직 1) 노아가 셈을 낳은 나이와 2) 데라가 아브라함을 낳은 나이에 대해서만 불명확해 보이지만, 그것은 창세기 7장과 12장을 통하여 확실한 답을 얻을 수 있다. 그러므로 모호한 곳은 전혀 없으며, 전술한 두 군데를 분석한 다음, 창세기 5장과 11장, 창 21:5, 창 25:7, 창 25:26, 창 35:28~29, 창 47:28절을 통하여 명확한 아담 연대기를 얻고, BC연대로 전환할 수 있다. 그리고 창 1장의 하루와

900세 이상의 수명도 간략히 논의해보자!

노아는 몇 세에 셈을 낳았는가?

"노아는 오백 세 된 후에 셈과 함과 야벳을 낳았더라" (창 5:32).

노아가 500세에 셈과 함과 야벳을 모두 낳은 것은 아니므로, 창세기 5:32절의 서술은 그 자체만으로는 셈의 태어난 시기를 알 수 없다. 하지만 창세기 내의 다른 구절들은 그 문제를 정확하게 해결할 수 있게 해준다.

"노아가 육백 세 되던 해 둘째 달 곧 그 달 열이렛날이라 그 날에 큰 깊음의 샘들이 터지며 … " (창 7:11).

"육백일 년 첫째 달 곧 그 달 초하룻날에 땅 위에서 물이 걷힌지라 노아가 방주 뚜껑을 제치고 본즉 지면에서 물이 걷혔더니 둘째 달 스무 이렛날에 땅이 말랐더라" (창 8:13~14).

"셈의 족보는 이러하니라 셈은 백 세 곧 홍수 후 이 년에 아르박삿을 낳았고" (창 11:10).

이 세 구절의 상호관계를 분석해보면 문제가 해결된다. 노아 홍수가 시작된 것은 노아가 600세 되던 해였고, 노아 홍수 후 방주에서 나와 땅에 다시 내린 것은 노아가 601세 되던 해 2월 27일이며, 셈은 홍수 후 2년에 백 세라고 기록되어 있으므로, 홍수 후 2년인 노아 나이 603세에 셈의 나이가 100세였다. 그러므로 셈은 노아 503세에 태어난 것이 된다.

"홍수 후에 노아가 삼백오십 년을 살았고 그의 나이가 구백오십 세가 되어 죽었더라"(창 9:28~29)라는 구절에 의하면, 노아의 향년을 홍수가 시작되는 시점부터 계산하고 있다. 그래서 '홍수 후'(히, 아하르 함마뿔)의 시점을 홍수가 시작되는 시점으로부터 본다면, 노아 502세에 셈이 태어난 것이 된다. 따라서 503세로 계산한 다음, 여기에 1년의 오차범위를 부여하는 것이 좋겠다.

데라는 몇 세에 아브라함을 낳았는가?

"데라는 칠십 세에 아브람과 나홀과 하란을 낳았더라" (창 11:26).

아브람(아브라함)의 아버지 데라가 한 해에 아브라함과 나홀과 하란을 낳은 것이 아님은 분명하다. 성경의 다음 구절들에 의하면 데라는 아브람을 130세에 낳았음을 알 수 있기 때문이다. 그러므로 데라 나이 70세에 낳은 아들은 하란이었음을 알 수 있다.

"데라는 나이가 이백오 세가 되어 하란에서 죽었더라" (창 11:32).

"아브라함이 갈대아 사람의 땅을 떠나 하란에 거하다가 그의 아버지가 죽으매 하나님이 그를 거기서 너희 지금 사는 이 땅으로 옮기셨느니라" (행 7:4)

"여호와께서 아브람에게 이르시되 너는 너의 고향과 친척과 아버지의 집을 떠나 내가 네게 보여 줄 땅으로 가라 … 이에 아브람이 여호와의 말씀을 따라갔고 롯도 그와 함께 갔으며 아브람이 하란을 떠날 때에 칠십오 세였더라"(창 12:1~4).

위의 세 구절로부터, 데라는 205세에 하란에서 죽었고, 아버지가 죽자 아브람은 하란을 떠났고(옮겼고), 하란을 떠날 때에 아브람의 나이는 75세였다. 따라서 데라는 아브라함을 (205-75=) 130세에 낳았다.

또한 아브라함은 100세에 이삭을 낳았고(창 21:5), 175세에 죽었다(창 25:7). 이삭은 60세에 야곱을 낳았고(창 25:26), 180세에 죽었다(창 35:28~29). 야곱은 147세에 죽었다(창 47:28). 그러므로 창세기의 족보 연대기는 다음의 표와 같이 정리되며, 야곱은 아담연대기로 2169년경에 태어났음을 알 수 있게 되는 것이다.

아담연대기로부터 BC 연대기로의 환산

아담연대기로 산출되는 성경의 족보 연대를 BC 연대로 환산하는 데 결정적으로 중요한 곳은 열왕기상 6:1절이며, 솔로몬이 왕으로 즉위한 것은 역사적으로 BC 970년경으로 확립되어 있다.[1]

"이스라엘 자손이 애굽 땅에서 나온 지 사백팔십 년이요 솔로몬이 이

---

1) 앗수르 연대기는 천체에 대한 기록들을 근거로 천문학적으로 증명되었는데, 앗수르 연대기로 주전 701년은 왕하 18:13절의 히스기야왕 제14년에 예루살렘을 포위했던 사건이 있었던 해이며, 주전 841년에 이스라엘에 예후가 즉위했고 유다에서는 아달랴가 통치를 시작했다. 이것이 히브리왕들의 연대를 확정할 수 있는 두 기둥이 되고, 이에 따르면 솔로몬의 즉위는 BC 970년경이 확실하다. 에드윈 R. 딜레(Edwin R. Thiele), 「히브리왕들의 연대기」, 한정건 역, 서울: 기독교문서선교회, 2005 참조.

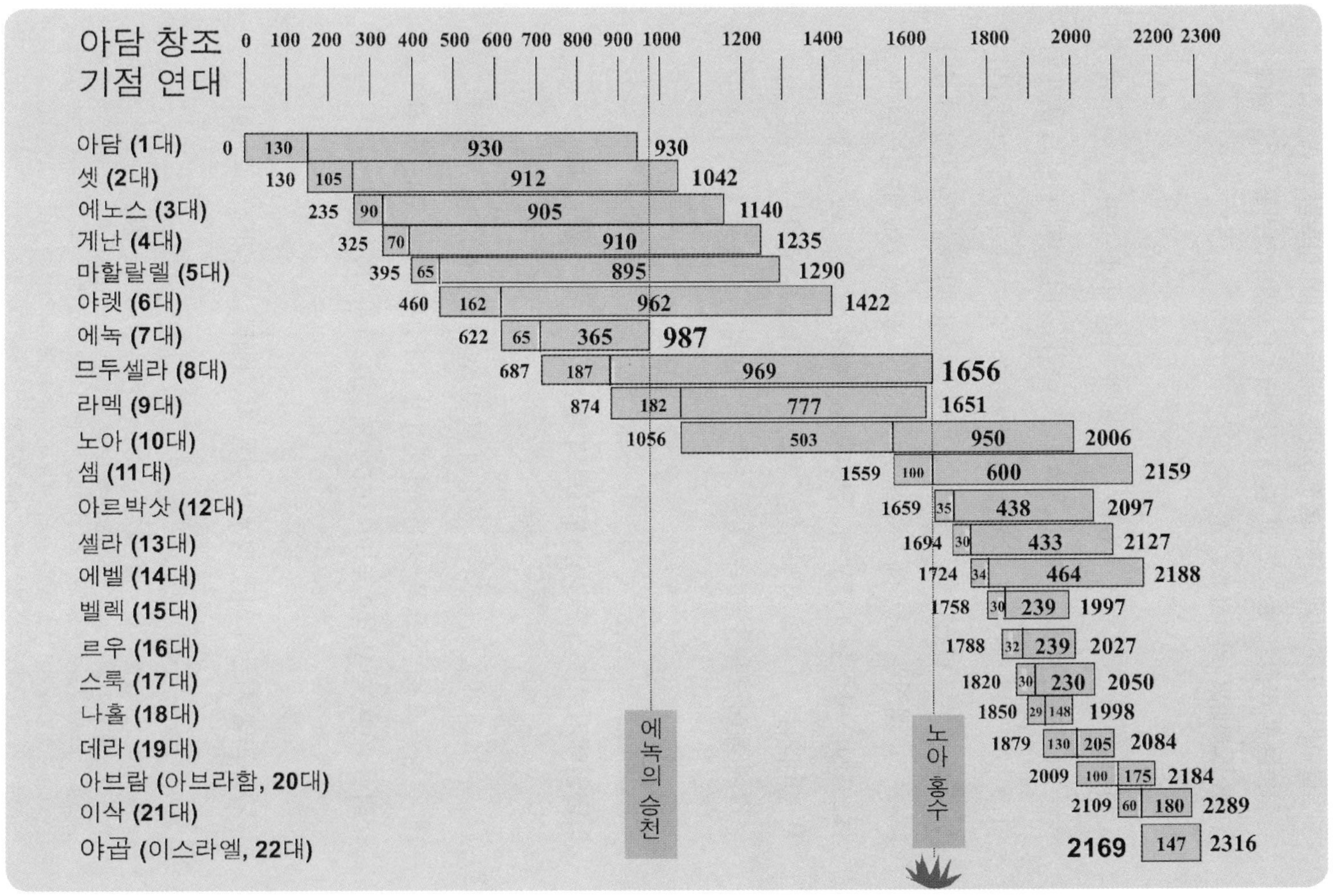

아담 창조 기점 연대
0 100 200 300 400 500 600 700 800 900 1000 1200 1400 1600 1800 2000 2200 2300
아담 (1대) 0 130 930 930
셋 (2대) 130 105 912 1042
에노스 (3대) 235 90 905 1140
게난 (4대) 325 70 910 1235
마할랄렐 (5대) 395 65 895 1290
야렛 (6대) 460 162 962 1422
에녹 (7대) 622 65 365 987
므두셀라 (8대) 687 187 969 1656
라멕 (9대) 874 182 777 1651
노아 (10대) 1056 503 950 2006
셈 (11대) 1559 100 600 2159
아르박삿 (12대) 1659 35 438 2097
셀라 (13대) 1694 30 433 2127
에벨 (14대) 1724 34 464 2188
벨렉 (15대) 1758 30 239 1997
르우 (16대) 1788 32 239 2027
스룩 (17대) 1820 30 230 2050
나홀 (18대) 1850 29 148 1998
데라 (19대) 1879 130 205 2084
아브람 (아브라함, 20대) 2009 100 175 2184
이삭 (21대) 2109 60 180 2289
야곱 (이스라엘, 22대) 2169 147 2316
에녹의 승천
노아 홍수

스라엘 왕이 된 지 사 년 시브월 곧 둘째 달에 솔로몬이 여호와를 위
하여 성전 건축하기를 시작하였더라" (왕상 6:1)

솔로몬왕은 BC 970년에 즉위하였으므로, 솔로몬이 왕이 된 지 4
년은 BC 966년에 해당하고, 이로부터 480년 전에 애굽 땅에서 나왔
으므로 출애굽은 BC 966+480= BC 1446년이 된다. 그리고 그들은
애굽에서 430년 동안 거주했었다고 기록되어 있다(출 12:40~41).

"이스라엘 자손이 애굽에 거주한 지 사백삼십 년이라 사백삼십 년
이 끝나는 그 날(욤)에 여호와의 군대가 다 애굽 땅에서 나왔은즉" (출
12:40~41)

이스라엘 자손들은 출애굽하기 430년 전에 애굽으로 내려갔으므
로, 그것은 BC 1446년 + 430 = BC 1876년이며, 이때 야곱의 나이는
130세라고 기록되어 있다.

"야곱이 바로에게 아뢰되 내 나그네 길의 세월이 백삼십 년이니이다
… " (창 47:9)

그렇다면 야곱은 그로부터 130년 전인 BC 2006년에 태어난 것이
된다. 아울러 야곱은 아담 연대기로는 2169년에 태어났으며, 이는
아담이 야곱이 태어나기 2169년 전에 창조되었다는 의미이다. 따라
서 하나님께서 아담을 지으신 것은 BC 2006 + 2169 = BC 4175년 경
(오차범위 25년)이었다.[2]
하나님께서는 태초에 6일 동안 하늘과 땅과 바다와 그 가운데 모

든 것을 만드셨으며(창 1:1~31, 출 20:11, 출 31:17) 아담은 그 가운데 여섯째 날에 창조되었다. 성경은 오차범위 25년 이내인 BC 4175년경에 하나님께서 이 세상을 창조하셨다고 기록하고 있는 것이다.

창세기 1장의 하루

창 1:14~19 내에 낮(욤), 밤(라예라), 계절(모에드), 날(욤), 해(솨네; 년, 해, year), "저녁이 되고 아침이 되니 몇째 날이니라"라는 시간 단위의 표현들이 공존하도록 서술되어 있는 것은 날이 단지 하루임을 의미할 수밖에 없도록 한 서술적 전략이며 문학적 장치인 것이다.

" … 하나님이 이르시되 하늘의 궁창에 광명체들이 있어 낮(the day)과 밤(the night)을 나뉘게 하고 그것들로 징조(signs)와 계절(season)과 날(days)과 해(years)를 이루게 하라 … 저녁(evening)이 되고 아침(morning)이 되니 이는 넷째 날이니라" (창 1:14~19)

아울러 출애굽기 20:8~11절과 31:16~17절도 안식일을 반드시 지켜야 하는 이유를 설명하면서, 엿새 동안 모든 것을 만드시고 일곱째 날에 쉬셨기 때문이라고 기록하고 있다. 여기서 안식일은 분명 하루를 의미하며, 따라서 동일 문단 내에 서술된 모든 것을 창조하

---

2) 오차범위 25년은 연대계산을 '년' 단위로 했기 때문에 "노아가 셈을 낳은 나이에서 502세와 503세의 가능성," "입애굽," "출애굽," "솔로몬이 왕이 된 지 4년"에 대하여 각각 최대 오차범위 1년씩을 부여하고, 여기에 22대 야곱은 아담의 21대 손이므로 각각 몇 세에 낳았다는 대수마다 1년씩의 최대 오차범위를 부여한 것이다.

신 엿새 동안의 날들과 안식일로 지키는 그 날의 길이는 같을 수밖에 없는 것이다.

900세 이상의 수명

창 5:15~17절에 보면, 구성된 짧은 한 문장 내에 65세에 자식을 낳은 사실과 895세를 살았다는 사실을 연결시켜 서술하고 있는 것은 일종의 전략적 배치가 될 수 있다.

"마할랄렐은 육십오 세에 야렛을 낳았고 야렛을 낳은 후 팔백삼십 년을 지내며 자녀를 낳았으며 그는 팔백구십오 세를 살고 죽었더라" (창 5:15~17)

마할랄렐의 수명인 895세가 믿겨지지 않아서 1개월을 1년으로 하여 895개월을 살았던 것이라고 마음대로 해석한다면, 65세는 65개월이 되어 그는 5세에 자식을 낳은 것이 되어버린다. 결국 1년을 한 살로 해석할 수밖에 없도록 만들어진 일종의 장치일 수 있는 것이다. 창세기 5장과 11장은 모두 이러한 형식으로 장치되어 있다는 사실에 주목해야 한다!

결 론

성경에 의하면, 창조 6일째에 아담이 태어났고, 야곱은 아담 이후

2169년 경에 태어났다. 야곱이 애굽으로 이주했을 때 나이 130세였다(창 47:9). 그리고 430년 후에 출애굽을 한다(출 12:40~41). 출애굽한 지 480년 후에 솔로몬이 성전을 건축하기 시작하는데, 이때는 솔로몬이 왕이 된 지 4년째 되는 해였다(왕상 6:1). 솔로몬이 즉위한 해는 역사적으로 BC 970년이므로, 이 해는 BC 966년이었다. 그러므로 아담이 태어난 해는 BC 966 +480 +430 + 130 + 2169 = BC 4175년(오차범위 25년) 경으로 계산된다. 그러므로 창조주간의 날들이 24시간의 하루라면, 천지창조 이후 지금(2011년)까지 대략 6186년 정도가 지났음을 알 수 있다.

〈김홍석〉

*넷째 날에 태양이 창조되었다면, 그 이전의 날들은 하루가 될 수 있는가?

오늘날 우리들이 낮-밤의 주기를 갖게 되는 것은, 지구가 회전을 하고 빛은 한 방향에서 오기 때문이라는 것을 알고 있다. 성경은 하나님이 첫째 날 지구(earth)와 마찬가지로 빛(light)을 창조하셨다고 분명히 말씀하고 있다. 따라서 지구는 이미 우주 공간에서 이 창조된 빛과 관계를 가지며 회전하고 있었다고 유추할 수 있다.

물론 하나님은 이차적인 빛의 근원 없이도 빛을 만드실 수 있다. 새 하늘과 새 땅에는 태양과 달이 필요가 없을 것임을 성경은 말씀하고 있다(계 21:23). 창세기에서 하나님은 한 낮과 한 밤을 빛에 의하여 정하실 수도 있고, 빛에 의하지 않고서도 정하실 수 있다.

어떤 크리스천들은 창세기의 날들, 특히 태양이 창조되기 이전인 셋째 날까지의 날들은 매우 긴 시대라고 주장한다. 그러나 지구가 창조된 후에 태양이 창조되었다는 사실은 성경을 수십억 년과 조화시키려고 시도하는 사람들에게 하나의 장애가 되고 있다. 어떤 사람들은 넷째 날에 실제로 발생한 것은 짙은 가스 구름층이 수백만 년 후에 흩어져 없어졌을 때, 태양과 다른 하늘의 천체들이 '나타났던(appeared)' 것이라고 주장한다. 이것은 공상과학일 뿐만 아니라, 히브리어에 대한 나쁜 해석이다. '아사(asah)' 라는 단어는 창세기 1장을 통하여 '만들다'라는 의미를 가지고 있다. 그리고 때때로 '창조하다(bara)'라는 뜻으로도 사용되고 있다. 수십억 년의 연대를 주장하는 무신론적 진화론에 맞추기 위하여, 같은 문장 안에서, 같은 문법적 구조를 가진, 같은 단어를, 다른 뜻으로 해석하는 것은 완전한 자포자기이다.

만약 하나님이 '나타났다'는 것을 의미하셨다면, 셋째 날 물들을 한 곳으로 모으시면서 뭍이 '드러날(appeared)' 때 사용되었던 것처럼(창1:9), 하나님은 나타났다는 뜻의 히브리어 단어 라아(ra'ah)를 사용하셨을 것이다. 우리는 20여 개 이상의 주요 번역판들을 조사해왔다. 모두 태양, 달, 별들은 넷째 날에 '만들어졌다'고 분명히 가르치고 있다.

창세기 1장의 날들이 보통의 날들(days)을 말하고 있다는 증거들은 너무도 압도적이어서, 히브리어 언어학자들까지도, 저자가 첫째 날부터 사용된 '저녁'과 '아침'이라는 단어는 어떠한 다른 의도를 가지고 있지 않았음을 인정하고 있다. (또한 태양이 만들어진 넷째 날 이전의 날들은 알 수 없는 긴 기간이었다면, 셋째 날 만들어진 식물은 태양 없이 어떻게 긴 기간 동안 살아갈 수 있었단 말인가?)

넷째 날에 지구를 비춰줄 빛의 운반체가 만들어짐으로써 현재와 같은 시스템이 갖춰지게 되었고, 첫째 날부터 발산되던 빛은 더 이상 필요 없게 되었던 것이다.

〈Jonathan Sarfati, http://www.creation.or.kr/library/itemview.asp?no=1790〉

_07
6일 창조를 믿었던 믿음의 사람들

자칭 복음주의적이라는 어떤 크리스천들은 창조론자들이 창세기를 순수하게 문자적으로 보는 견해에 대해서 비난하고 있다. 그리고 젊은 지구 창조론은 오늘날 시대착오적인 사상이라고 주장한다. 이것보다 진리로부터 더 멀어질 수 있는 것은 없어 보인다. 창세기를 기록된 그대로 문자적으로 보는 견해는 모세(출 20:8~11), 바울(롬 5:12, 고전 15:21~22, 45, 딤전 2:13~14), 베드로(벧후 3:3~7), 그리고 예수 그리스도(마 19:3~6, 막 10:6~9, 눅 17:26~27)의 견해였다.

예수님은 창조 때로부터 인류가 만들어졌다고 가르치셨다!

"창조 때로부터 사람을 남자와 여자로 지으셨으니" (막 10:6)

예수 그리스도의 말씀에 의하면, 하나님이 창조사역을 시작하실 때로부터 아담과 하와가 지어졌다는 것이다. 그러므로 아담과 하와는 창조로부터 수십억 년이 흐른 후에 지어진 존재가 아닌 것이다. 또한 예수님은 최근 창조의 진실성을 이렇게 암시하셨다.

"창세 이후로 흘린 모든 선지자의 피를 이 세대가 담당하되" (눅 11:50)

하나님의 선지자들이 창세 이후로 유혈의 수난을 받고 있다는 말씀은, 창세 이후 수십억 년이 지난 후부터 그랬었다는 뜻이 결코 아니다. 또한 예수님께서는 다가올 마지막 날에 대해 이렇게 말씀하셨다 :

"… 하나님께서 창조하신 시초부터 지금까지 이런 환난이 없었고 후에도 없으리라" (막 13:19)

하나님께서 창조하신 시초부터 세상에서 살았던 많은 사람들에게 환난들이 있었음을 예수님은 말씀하고 계셨던 것이다.

창세기를 기록된 그대로 문자적으로 보는 견해는 또한 삼위일체 교리에 대한 신실한 방어자였던 바실 대주교를 포함하여 수많은 교부들의 견해이기도 했다. 성경의 권위로 되돌아간 16세기 종교개혁 운동의 위대한 지도자들도 창세기를 쓰여진 그대로의 문자적 견해를 수용했다. 이러한 견해는 종교개혁의 아버지 마틴 루터도 가지고 있었다.

성경학자이며 종교개혁가였던 마틴 루터는 창조를 믿고 있었고, 이 세계는 매우 젊음을 가르쳤었다. 예를 들어 루터는 다음과 같이 말했다 :

"우리는 모세의 기록으로부터 이 세계는 6,000년 이전에는 존재하지 않았다는 것을 알고 있다."

"그(모세)는 꾸미지 않고 사실 그대로를 말했다. 즉, 우리가 관례적으로 모세가 문자적 의미로 말했다고 단언하는 것처럼, 그는 날(day)과 저녁(evening)이라는 단어를 비유나 은유 없이 사용했다. 즉, 이 세계와 모든 피조물들은 기록된 말씀 그대로 6일 동안에 창조되었다. 만약 우리가 그것을 이해하지 못한다면, 우리는 학생으로 남아 있어 성령님께서 가르쳐 주시도록 남겨 놓아야 할 것이다."

종교개혁자들 중에서 가장 영향력 있었던 사람은 프랑스의 법률가요 신학자였던 존 칼뱅(칼빈)이었다. 칼뱅은 1559년에 오늘날까지도 여전히 존재하는 제네바 대학을 설립했고, 그의 기념비적인 대작 「기독교 강요」는 하나님의 은혜와 그리스도 안에서의 구원을 선포했다. 그는 또한 창세기를 포함하여 성경 각 권들의 노련한 주석가이기도 했다. 그의 가르침은 많은 신앙고백, 교리문답서, 설교자들, 현대 기독교부흥의 지도자들에게 영향을 끼쳤고, 청교도단에 의해 미국으로 이전되었다. 칼뱅은 지구의 연대는 매우 젊으며, 태양이 창조되기 이전인 첫째 날부터 밤과 낮의 주기가 이루어졌다고 믿고 있었다 :

"그들은 우주가 창조된 지 불과 5,000년이 조금 더 지났다는 것을 알게 된다면, 그들은 실소를 금치 못할 것이다"

"나는 이 세계가 형성되는 데에 6일이 걸렸다고 위에서 말했다. 한 순간이 천년과 같다고 하는 사람들에게, 하나님은 이런 긴 시간이 필요하셨던 것이 아니라 그의 사역을 묵상하는 데에 우리를 참여시키셨는지도 모른다."

"그러므로 하나님은 창조의 바로 그 명령에 의해, 해와 달이 없이도 우리에게 보내주실 수 있는 빛을 그의 장중에 가지고 계셨다. 더욱이 문맥으로 보아 빛이 그렇게 창조되어 어둠과 교대되었다는 것은 확실하다 … 밤과 낮의 순서가 계속 교대되었다는 것은 의심의 여지가 없다…."

몇몇 위대한 과학자들이 창조의 연대를 제임스 어서의 연대와 매우 가깝게 계산했었다는 것은 잘 알려진 공공연한 비밀이다. 행성운동의 법칙을 발견한 요하네스 케플러는 창조의 연대를 BC 3992년으로 계산했다.

운동과 중력의 법칙, 미적분 등을 발전시킨 아이작 뉴턴은 모든 시대를 걸쳐서 가장 위대한 과학자로 간주되고 있다. 그러나 그는 성경적 역사에 관한 많은 글들을 썼고, 열심히 어서 주교의 연대기를 방어했다. 그는 다음과 같은 말을 하기도 했다 :

"17세기 또는 심지어 18세기에 교육받은 사람들에서, 인류의 과거를 6천년 훨씬 뒤로 확장시키려는 어떠한 제안도 헛된 것이고, 바보 같은 추정이다."

오늘날 6일 창조를 믿는 창조론자들을 조롱하는 많은 사람들을 볼 수 있다. 그들이 케플러나 뉴튼 같은 위대한 과학자들도 조롱할 것인지 궁금하다.

우리가 성경의 권위를 인정한다면, 창세기는 쓰여진 그대로 명백하고 평이한 의미로 받아들여야 한다. 이것을 부정하는 크리스천들은 성경에 대한 외부적 사상과 이야기들(진화론과 수십억 년의 연대)에

편승하여 해석하기 때문이다. 이것은 '점진적 창조론자'인 패틀 펀이 솔직하게 시인함으로써 보여주었다 :

"창세기에 대한 가장 솔직하고 정직한 이해는 과학에 의해 제시되고 있는 성경해석학과 관계없이, 하나님이 6일(24시간으로 된 하루) 동안에 천지를 창조하셨고, 사람은 제6일째에 창조되었으며, 죽음과 혼돈은 아담과 하와가 타락한 이후에 세상에 들어왔으며, 모든 화석들은 (창조론자들은 모든 화석들이 아니라 '대부분'의 화석들이라고 말한다. 왜냐하면 홍수 이후 수세기 동안 지속된 산발적인 격변들도 일부 화석들을 만들었을 것이기 때문이다) 노아의 가족과 방주에 함께한 동물들만 살아남았던 격변적 대홍수의 결과였다는 것이 분명하다."

오늘날 교회는 진화론자들과 무신론적 과학자들이 주장하는 수십억 년의 연대라는 오류투성이의 추측과 추정을 신뢰하기보다, 기록된 하나님의 말씀인 성경으로 돌아가는 새로운 종교개혁을 필요로 하는 것이다.

〈Jonathan Sarfati, http://www.creation.or.kr/library/itemview.asp?no=4375〉

*잊혀진 대주교 제임스 어셔

지구의 창조된 시점에 관한 연대 문제에 있어서, 제임스 어셔(James Ussher) 대주교보다 더 많은 비웃음과 조롱의 대상이 되었던 사람은 없을 것이다. 어셔는 1650년대에 지구가 BC 4004년에 창조되었다는 생각을 제시했고, 이 연대는 20세기 중반까지 많은 성경들의 관주로서 가장자리에 표기되곤 하였다.

제임스 어셔는 1581년의 아일랜드 더블린에서 태어났다. 소년 시절에 그는 교회에 헌신하기로 결심했고, 주님께서는 그의 결심을 기쁘게 받으셨다. 18세에 그 당시 세계의 유수한 대학 중의 하나였던 더블린 대학에 입학했고, 20세에 더블린에서 영국국교회의 부제와 사제로 임명되었다. 그는 26세라는 약관의 나이에 극히 도달하기 어려운 영예인 더블린 대학의 신학과 학과장이 되었다. 그는 1607년부터 1621년까지 교수로 봉직했고, 두 번이나 더블린의 트리니티 대학의 부총장을 역임했다.

그는 학생 때부터 역사 과목에 뛰어났고, 20세부터 다음 20년 동안 그의 손에 닿는 모든 역사책들을 읽었다. 그는 교회 역사에도도 뛰어났고, 사도시대 이후의 아일랜드 교회와 영국 교회를 다룬 방대하고 권위 있는 여러 권의 책들을 저술했다.

그는 1625년에 아일랜드의 영국국교회의 최고 고위직인 아르마 대주교에 임명되었다. 셈족 언어의 전문가였던 그는 구약성경의 옛 히브리어 본문의 신뢰성을 논증했고, 아시아에서의 기독교와 성경과 관련된 많은 주제들을 가지고 광범위한 저술활동을 했다.

1628년에, 영국의 제임스 1세(스코틀랜드의 제임스 6세)는 그를 아일랜드에 있는 그의 추밀원에 임명했다. 그는 제임스 왕의 후계자인 찰스 1세에 반대하여 일어난 반란에 비판적이었다. 그러나 반란을 이끌었던 올리버 크롬웰은 어셔를 매우 존경했다. 어셔가 죽었을 때 크롬웰은 그를 위한 성대한 장례식을 베풀었고, 그를 웨스트민스터 사원에 묻히도록 했다.

어서의 많은 계획들 중의 하나는, 창조 시점부터 AD 70년까지의 모든 주요한 사건들을 망라한 라틴어로 된 세계역사를 집필하는 것이었다. 그는 1650년에 이 1600페이지짜리의 두터운 책을 라틴어로 출판했다. 영문 번역판은 그가 죽은 지 2년 후인 1658년에 출판되었다. 그의 저서는 재출판되어 왔고, 이제는 서점에서도 구입할 수 있다. 또한 그 연구의 첫 권의 내용은 온라인상에서도 볼 수 있다. 그것은 창조 시점부터 BC 176년까지의 기간을 포함하고 있다.

그 저술을 준비하면서, 어서는 먼저 성경이 인류 역사의 기간들을 포함하는 연대기적 정보의 유일하고 믿을 만한 출처가 되는 문서라고 가정했다. 사실 페르시아 제국 이전의 그리스, 로마, 이집트의 역사나 다른 나라의 역사에 관한 기록은 알려진 것이 거의 없었다. 대부분은 추정과 설화에 의존하고 있었다. 세속 역사의 연대들은 메데-페르시아 제국의 건국(BC 540)과 더불어 확실해지기 시작했다.

이 시기 이전의 사건들에 대하여, 어서는 그의 역사적 시간 틀을 확립하기 위해서 오직 성경 자료만을 의지할 수밖에 없었다. 그는 믿을 만한 연대로 느부갓네살 왕이 죽은 연대를 선택했고, 그 날짜를 기준으로 해서 그 이전의 성경적 연대를 계산했던 것이다.

II

지구의 나이와 진화론

오래된 지구 연대는 진화론의 심장이다

연대에 관한 타협주의자들의 주장은 대개 이렇다. "지구가 젊은 것으로 보일 수 있다 하더라도(사실은 그렇지 않지만) 그것은 우주의 연대와는 무관하다. 왜냐하면 우주는 바로 진화론에서 말하고 있는 것처럼 오래 되었다는 독립적인 증거가 있기 때문이다. 게다가 연대 문제는 중요한 것이 아니다." 이러한 표현들은 진실이 아니다. 장구한 연대는 진화론의 핵심적인 생각이다. 게다가 우주, 은하, 별, 행성들의 장구한 연대에 관한 증거들도 실상 지구의 진화론적 연대에 근거하고 있는 것이다. 그러므로 우주의 오래된 연대들은 지구가 오래 되었다는 주장과 무관한 것이 아니다. 만일 지구가 젊다는 것이 밝혀진다면, 우주가 오래 되었다는 증거도 허물어지는 것이다.

시간은 진화론의 필수조건이다

천체물리학자 에딩톤은 연대가 절대적으로 중요함을 인정했고,

연대를 무시한 진화론은 불가능하며 상상할 수도 없다고 말했다. 시간(time)이 창조주의 역할을 대신하고 있었다. 이것이 우주의 진화에 있어서 시간의 역할에 관한 전통적인 입장이므로, 진화론의 근간에는 언제나 연대문제가 내재하고 있다고 볼 수 있다.

칼 세이건은 연대 개념의 창시자는 아니지만, 진화론에서 오래된 연대의 중요성을 옹호하는 입장을 취했다. 세이건은 우주의 진화론을 기술하면서 '시간'이 최초 원인으로 하나님을 대신하는 것으로 기술했다 :

"알려지지 않은 오랜 시간 동안 … 우주에는 은하도 행성도 아무런 생명체도 없었다 … 그러다가 첫 세대의 항성(별)들이 태어났다 … 항성들 사이의 어둡고 짙은 구름에서 작은 빗방울 같은 것들이 자랐는데, 이들은 핵융합 반응을 일으키기에는 너무 작았다 … 그 중에 돌과 철로 만들어진 하나의 작은 세계가 있었다. 이것이 초기의 지구이다 … 어느 날 자신을 엉성하게 복제할 수 있는 분자가 하나 생겨났다 … 이렇게 생명이 시작되었다. 단세포 식물들이 진화되었고 … 식물과 동물들은 땅이 생명체를 지탱하는 것을 발견했다 … 어떤 동물은 직립하게 되었고 … 자각능력을 갖게 되었다. 이 자각능력은 점점 빨리 발전하여 글쓰기, 도시, 예술, 과학을 발명하고, 행성과 항성에 우주선을 보내게 되었다. 이것들은 150억 년이라는 주어진 우주 진화의 시간 속에서 수소 원자들이 한 일들이다."

진화론적 연대는 지구의 나이에 달려 있다

모든 진화론적 우주연대는 최종적인 해석에서 지구의 연대가 오래되었다는 것에 기초하고 있기 때문에, 만약 지구연대가 무너진다면 우주연대도 같이 무너지게 된다. 지구의 연대가 오래되었으므로, 태양의 연대도 오래된 것으로 보고 있으며, 다른 항성들도 태양과 같은 과정과 연대를 가졌을 것으로 보며, 허블상수와 우주연대도 우주가 항성보다 오래된 것으로 보이는 방향으로 조정되었던 것이다.

태양계로 돌아와서, 달은 지구의 가장 오래된 암석보다 약간 더 오래된 것으로 가정되었고, 태양계의 나이는 지구와 달보다는 오래되었다는 가정하에서 운석들의 나이로부터 추정되었던 것이다. 수성처럼 운석 충돌자국이 많은 행성은 달과 비교하여 연대가 추정되었다. 실제로 "달의 나이와 운석 충돌자국 밀도의 상관관계는 다른 행성이나 위성들의 나이를 추정하는 데에 사용되어 왔다." 이와 같이 순차적으로 연결된 연대 추정은 태양 성운에서 일부 운석들이 먼저 생기고, 그 다음에 위성들과 행성들이 형성되었다면 논리적일 것이다. 게다가 운석들의 연대가 태양계의 연대를 명백히 45억 년으로 가리키고 있다는 것도 사실이 아니라는 것이다.

위에서 살펴본 연대추정의 사슬들은 실제 관측에 의한 것이 아니라, 추론에 불과한 것이며, 이 점이 자주 지적되고 있었던 것이다:

"과학적으로 '사실'인 것처럼 막연하게 기술된 많은 것들이 실제로는 전혀 사실이 아니라는 것이다. 예를 들면, 당신은 이 책이 우주의 나이가 100억 내지 200억 살이라는 사실을 기술한 것처럼 인상을 받았을지도 모른다. 그러나 사실이라는 단어의 그러한 사용은 실상 잘 살펴보면 단지 애매한 것을 표현하는 하나의 습관적인 말일 뿐이다. 실제로는 천문학자들이 우주의 나이를 정하는 것은 많은 관측 자료들로부터의 추론에 불과한 것이다."

바꾸어 말하면, 진화론적 연대를 결정할 만한 충분한 증거자료들이 없다는 것이다. 따라서 연구자들은 그들이 믿고 싶어 하는 연대로 결론을 이끌어낼 수 있다는 것이다.

지난 150여 년 동안, 물리학자들과 천문학자들은 결과적으로 지구의 나이에 대한 지질학적 연대를 받아들이게 되었고, 우주와 천체의 연대를 지구의 연대와 맞도록 재조정했던 것이다. 천문학자뿐만 아니라 물리학자들도 그들의 연대학을 지구의 진화론적 연대틀에 맞추도록 노력했던 것이다.

지구의 나이에 관한 물리학과 천문학의 분쟁은 1950년대에 해결되었다. 물리학과 지질학의 분쟁은 그보다 50년 전에 물리학자들이 (지구연대에 관한 지질학적 연대에 찬성하여) 입장을 완전히 바꾸면서 해결되었는데, 이번에는 천문학자들이 (지질학자들과의 분쟁을 피하기 위해) 그들의 연대를 수정하여 훨씬 오래된 연대로 입장을 바꾸었던 것이다. 그들은 에드윈 허블이 먼 항성의 고유 광도를 낮게 평가했다고 결론짓고, 세페이드 변광성의 거리 척도를 재보정함으로써, 이 두 수정으로 인해 시간의 척도를 4배로 확대하였으며, 그 후에도 수십 년을 내려오면서 더욱 확대되었던 것이다. 1980년대 중반에 이르러서 45억 내지 46억 년으로 굳혀진 지구의 나이를 안전하게 초과하기 위해서 우주의 나이는 100억에서 200억 년 사이로 평가하였다. 데이비드 라우프는 이것을 이렇게 말하고 있었다. "이러한 일들이 일어난 결과, 지질학은 천체물리학에 비하여 묘한 도덕적 권위를 가지게 되었다."

지구의 방사성 동위원소 연대측정에 대한 최초의 널리 인정된 이론적 설명은 챔벌레인에 의해서 제안되었다. 그는 그의 평가를 생물학적 진화에 필요한 추정 연대에 기초했는데, 그의 견해는 "생물학적 필요성을 고려하기 위해서"라고 하였다. 이것은 방사성 동위원소 연대측정에 의한 지구의 추정 연대가 생물학적 진화를 위해 고려되었다는 것을 의미하며, 이것을 확립하기 위해 오랜 연대들이 선택될 수 있었다는 것을 의미하는 것이다. 젊은 지구 옹호론자가 아니지만, 리차드 밀톤은 주어진 '예상치'에서 벗어나는 방사성 연대측정 결과들이 쉽게 무시되는(채택되지 않는) 일들은 여러 방사성 연대측정법들을 통해 측정된 연대들이 근접한 결과를 보여주는 이유임을 지적하고 있었다.

따라서 발표되는 연대 측정치들은 항상 미리 정해진 오래된 연대에 들어맞게 되어 있으며, 절대로 그 연대와 배치되지 않는다. 만일 무시되어 버려진 모든 연대측정 결과치들이 휴지통으로부터 회수되어 발표된 연대측정 결과에 추가된다면, 그 결과치는 무작위적으로 보일 정도로 불규칙한 값이 될 것이다.

진화론은 지구의 나이로 태양의 나이를 추정한다.

진화론은 지구의 나이가 수십억 년 되었다고 주장한다. 여러 세대에 걸쳐서 천문학자들은 이것이 태양의 나이가 수십억 년으로 추정되는 유일한 진짜 이유라고 말해 왔다. 태양에서 실제로 어떤 일이 일어나고 있든지 간에(융합이 일어나든지, 수축과 융합이 같이 일어나든지), 태양의 추정되어지는 연대는 근본적으로 주장되는 지구의 연대에 근거하고 있다. 에딩톤은 이 점을 반복하여 지적했다 : "지질학적, 물리학적, 생물학적 증거에 의하면 태양은 지구를 10억 년 이상 따뜻하게 덥혀 왔다는 것이 확실한 것처럼 보인다" 이 말에서 에딩

톤이 물리학적 증거라는 것이 사실 지구가 오래되었다고 하는 지질학적 생물학적 '증거' 외에 아무것도 아닌 것이다.

두 세대 전에, 물리학자이며 대중적 과학자였던 조지 가모프는 같은 방식으로 지구의 진화론적 연대로부터 태양의 연대를 추정하는 것에 관해 말하기를, "우리의 태양은 지금 대략 30억 내지 40억 년 된 것으로 추정한다 … 왜 태양 나이가 그렇게 되었는가? … 추정되는 지구의 나이가 대략 그 정도 되기 때문이다"라고 말했다. 태양의 연대를 수십억 년으로 추정하는 동일한 논리가 오늘날까지 계속되고 있는 것이다.

정말로 태양의 연대를 추정하는 데에 적용되는 이 논리는 널리 알려져서 내려왔다. 천체학자 존 픽스는 다음과 같이 말하고 있었다. "지질학자들은 바다생물 화석이 존재하는 35억 년 된 암석을 발견했다. 이 발견은 적어도 35억 년 동안 태양이 지구를 따뜻하게 비추었다는 분명한 증거인 것이다. 아마도 태양은 지구가 존재했던 기간만큼 오래 존재했을 것이다."

태양전문가인 존 에디는 다음과 같이 말했다. "나는 태양의 나이가 45억 년 되었을 것으로 생각한다. 그러나 이러한 연대에 반대되는 새롭고도 예상 밖의 자료들에 따라 다시 계산을 하고 이론을 조정한다면, 우리는 지구와 태양의 나이에 관한 제임스 어셔 주교의 수치를 받아들일 수도 있다고 생각한다. 천문학에서 이를 부정할 만한 관측된 증거들을 많이 갖고 있다고 생각하지 않는다. 오늘날 태양물리학은 태양의 연대를 결정하기 위해 고생물학 자료를 이용하고 있다."

이것은 놀랄 만한 언급이다. 왜냐하면 에디는 사실 태양이 아주 오래 되었다는 어떤 확고한 증거도 없다는 것을 인정했기 때문이다.

에디는 창조 시점을 기원전 4004년으로 산정한 어셔 주교의 연대로 돌아오는 가능성까지 제안하고 있었다. 위에서 인용한 에디의 마지막 문장은 진화론적 태양의 연대가 '고생물학'에 의존한다는 사실을 주장하고 있었다. 에디는 다시 한번 통상적인 태양의 나이는 궁극적으로 진화론에서 가정한 지구의 나이 이외에 아무것에도 근거하고 있지 않음을 확인하고 있었던 것이다.

진화론은 지구의 나이로 태양계와 우주의 나이를 추정한다.

하트만은 다음과 같이 주장하고 있다. "태양계의 나이는 46억 년이다. 이 숫자는 운석, 달, 지구의 세 가지 행성 암석들을 연구한 결과로부터 얻은 것이다." 여기에 세 가지의 독립적인 연대측정의 출처(운석, 달, 지구)들이 인용된 것 같지만, 사실상 달의 나이는 지구의 나이에 맞춘 것이고, 운석의 나이는 지구의 나이보다 약간 오래되도록 맞춘 것이다. 이들의 연대는 방사성 연대측정 결과에 근거하고 있기 때문에, 놀랍도록 일치되는 것처럼 보이지만, 사실은 그렇지 않다. "일반적으로 예측 연대와 근접한 연대가 나오면 정확한 것으로 간주하여 발표하지만, 다른 자료들과 맞지 않은 결과들은 거의 발표되지 않는다."

따라서 방사성 연대측정 결과들이 이미 인정되고 있는 연대 근처에 집중되고 있는데, 그 이유는 "예상치와 크게 벗어난 결과치들을 객관적인 근거 없이 생략해버린 결과"이기 때문이다. 방사성 연대측정 결과들이 동일한 값으로 나타나는 것은 "현재 수용되고 있는 연대 척도와 맞지 않는 많은 연대측정 결과들을 오류로 취급해서 간단히 무시해버리기” 때문에 나온 결과이므로, 실제가 아닌 환상인 것이다.

화성과 같은 다른 행성들의 나이는 추정된 달의 나이와 비교하여 산정된다. 그러나 달의 나이는 추정된 지구의 나이에 근거하고 있으므로, 그러한 연대 값들은 진정으로 독립된 것이 아니다. 그럼에도 불구하고, 그러한 연대측정법은 수십 년동안 깊게 뿌리박힌 관행이 되었으며, 그 결과는 마치 진화론적인 오랜 연대를 독립적으로 확인한 것처럼 말해지는 것이 보통이다. 과학사에서 반복되는 현상으로, 어떤 패러다임이 널리 받아들여진 후에, 그 배후의 기초적인 가정은 더 이상 상관없이 그 패러다임은 자명한 진리로서 간주되어 왔었다. 이것은 ‘진화론적 연대학’에서도 일반화된 것으로 보인다. 그러한 상황에서, 겉으로는 활발한 토론이 있어 보이지만, 그 토론은 실상 ‘안전한’ 범위 내에서만 제한되며, 패러다임 자체를 대상으로 삼지 못하는 것이다 (예를 들면, 원시 운석물질이 45.5억 년 된 것인가 혹은 46.5억 년 된 것인가를 따져야지, 그 이하의 연대 범위가 유효한지는 논의되어서는 안 되는 것이다). 한 패러다임의 근본적 오류를 폭로하는 자료들은 거의 항상 받아들여지지 않았다.

우주의 나이에 대한 전통적인 연대 추정에 있어서, 가정되는 우주의 크기가 우주의 나이에 대한 유일한 증거가 되고 있다. “우주의 크기는 우주의 나이와 단단히 묶여 있다 … 우주의 크기는 140억 광년이다. 왜냐하면 우주의 나이가 140억 년 되었기 때문이다.” 그러나 평가된 우주의 크기는 빅뱅설에서 주장되는 추정 팽창률에 묶여 있다. 이 팽창률을 설명하기 위해서 사용된 것이 바로 허블상수이다. 이 허블상수는 진정한 독립적인 연대측정법인 것처럼 보여지지만, 사실은 허블상수의 크기도 팽창시간(우주의 나이)을 지구의 진화론적 나이와 맞도록 맞춰진 것이다. "허블법칙에 따라 시간을 역으로 계산하면 빅뱅 시점을 추산해볼 수 있다." 만일 이 마지막 관점이 의심스러워 보인다면, 다음을 숙고해 보라. 처음 허블상수가 산정되었을 때, 그 값의 '최대상한치'는 진화 지질학자들을 만족시키기에는 너무 작았다 : "불행히도, 허블상수에서 구한 우주의 나이는 단지 18억 년이었다. 그 때 당시 지구 암석의 나이는 30억 년이나 되었다는 것으로 이미 알려져 있었다. 분명히, 우주가 지구보다 젊을 수는 없었다"

다시 한번 독립적이라고 여겨진 진화론적 시계들은 실제로는 독립적인 것이 아니며, 오래된 지구의 나이에 묶여 있는 것이다. 실제로, 허블상수는 1920년대 이후 4배 이상까지 변화되어 왔는데, 이러한 수정은 확장되는 지구의 나이와 일치되도록 조정된 것이었다. 한편, 한 때 지구의 진화론적 연대는 거의 무한대까지 늘려질 수 있을 것으로 예측되었지만, 결국은 46억 년으로 낙착되었다. 이렇게 하여 대략 150여 년 전인 1830년대 초에 주로 찰스 라이엘에 의해 주도된 연대학적 패러다임의 이동이 완료되었던 것이다.

진화론은 지구의 나이를 동일과정설적 가정들에 의해서 추정했다

방사성 동위원소 연대측정법에 의한 지구의 나이는 결국 지구 암석의 나이에 대한 지질학적 평가에 기초하는 것이고, 지구 암석의 나이는 근본적으로 지질주상도 상의 동일과정설적 지층 퇴적률에 기초하는 것이다. 다시 이 퇴적률은 또한 찰스 라이엘이 임의로 평가한 신생대의 연대에서부터 나온 것이다. 라이엘의 시대에는 지구의 나이가 기껏 해야 1억 년 정도 되는 것으로 생각되었다. 라이엘은 그 때에 백악기의 끝과 신생대 시작의 경계를 8천만 년 전으로 보았는데, 이는 오늘날의 추정치인 6천5백만 년 전과 별로 틀리지 않다.

실제로 스페이커는 수사학적 질문을 던졌다. "라이엘이 유명해진 직후인 1840년 이후에 시간 척도가 현재의 틀로 고정되었다는 것을 우리 중 얼마나 알고 있는지 나는 궁금하게 생각한다." 신생대는 제3기에서 시작되고 백악기와 제3기 경계는 화석기록에서 중요한 구분이 되는데, 이것은 홍수 활동에서 홍수 이후로의 이행과 분명하게 관계가 있다. 그러나 라이엘의 연대학을 이룬 기초는 과학이 아니라, 하나님의 말씀에 대한, 특히 모세의 연대기에 대한 오랫동안 계속되어 왔던 '적의(반감)'였다. 라이엘은 실제로 그의 연대측정 방법을 합리적으로 보이기 위해 자료들을 조작하기도 했다.

찰스 라이엘은 법률가로 교육받았고, 그 시대 용어로서는 '법정변호사'였다. 이 사실은 그가 죽은 후 출판된 기념출판물의 제목에서도 인정되고 있다. 라이엘의 진짜 '숨겨진 의도'는 동료 및 친구들과의 개인적인 서신에 잘 나타나있다. 그는 "성서적 홍수를 모세의 기록 밖으로 몰아내려고 한다" 라고 썼다. 그는 또한 성경을 끌어 내리려는 그의 계획을 밝히고 있었다. 그는 성경을 정면으로 공격하지 않으면서, "모세의 연대를 깎아 내리기만 하면, 성경은 '역사적인 스케치'가 될 것이라는 생각을 품고 있었다". 성경을 역사적인 스케치로 만들기 위한 라이엘의 보증서는 진화론의 관점에서 쓰여진 '지사학'에 관한 작업을 의미했다. 그의 잘 알려진 책「지질학의 원리」는 바로 이 계획의 완성품이었다.

요약하면, 찰스 라이엘은 법률적인 재주를 사용하여 지구의 지질학적 과거에 대한 진화론적 관점의 작품을 만들어낸 것이다. 그는 성경을 직접 공격하지 않으면서, 심지어 거명조차 하지 않으면서, 독자들로 하여금 모세와 성경의 연대기 전체를 의심하도록 인도했다. 그가 겨우 30대 초반일 때에 저술한 「지질학의 원리」는 이 점에서 그가 상상하지 못할 정도의 성공을 거두었던 것이다.

라이엘이 간접적이고 계략적인 반성경적 의도를 가지고 있었던 것은 분명하다. 그는 주로 같은 전술을 사용하여, 독단적으로 원하는 결론으로 끌고 가지 않고서도, 독자들 스스로 그의 결론에 도달하도록 영리하게 인도했다. 진실로 그는 이 전략적인 집필로 생물학적 진화론을 믿도록 기술했다. "미심쩍은 말들을 사용하여 특정 부류의 사람들을 화나게 하는 것은 도움이 되지 않으므로, 나는 그들이 스스로 추론하도록 했다." 찰스 다윈은 라이엘이 이 전술을 사용하는 것을 다음과 같이 표현했다.

"라이엘은 반성경적인 말을 한 마디도 하지 않고도, 대홍수의 믿음을 다른 어떤 방법보다 효과적으로 뒤흔들었음을 확신하고 있었다. 나는 최근 몰리가 쓴 「볼테르의 일생」을 읽었는데, 그는 기독교에 대한 직접적인 공격은(심지어 볼테르와 같은 능력과 생동감으로 집필하더라도) 영구적으로는 거의 효과가 없음을 강력하게 주장하였다. 서서히 조용하게 측면을 공격하는 것이 실제적으로 더 좋은 방법인 것 같다."

결 론

'오래된 시간'과 특히 '지구의 나이'는 진화론의 심장이다. 특히, 지구의 나이는 태양계 안에서건 밖에서건 오래된 연대의 궁극적인 기초가 되고 있다. 진화론적 지구의 나이는 방사성 동위원소 연대 측정과 상관없이 라이엘의 동일과정설 이상의 아무 것도 아니며, 라이엘 자신은 성경의 연대학을 세속적 연대학으로 바꿀 의도를 가지고 있었다. 우주가 오래되지 않았다는 증거들을 굳이 제시하지 않더라도, 지구의 나이가 오래되지 않았다는 사실이 밝혀진다면, 우주의 나이가 오래되었다는 사실도 부정되는 것이다. 지구가 정말 오래된 것이 아니라면 태양, 태양계, 우주가 수십억 년 되었다는 연대학은 근거가 없어지는 것이다. 따라서 무신론자들과 진화론자들이 젊은 지구 개념을 결사적으로 부정하고 공격하는 것은 당연한 것이다. 창조론자들은 지구가 최근에 창조되었다는 성경적 교리를 계속 방어해야만 하는 것 또한 분명하다.

〈Jonathan F. Henry, http://www.creation.or.kr/library/itemview.asp?no=2302, 2304〉

_02
지구의 나이 논쟁에 있어서의 열쇠

지층 암석의 기록은 수억 수천만 년의 증거이든지, 아니면 주로 노아 홍수의 증거이든지 둘 중에 하나이다. 이들 둘 다의 증거일 수는 없다.

성경을 믿는다고 말하면서, 창세기 1장의 6일 창조 이전에 수십 억 년의 역사를 집어넣으려고 시도하는 기독교인들이 쓴 책들에서 하나의 이상한 현상을 볼 수 있다. 그것은 이들 크리스천들의 대부분은 창세기 6~9장에 기술된 노아의 홍수에 대한 기록을 무시하고, 지구의 지질학적 역사에 노아 홍수를 전혀 반영하지 않고 있다는 것이다.

최근에 나는 2명의 대학 교수와 나누었던 대화를 분명히 기억한다. 두 사람 모두 그들의 학문적 업적들로 존경받고 있으며, 하나님의 말씀에는 오류가 있을 수 없음을 인정하고 있는 사람들이었다. 두 교수 모두 노아의 홍수가 전 지구적인 홍수였음을 믿고 있었다. 그러나 그러면서도 지구의 나이가 수십억 년 되었다는 개념을 받아들이고 있었다. 왜냐하면 지질학자들이 암석 기록으로부터 지구의 나이가 수십억 년 되었음을 과학적으로 입증했다고 생각하기 때문이었다. 많은 보수적 성경학자들처럼, 그들은 지질학에 대한 이해가 없었으며, 그리고 대략 6천 년 전의 창조에 대한 성경적 및 과학적 증거들에 대한 피상적인 이해만을 가지고 있었다. 그들은 지구의 나이가 수십억 년 되었다는 그들의 믿음에서 노아 홍수의 함축적 의미를 결코 생각하지 않고 있었다. 그러면 지구의 나이 문제에 있어서 노아 홍수가 그렇게 결정적일 수 있는 이유는 무엇인가?

한때 그랜드 캐년은 콜로라도 강이 수천만 년 동안 침식을 일으켜 형성되었다는 것이 표준 설명이었다. 그러나 현재는 일부 진화 지질학자들도 그러한 견해를 거부하며, 여러 번의 격변적 홍수들로 인해서 그랜드 캐년이 형성되었다는 견해를 받아들이고 있다. 그러나 그들의 세계관은 노아 시대에 있었던 한 차례의 전 지구적인 홍수와 그 영향을 받아들일 수는 없는 것이다. 최근 연구에 의하면, 그랜드 캐년은 자연적 댐에 의해 갇혀 있던 거대한 호수의 붕괴로 격변적으로 단번에 파여졌다는 것이 사실로서 밝혀지고 있다.

사실 교회사의 처음 1,800년 동안 모든 기독교인들은 노아 홍수가 전 지구적인 대홍수였다는 믿음을 가지고 있었다는 것을 깨닫는 것이 필요하다. 이신론적 그리고 무신론적 지질학자들이 지구의 나이가 매우 오래되었다는 새로운 가설을 발전시킨 19세기 초까지 기독교인들은 이 믿음을 포기하지 않고 있었다.

기독교신자와 비기독교신자 모두 전 세계적으로 수천 피트 두께로 존재하는 거대한 퇴적지층들과 화석들을 보았을 때, 노아 홍수가 그것들을 만들 수 없었을 것이라고 생각했다. 이러한 생각과 다른 반성경적 가정들에 기초하여, 그들은 그 퇴적지층들과 화석들은 사람이 존재하기 오래 전에 형성되었을 것이라는 이론들을 발명해 내었다. 두 이론이 제안되었는데, 일부 사람들은 퇴적지층들은 오랜 시간 간격으로 분리된 여러 번의 국소적 또는 전 지구적 홍수들에 의해서 형성되었다고('다중격변설'로 알려진 견해) 주장했다. 다른 사람들은 퇴적지층들은 느리고, 점진적인 퇴적 및 침식 과정들에 의해서 장구한 세월에 걸쳐서 형성되었다고('동일과정설'로 알려진 견해) 주장했다.

이들 오래된 지구 나이를 주장했던 지질학자들은 홍수물이 이러한 퇴적지층들을 만들 수 있을지 없을지를 보여줄 수 있는 그 어떠한 실험도 실시하지 않았다. 그리고 성경에 대한 세밀한 주의도 기울이지 않았다. 그러한 이유로 그들은 노아 홍수의 기간, 맹렬함, 복잡한 성격 등에 대해 부정확한 견해를 가지고 있었다. 그러한 이론들이 퍼져나감으로써 사람들은 노아 홍수가 발생하지 않았거나, 그 홍수가 전 지구적이지 않았거나, 지질학적 증거들을 남기지 않았다고 믿기 시작했다.

그러나 노아 홍수에 대해서 생각해 보라. 성경 기록에 의하면, 노아의 시대에 일 년 정도 지속된 전 지구적인 홍수가 일어났다. 우리는 이것을 자신 있게 말할 수 있다. 왜냐하면 창세기의 역사적 기록에 대한 명백한 권위 때문이다. 또한 그러한 대격변은 지구상에 수많은 지질학적 증거들을 남겨 놓았을 것임에 틀림없다. 그 홍수는 막대한 퇴적물들을 퇴적시켰을 것이며, 수많은 식물들과 함께 수천억의 바다생물, 육지생물, 하늘을 나는 생물들을 파묻어 버렸을 것이다. 그리고 그것은 지구 행성 전체에서 발생했다. 그리고 엄청난 파괴력을 가지고 대륙들로부터 홍수 물이 물러감으로써, 홍수의 전반기에 퇴적되었던 퇴적지층들에 막대한 침식이 일어났을 것이고, 침식물들은 다른 곳에 재퇴적되었을 것이다.

전 지구적 홍수가 지질학적으로 어느 정도의 황폐함을 가져왔을 것인지를 상상해 볼 때 깜짝 놀라게 된다. 그 이후에 일어났었던 가장 최악의 홍수도 노아의 홍수에 비하면 조족지혈이었을 것이다. 오늘날 지구의 지질학적 모습들은 그러한 복합적이고 파괴적인 대홍수 사건으로부터 예상되는 결과와 정확히 일치한다. 노아의 홍수가 어떤 지질학적 증거도 남기지 않았다거나, 그 유일했던 사건 이후 상대적으로 작은 지질학적 과정들에 의해서 모두 지워졌다고 말하는 것은 매우 불합리한 말이다.

지층암석의 기록은 수억 수천만 년의 증거이든지, 아니면 주로 노아 홍수의 증거이든지 둘 중에 하나이다. 둘 다의 증거일 수 없다. 만약 우리가 지구의 나이가 수십억 년이고 전 지구적인 홍수의 어떠한 흔적도 보여지지 않는다는 것이 지질학적으로 확립되었다고 믿는다면, 그러한 믿음은 노아의 홍수에 대한 우리의 믿음과 모순된다. 만약 노아의 홍수에 관한 성경의 기록이 영감되어진 것이고 오류가 없는 하나님의 말씀으로 받아들인다면, 우리는 논리적으로 수십억 년의 연대를 믿을 수 없다. 노아의 홍수는 진실로 수십억 년의 연대를 쓸어가 버리는 것이다.

내가 19세기 초 지질학의 발달 과정을 연구하면서 오래된 지구 지질학자들의 글들을 읽게 되었을 때, 그리고 그들이 어떻게 성경 기록(특히 노아의 홍수)을 무시했는지를 보게 되었을 때, 그러면서도 그들의 이론들이 성경과 갈등이 없다고 권위적으로 선포했었던 사실들을 보면서, 그들의 주장에 대항하여 반박하는 글들을 보기를 원했었다. 그리고 성경을 신뢰하며 지질학적으로 박식했던 '성경적 지질학자들'로 알려진 소수 크리스천들이 오래된 지구 연대를 강력하게 논박했던 글들을 읽고서 기쁨의 눈물을 흘렸었다. 슬프게도 대부분의 교회들은 수십억 년의 지구 연대를 믿는 세속적 지질학자들의 견해를 받아들였고, 성경적 지질학자들의 주장들을 무시하거나 기각해버렸다.

　지구의 나이에 관한 논쟁은 근본적으로 우리가 무엇을 신뢰하여야 할지에 관한 문제이다. 즉 모든 것을 알고 계시고 신실하신 창조주 하나님이 우리에게 주신 오류가 없는 성경을 신뢰하는지, 죄 많은 인간들이 쓴 오류가 많고 자주 수정해야 하고 번복되는 그들의 책들을 신뢰하는지에 관한 문제이다. 만약 당신이 성경을 철저히 신뢰하며 주의 깊게 읽는다면, 그리고 지질학적 기록에 대한 창조론자들의 해석들에 대해 견문을 넓힌다면, 전 대륙의 지층 암석들이 성경에 기록된 노아의 홍수와 젊은 지구를 강력하게 지지한다는 것을 쉽게 알 수 있을 것이다.

〈Terry Mortenson, http://www.creation.or.kr/library/itemview.asp?no=4487〉

노아 홍수는 장구한 지질시대를 쓸어가 버린다 : 창세기 홍수의 지질학적 증거들

크리스천들을 포함하여 많은 사람들은 왜 창세기 홍수에 대한 지질학적 증거를 볼 수 없다고 하는가? 그것은 대개 "현재는 과거를 아는 열쇠이다(the present is the key to the past)"라고 하는 진화론적 동일과정설 사상에 빠져 있기 때문이다. 그들은 오늘날 지질학적 진행과정들이 매우 느리게 일어나고 있기 때문에, 지구의 두터운 지층들과 암석층들이 형성되는 데 수억 년이 걸렸다고 확신하고 있다.

그러나 창세기의 홍수가 실제로 일어났다면 우리는 어떠한 증거들을 찾을 수 있을까? 우리가 창세기 7, 8장을 읽어보면, '(모든) 큰 깊음의 샘들(all the fountains of the great deep)'이 터졌고, 150일(5개월) 동안 지구의 내부로부터 물이 솟아올랐다고 기록되어 있다. 거기다가 40주야 동안 격렬하게 비가 쏟아졌다('하늘의 창문들이 열렸다'). 의심의 여지없이 모든 높은 언덕들과 산들이 다 잠겼다. 이는 전 지구적으로 온 땅이 물바다가 되었다는 뜻이다. 땅 위에 코로 숨을 쉬는 모든 생명체들은 물속에 잠겨 멸망하였다. "이로 말미암아 그때 세상은 물의 넘침으로 멸망하였으되"(벧후 3:6).

　그러므로 우리들은 어떤 증거들을 찾을 수 있을 것인가? 전 지구에 걸친 암석지층들 속에서 홍수 물에 의해서 급격히 퇴적된 모래, 진흙, 석회암 등에 의해 화석화된 수천억의 죽은 동식물들이 발견될 것이 기대되지 않겠는가? 물론이다! 그것이 바로 정확히 우리가 보고 있는 그것이다! 창세기 7, 8장의 대홍수 기록에 기초해서, 창세기 홍수를 입증하는 6가지의 핵심적인 지질학적 증거들이 있다.

증거 1 : 바닷물이 대륙들 위로 침범했음을 가리키는, 해수면보다 높은 곳에 있는 바다생물의 화석들. 모든 대륙을 덮고 있는 암석 지층들에서 바다생물 화석들이 발견된다. 예를 들면 그랜드 캐년의 양 벽들(해발 1.6km 이상의 높이에 위치한)에 있는 대부분의 암석층들은 바다생물 화석들을 가지고 있다. 화석화된 조개류들은 히말라야, 알프스, 로키, 안데스 산맥에서도 발견된다.

증거 2 : 급격히 매몰되어 있는 동 · 식물들. 대규모적인 화석 '공동묘지'들과 정교하게 잘 보존된 화석들이 발견된다. 예컨대 수십억 개의 나우틸로이드(nautiloid, 고대 오징어) 화석들이 그랜드 캐년의 레드월 석회암의 한 층 안에서 발견되었다. 이 층은 대규모의 퇴적물(대부분이 석회모래)의 흐름에 의해 격변적으로 퇴적되었던 것으로 보인다. 미국이나 유럽의 백악(白堊, chalk)과 탄층들, 물고기들, 어룡들, 곤충들, 그리고 전 세계에 있는 다른 수많은 화석들은 격변적으로 파괴되었고 매몰되었음을 증거하고 있다.

증거 3 : 광대한 지역에 걸쳐 확장되어 있는 급속하게 퇴적된 퇴적

지층들. 전 대륙에 걸쳐 일관적으로(심지어 대륙들을 횡단하여) 추적될 수 있는 퇴적지층들이 발견된다. 그리고 그런 지층에서의 물리적 특징들은 그들이 갑작스럽게 퇴적되었음을 시사한다. 예를 들면 그랜드 캐년의 타핏 사암층과 레드월 석회암층은 미국 전역과 캐나다에까지 이르고 있고, 심지어 대서양 건너 영국에서까지 추적될 수 있다. 영국의 백악층(도버 해협의 백색 절벽)은 유럽을 횡단하여 중동에서까지 추적될 수 있고, 또한 미국의 중서부와 서부 호주에서도 발견된다. 그랜드 캐년의 코코니노 사암층 안에 있는 경사층(사층리)은 10,000 입방마일의 엄청난 모래가 수일동안의 거대한 물 흐름에 의해 퇴적되었음을 가리키는 증거판인 것이다.

증거 4 : 먼 거리까지 운반된 퇴적물들. 광범위한 지역에 펼쳐져 있는 급속히 퇴적된 암석지층들을 구성하는 퇴적암들은 먼 근원 장소들로부터 침식되어 빠르게 흐르는 물에 의해서 장거리를 이동했음이 확인되고 있다. 예를 들면, 그랜드 캐년의 코코니노 사암층을 구성하는 모래는 오늘날의 미국과 캐나다인 북부지역에서 침식되고 그곳에서부터 운반되어 왔음이 확인되었다. 더더욱 암석지층들에 보존되어 있는 연흔(ripple marks, 물결자국)과 같은 물의 흐름을 가리키는 지표들은 물 흐름이 3억 년 동안 남ㆍ북 아메리카 모두를 가로질러 북에서 남으로 일관되게 흐르고 있었다는 것을 보여준다(?). 이것은 가능성이 없는 이야기다. 물론 실제로 한 번의 전 지구적인 홍수가 있었다면, 그것은 단지 수 주 동안에도 가능할 수 있었다.

증거 5 : 암석 지층들 사이에 빠른 침식의 증거를 발견하거나, 전혀 침식의 증거를 발견할 수 없다. 우리는 암석 지층들 사이에서 급격한 침식의 증거를 발견하거나, 아니면 어떠한 침식의 증거도 발견할 수 없다. 암석 지층들 사이에서 평탄하고 칼로 자른 듯한 경계면들은 침식이 일어날 시간이 없었으며, 한 층씩 연속적으로 퇴적되었음을 가리킨다. 예컨대 그랜드 캐년의 유명한 두 지층인 코코니노 사암층과 허밋 세일층은 평탄한 경계면을 가지고 있는데, 이곳에 1억 년이 넘는 시간이 흘렀다면 있어야 할 그 어떠한 침식이나 풍화의 증거도 없다. 그랜드 캐년에 있는 인상적인 평탄한 경계면은 레드월 석회암층과 그 밑에 놓여 있는 지층 사이에서도 볼 수 있다.

증거 6 : 빠르게 연속적으로 퇴적된 많은 지층들. 암석 지층들은 정상적으로는 휘어지지 않는다. 암석들은 딱딱하고 부서지기 쉽기 때문에 깨져 버린다. 그러나 전세계 도처에서 암석 지층들이 부서지지 않고 휘어져 있는 채로 발견된다. 이는 모든 암석지층들이 급격히 퇴적되었고, 암석으로 굳어지기 전에, 아직 젖어 있어 휘어지기 쉬운 상태로 있을 동안에 접혀졌음(습곡되었음)을 시사한다. 예를 들면 그랜드 캐년의 타핏 사암층은 깨어진 증거 없이 거의 직각으로 접혀져 있다. 그러나 이러한 구부러짐은 지층들의 남은 부분들이 모두 퇴적된 이후에만 일어날 수 있었을 것이다. 그렇게 되려면, 타핏 사암층은 아마도 처음 퇴적을 시작한 후 수천만 년 동안 휘어지기 쉬운 상태를 유지하고 있어야만 한다. 이것은 불가능한 일이다.

결 론

우리의 창조주이시며(요 1:1~3, 골 1:16~17), 진리이시고, 우리에게

결코 거짓말을 하실 분이 아니신 예수 그리스도께서 '노아의 때'에 대하여 이렇게 말씀하셨다 :

"노아의 때와 같이 인자의 임함도 그러하리라 홍수 전에 노아가 방주에 들어가던 날까지 사람들이 먹고 마시고 장가들고 시집가고 있으면서 홍수가 나서 저희를 다 멸하기까지 깨닫지 못하였으니 인자의 임함도 이와 같으리라" (마 24:37~39, 눅 17:26~27).

예수님께서는 방주에 탄 동물들을 제외하고 모든 육상생물들을 멸하신 전 지구적 홍수를 언급하시면서, 노아 홍수와 방주 사건을 실제적 사실로서, 문자 그대로의 역사적 사건으로서 말씀하셨다.

그러므로 우리는 과거 지구에서 일어났던 사건에 대해, 직접 현장에서 목격하지 않았던 오류투성이의 과학자들의 생각을 믿기보다는, 예수 그리스도께서 우리에게 말씀하셨던 바를 믿어야 한다. 따라서 우리는 이 세계에서 보여지는 지질학적 증거들이 하나님의 말씀과 정확하게 일치하는 것을 보게 될 때, 놀랄 필요가 없는 것이다.

＊서로 교차되어 있는 광대한 시간들

그랜드 캐년에는 수억 년 후에 쌓였다는 지층들이 서로 교대로 끼여서 (inter-bedded) 발견된다. 이것은 지질주상도가 말하고 있는 지질시대라는 구조가 불가능함을 의미한다. 그랜드 캐년의 바닥 부근에는 엄청나게 두꺼운 캄브리아기의 무아브 석회암층이 놓여 있다. 진화론자들은

캄브리아기 지층은 5~6억 년 전에 생성되었다고 주장하고 있다. 무아브 석회암 위에는 미시시피기로 주장되는 붉은색의 레드월 석회암이 놓여 있다. 진화론자들은 미시시피기는 캄브리아기 이후 1억5천만 년 이상이 지난 시기로 주장하고 있다.

그러나 1억5천만 년 이상의 시간 차이가 나는 두 지층의 접촉면을 살펴보라. 접촉면은 캐년을 따라 수평으로 칼로 자른 듯이 똑바로 달리고 있다. 침식은 이와 같이 일어날 수 없다. 특히 1억5천만 년 이상의 광대한 기간에서는 더더욱 이렇게 일어날 수 없다.

그런데 진화론자들을 최악으로 심각하게 만드는 것이 있다. 그것은 두 지층이 서로 교차되어 교대로 나타나고 있다는 것이다! 지질주상도에 의하면 캄브리아기는 5억 년 전에 끝나고, 미시시피기는 3억4천5백만 년 전에 시작된다. 그러나 당신은 여기에서 이들 두 시대의 지층이 함께 서로 교차되어 있는 것을 볼 수 있다. 이것은 이러한 지질주상도에 관한 진화론의 이야기가 사실이 아님을 말해주고 있는 것이다. 당신은 당신의 눈을 믿거나, 두 지층 사이에 수억 년이 흘렀다는 거짓말을 믿거나 둘 중에 하나를 선택해야 한다. 둘 다 믿을 수는 없다.

〈Bible.ca http://www.creation.or.kr/library/itemview.asp?no=616〉

_04
동일과정설과 지질주상도

　'지질주상도(Geologic Column)'는 그림에서 보여주듯, 일련의 추정하고 있는 지질시대들이다. 이것은 대부분 멸종한 생물들인 '표준화석'에 기초를 두고 있다. 이 화석들은 새로운 화석이 발견될 때, 다른 화석시료의 연대를 추정하는 1차적 수단으로서 사용되고 있다. 이 일련의 지질주상도는 서로 유사하게 관련되어 있으며, 전 세계에 흩어져 있는 많은 작은 부분들로 구성되어 있다.

대	기	백만 년	화석
신생대	제4기	0-70	초기 인류
	제3기		포유류, 고래, 원숭이, 현화식물
중생대	백악기	70-200	공룡 멸종, 현대 식물
	쥐라기		조류 출현, 작은 포유류
	트라이아스기		공룡 출현

고생대	페름기	200-600	침엽수
	펜실베이니아기		석탄번성, 최초 파충류
	미시시피기		상어번성
	데본기		양서류, 어류시대
	실루리아기		원시 육상 동식물
	오르도비스기		원시어류
	캄브리아기		무척추동물, 삼엽충

지질주상도(Geologic Column)

이 도표의 아랫부분에는 가장 오래되었다고 주장되는 지질시대가 위치한다. 화석을 포함하고 있는 지층암석들은 시대별로 나뉘어졌는데, 이들은 진화론을 가정하여 깊이에 따라 오랜 연대를 가리키는 이름으로 명명되었다. 특정한 화석생물의 가장 오래된 시대는 고생대('고대 생물'을 의미하는 것)라고 불리며, 그 위에 중생대('중간 생물'), 그리고 마지막으로 신생대('최근 생물')라 불린다. 대(Era)는 다시 기(Period)로 나뉘어지는데, 통상 그들이 처음으로 발견되어 연구된 지리학적 지역에 따라 명명되었다. 이 기는 다시 세(Epoch)로 나뉘는데, 대개 가장 최근의 신생대에서만 세로 명명된 연대를 듣게 된다.

이 분류 체계는 1795년에 「지구의 이론(Theory of the Earth)」이라는 책에서 제임스 허튼(James Hutton)이 처음으로 제안한 '동일과정설(uniformitarianism)'에 기초를 두고 있다. 이것은 1830년에 찰스 라이엘(Charles Lyell)에 의해 처음으로 출판된 「지질학의 원리(Principles of Geology)」라는 책에서 한층 더 발달되었다. 「지질학의 원리」는 찰스 다윈에게 지대한 영향을 끼쳤는데, 다윈은 비글호 항해 동안 이 책을 여러 번 읽었다고 한다. 다윈은 그의 저서에서 진화론으로 생각을 바꾸도록 이끈 이 책으로 말미암아 그가 얼마나 흥분했으며, 삶에 대한 그의 전반적인 견해가 어떻게 바뀌었는가를 여러 차례에 걸쳐 언급하고 있었다.

제임스 허튼의 책 「지구의 이론」은 과학의 관점을 바꾸는 데 큰 역할을 했다. 그 책이 소개되기 전에는, 거의 모든 사람들이 한 번 또는 몇 차례의 격변적 홍수로 말미암아 지구의 지질학적 특징들이 형성됐으며, 이것은 적어도 약 10,000년 이내에 일어났다고 생각했었다. 유대인의 성서, 또는 구약성경은 분명히 이것을 가르치고 있었으며, 대부분의 사람들도 이것을 올바른 역사라고 믿고 있었다. 그러나 '계몽시대'와 '이성시대' 동안의 많은 중세철학자들은 인간 행동에 간섭하는 하나님의 통제와 심판의 위협과 더불어, 인격적인 하나님에 대한 생각을 없애버렸다. 그들은 하나님과 상관없이 지구의 발달을 설명하는 유물론적인 방식인 허튼의 생각을 환영했다.

허튼은 만약 충분한 시간만 주어진다면, 약하고 느리게 작용하는 것처럼 보이는 지질작용(예컨대 지표면의 완만한 융기와 침강)들도 대격변으로 발생하는 것들과 비슷한 결과를 만들어낼 수 있다는 것을 설득력 있게 주장했다.

거의 같은 시대에 운하와 철도를 부설했던 영국의 엔지니어 윌리암 스미스는 지표면의 깊숙한 절단면에 있는 다양한 암석지층 내에 많은 화석들이 들어있다는 것을 알게 되었다. 그는 화석의 수직적 배열의 순서를 본 후, 그 화석들이 한때 얕은 바다에서 살았으며, 죽었고, 퇴적물에 덮인 후, 화석화되었다고 제안했다. 스미스는 '지층 스미스'로 알려지게 되었으며, 최초로 영국지질도를 만들었다.

허튼의 책은 읽기에 불편했고 어려웠다. 결국 찰스 라이엘이 허튼과 스미스의 생각을 이어받아, 이러한 주장을 대중적인 형태로 발전시키게 되었다. 그의 책은 넓은 지지를 받았으며, 그는 지질학이라는 현대 과학을 설립하는 데 큰 역할을 담당하게 되었다. 그의 책 「지질학의 원리」는 1830년과 1872년 사이에 11판을 발행했다.

동일과정설에 의하면, 모든 것들은 아무런 초자연적 간섭 없이 순전히 자연적 과정들을 통하여 매우 천천히 발달했다는 것이다. 어떤 기준 지층 아래층에 묻힌 화석은 그 기준 지층에 있는 화석보다 훨씬 더 오래 되었음에 틀림없다는 것이다. 진화론에 따르면 더 오래 된 화석은 더 젊은 화석의 조상이며, 그러한 진화적 발생은 오랜 시간에 걸친 유리한 돌연변이를 통하여 일어났다는 것이다. 자연선택은 어느 돌연변이를 유지해야 할지, 어떤 돌연변이를 버릴지를 선택했고, 이것은 매우 오랜 시간이 걸렸다는 것이다. 그러한 가정하에 표준화석들은 지층의 연대를 추정하는 데 사용된다. 그러나 동시에 지층의 연대는 화석들의 연대를 추정하는 데 사용된다. 이것이 바로 최악의 상태에 있는 '순환논법(circular reasoning)'인 것이다!

"이성적인 일반인들은 화석의 연대결정에 암석을 사용하고, 암석의 연대결정에 화석을 사용하는 순환논법을 오랫동안 의심해 왔다. 지질학자들은 이러한 과정을 통해 결과를 이끌어낼 수 있는 한, 그것을 설명하려고 애쓸 필요가 없다고 느끼면서, 충분한 답변을 생각하려고 노력하지도 않았다."

토마스 헉슬리(종종 '다윈의 불독'으로 불렸던)는 런던 지질학회의 1869년 기념연설에서 다음과 같이 말했다.

"생물학은 지질학으로부터 시간을 취한다. 우리가 생명체의 느린 변화 속도를 믿는 유일한 이유는 지질학에서 이야기하듯이 일련의 퇴적암이 형성되는 데에 오랜 시간이 걸렸다고 주장하고 있기 때문이다."

크리스천들이 이러한 진화론적 연대 틀을 받아들이는 것은, 지구가 하나님에 의해서 6일 만에 창조되었고, 10,000년 이내의 나이를 가진다는 성경의 분명한 가르침을 거부하는 것임을 깨달아야만 한다. 진화와 오랜 지구에 대한 자연주의적 교육은 성경의 주요한 부분들이 사실이 아니라는 신념에 바탕을 두고 있다. 그들은 하나님이 자연과학의 영역 바깥쪽에 계시므로, 하나님은 실제적으로 우리가 오늘날 세상에서 보는 것에 영향을 미쳤을 어떠한 물리적인 일을 하셨을 것이라는 생각을 거부해야만 된다고 말한다. 따라서 우리는 성경과 진화론이 양립할 수 없다는 것을 알 수 있다. '유신론적 진화론' 또는 '점진적 창조론'과 같은 타협적인 위치는 논리적으로 말이 되지 않는다.

창조론자들은 화석 기록을 보는 데 있어서 완전히 다른 방법을 제안하고 있다. 우리는 지표면을 뒤덮고 있는 화석들을 가진 대부분의 퇴적암들은 노아 홍수의 직접적인 결과로 퇴적되었다고 생각한다. 대홍수가 시작되었을 때 대양의 가장 깊은 곳의 바다생물들은 초기 퇴적물이 급격히 밀려들면서 빠르게 파묻혀지게 되었다(이러한 생물들은 진화론에서 최초로 살았던 하등한 동물이라고 말해지는 것들이다). 조류(새)나 육지에 거주하는 포유동물 등과 같은 생물들은 홍수로 인한 초기의 재앙으로부터 피할 수 있었다. 따라서 바다에서 살던 생물들이 아래 퇴적지층에서 발견되고, 조류나 포유류는 윗지층에서 발견될 것이다. 이것이야말로 생물군에 따른 화석분류에 대한 간명하고 자연스런 설명이다.

진화론자들은 이러한 분류가 생물들이 다른 지질시대에 살았기 때문이라고 말하는 반면, 창조론자들은 생물들이 살았던 생태학적 서식지의 위치와 각 생물의 운동성이 달랐기 때문이라고 말한다. 특히, 인간은 높은 지능과 뛰어난 운동성, 그리고 홍수를 피할 수 있는 능력을 가진 가장 뛰어난 존재였으므로(게다가 대양 바닥에 살지 않았다), 나중에 더 높은 곳에 묻히게 되었다. 예로, 조개류와 고릴라는 대개 나란히 살지 않기 때문에, 그것들은 같은 지층에 묻힌 채 발견되지 않을 것이다.

화석 종들의 분류는 각 생물이 살았던 '지질시대'에 의해서가 아니라, 다른 요인들 즉 생물들이 살았던 생태학적 환경과 생물들의 이동성에 의해 나뉘어질 수 있다. 화석 기록은 진화론적인 지질주상도보다 성경적 설명과 더 잘 일치하는 것이다.

〈Curt Sewell, http://www.creation.or.kr/library/itemview.asp?no=634〉

*지질주상도의 문제점들

최종적으로 정해진 지질주상도는 11개의 기본 지층들로 구성된다. 진화론에 따르면, 이 지층들은 수억 수천만 년에 걸쳐서 쌓여졌다는 것이다. 그러나 지질주상도를 진화론적 시각으로 바라볼 때 몇 가지 문제점들이 생겨난다.

첫째로, 만일 지질주상도 상의 모든 지층들을 함께 모아서 쌓아놓으면, 그것의 높이는 160km를 초과할 것이다. 이것은 하나의 문제이다. 왜냐하면 지구의 지각은 두께가 48km를 넘지 않으며, 퇴적암 층의 두께도 결코 24km를 넘지 않는 것으로 알려져 있기 때문이다. 또한 그랜드 캐년도 진화론적 지질주상도 상에서 하나의 문제이다. 왜냐하면 여러 퇴적지층들이 존재하지 않기 때문이다.

둘째로, 전 세계적으로 약 500군데 이상의 지역에서 지층 순서가 반대로 되어서, 오래된 지층이 젊은 지층 위에 놓여 있는 것이 발견된다. 진화론은 이러한 현상을 잘 설명할 수 없지만, 홍수 이론은 매우 합리적으로 설명할 수 있다. 무척추동물의 어떤 종들은 매우 무게가 가볍고, 물 흐름에 의해 쉽게 운송될 수 있기 때문에, 그들 종들의 여러 표본들이 간혹 홍수 물로 운송되어 홍수의 다른 단계에서 퇴적될 수 있기 때문이다.

셋째로, 어떤 생물의 화석과 발자국들은 있어야만 하는 지질시대보다 훨씬 아래 지층에서 발견된다. 지질주상도와 충돌하는 가장 당황스러운 증거들 중에 하나는 사람발자국들이 신생대 제4기 지층보다 훨씬 오래된 지층에서 발견되는 것이다. 사람발자국뿐만이 아니라, 사람의 뼈와 유물들이 현대인류가 출현하기 수억 수천만 년 전을 가리키는 지질주상도 상에서 발견되고 있다.

넷째로, 석탄층에서 발견되는 다지층나무 화석(여러 지층들을 관통하고 있는 나무화석)들은 동일과정설의 하나의 주요한 붕괴요인이 되고 있다. 진화론에 의하면, 석탄층의 형성은 수백 수천만 년에 걸쳐서 만들어졌다고 말하고 있다. 그러나 이들 석탄층에 화석화된 다지층나무들의 존재는 이들이 매우 빠르게 형성되었음을 가리키고 있다. 왜냐하면 나무는 주변에 퇴적물이 쌓이는 장구한 시간동안 부패하지 않고 남아 있을 수 없기 때문이다.

<creationevidence, http://www.creation.or.kr/library/itemview.asp?no=2441>

_05
젊은 지구와 젊은 우주를 가리키는 101가지 증거들

과학은 지구의 나이를 증명할 수 있는가?

어떠한 과학적 연구 방법도 지구와 우주의 나이를 증명할 수 없다. 그리고 지구와 우주의 나이를 측정해볼 수 있는 여러 연구 방법들 중에는 이 글에서 열거해놓은 방법들도 포함된다. 지구의 나이를 가리키는 지표(indicators)들은 '시계'들로 불려지고 있지만, 그것으로 정확한 지구의 나이를 알 수 없다. 왜냐하면 모든 연대 측정들은 과거에 대한 어떤 '가정(assumptions)'하에 이루어진 계산으로부터 이루어지기 때문이다. 시계의 속도가 전체 기간 동안 변하지 않았다는 가정뿐만 아니라, 시계의 최초 시각도 가정해야만 한다. 더군다나, 그 시계가 전체 기간 동안 전혀 방해받지 않았다고 가정해야만 한다.

이러한 가정들이 시험될 수 있는 독립적인 자연적 시계는 없다. 예를 들면, 오늘날에 관측되는 충돌분화구(운석공)의 생성률에 기초하여, 달에 나있는 충돌분화구의 수로 달의 나이가 꽤 오래된 것으로 제안될 수 있다. 그러나 이와 같은 결론을 내리기 위해서는, 충돌

분화구의 생성률이 과거에도 오늘날처럼 항상 동일했었을 것이라고 가정해야만 한다. 그러나 과거에는 충돌분화구 생성률이 훨씬 더 많았음을 가리키는 합리적인 이유들이 존재하며, 충돌분화구는 대부분 이차성이었다는 사실이 밝혀졌다. 이 경우에 충돌분화구들은 전혀 오래된 나이를 가리키지 않는다.

수억 수천만 년이라는 연대는 과거에 어떤 과정의 변화율이 오늘날 관측되는 변화율과 똑같았을 것이라는 가정 하에서 계산된 것이다. 이 가설은 '동일과정설(균일설, uniformitarianism)'이라 불려진다. 만약 그러한 가정으로부터 계산된 연대가 그들이 원하는 연대와 일치하지 않는 경우에, 그들은 그 연대측정 결과를 사용하지 않고 폐기시키거나, 적절하게 조정한다. 만약 계산된 결과가 연구자들이 생각했던 연대를 가리키면, 그들은 그 연대를 발표한다.

여기에 열거된 젊은 지구를 가리키는 수많은 사례들 또한 똑같이 동일과정설의 원리를 적용하여 얻어진 것들이다. 오래된 지구연대 옹호자들은 이 경우들에서는 과거에 대한 가정들이 적합하지 않다고 주장하면서, 이런 종류의 젊은 지구를 가리키는 증거들을 무시하고 있다. 바꾸어 말하면, 지구의 연대는 과학적 관측의 문제가 아니라, 관측되지 않은 먼 과거에 대한 가정들에 관한 문제인 것이다.

여기에 제시된 증거들 뒤에 있는 가정들은 입증될 수 없다. 그러나 젊은 연대를 가리키는 다양한 관측들은 오늘날 일반적으로 받아들여지고 있는 지구와 우주의 나이(우주 137억 년, 태양계 46억 년)에 강력한 의구심을 불러일으키는 것이다. 또한 장구한 시간을 측정하는데 사용되는 모든 연대측정 방법들이 의존하고 있는 동일과정설의 가정들은 많은 증거들에 의해서 도전받고 있다.

젊은 지구연대를 가리키는 지표들 중에서 많은 것들은 오래된 연대의 증거라고 추정했던 것들을 창조과학자들이 재조사해보았을 때 발견된 것들이다. 여기에서 얻을 수 있는 하나의 분명한 교훈이 있다. 진화론자들이 성경의 시간 틀에 도전하는 오래된 연대의 증거라고 주장하며 비판을 가할 때, 그것에 대해 초조해지지 말라는 것이다. 조만간 그 증거에 대한 새로운 사실들이 밝혀질 것이고, 심지어 젊은 지구의 증거 목록에 추가될 수도 있다는 것이다.

다른 한편으로, 아래에 열거된 증거들 중 일부는 더 깊은 연구에 의해 정당한 근거가 없는 것으로 판명될 수도 있고, 수정될 필요가 있는 것일 수도 있을 것이다. 그리고 이것이 과학의 본질, 특히 과거를 연구하는 역사과학의 본질이다. 왜냐하면 우리는 과거에 일어났던 사건을 실험해볼 수 없기 때문이다.

과학은 관측에 기초를 두고 있다. 그리고 어떤 것의 연대를 말할 때에 유일한 신뢰할 수 있는 수단은 그 사건을 목격한 신뢰할 만한 증인에 의한 증언이다. 성경은 창조 사건을 목격하셨던 유일한 분이신 창조주께서 우리에게 전해주신 기록이다. 따라서 성경은 지구와 우주의 나이를 알 수 있는 유일하고 신뢰할 수 있는 수단인 것이다.

끝으로 성경은 진실됨이 입증되고 있고, 그 가르침을 거부하는 자들은 당황하게 될 것이다. 또한 같은 성경이 하나님의 말씀에 불순종한 사람들에게 임할 하나님의 심판에 대해서 알려주고 있다. 또한 성경은 우리의 불순종한 행동을 용서하시기 위해 십자가에 달리신 예수님에 대해서 말해주고 있다. 태초부터 계셔서 만물을 지으셨던 (요 1:1~3) 다시 오실 예수님께서 이것을 가능케 하셨던 것이다.

젊은 지구를 가리키는 생물학적 증거들

증거 1 : 고대 화석들에 아직도 DNA가 남아 있다. 4억2천5백만 년 전의 것으로 추정되는 박테리아들에 남아있는 DNA는 그 장구한 연대에 의문을 불러일으키고 있다. 왜냐하면 DNA는 수천 년 이상 분해되지 않고 남아 있을 수 없기 때문이다.

증거 2 : 수억 수천만 년 전의 박테리아들이 다시 살아나고 있다. 2억5천만 년 전의 것으로 추정되는 소금결정들로부터 다시 살아난 박테리아들은 그 소금이 그러한 장구한 연대가 되지 않았음을 가리킨다.

증거 3 : 각 세대 동안 약간의 해로운 돌연변이들의 축적에 기인하여 발생한 인간 유전체(게놈)의 쇠퇴는 인간의 기원이 수천 년 전이라는 것과 일치한다. 이것은 집단유전학의 실제적 모델링에 의해서 확인되어 왔다. 이것에 의하면 유전체들은 젊으며, 돌연변이 축적은 단지 수천 년 정도의 양임을 보여주고 있다.

증거 4 : 미토콘드리아 이브의 데이터들은 인류가 단지 수천 년 전에 공통된 조상을 가지고 있었다는 것과 일치한다.

증거 5 : 전 세계의 인간 Y-염색체의 DNA 염기서열에 있어서 매우 제한적 변이는 인류의 기원이 수백만 년 전이 아닌 수천 년 전이라는 주장과 일치한다.

증거 6 : 수억 수천만 년 전의 것으로 연대가 평가된 많은 화석 뼈들이 아직 광물화되지 않은 채로 남아있다. 이것은 믿어지고 있는 오래된 지구 나이와 모순된다. 예를 들어, 신선한 공룡의 뼈들이나 아직 암석화되지 않은 화석나무의 발견과 같은 것들이다.

증거 7 : 공룡의 혈액세포들, 혈관들, 단백질(헤모글로빈, 오스테오

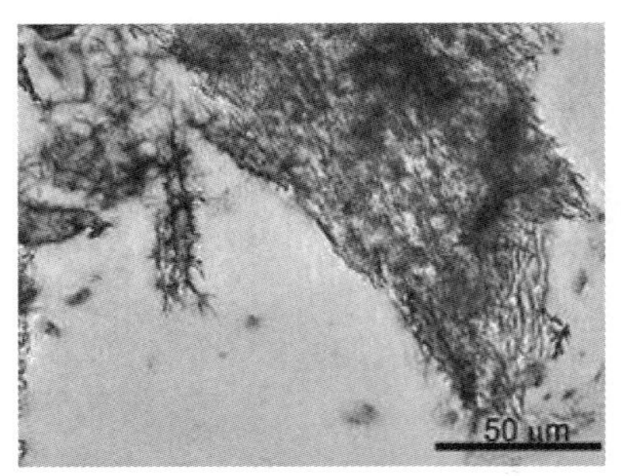

공룡 뼈에서 혈관, 혈액세포들, 단백질들의 발견은 화석들이 고생물학자들이 주장하는 것처럼 6500만 년 전의 것이라기보다 수천 년 전의 것이라는 주장과 더 잘 일치한다.

칼신, 콜라겐)들의 발견은 수천만 년 전의 것이라는 그들의 추정 연대와 일치하지 않는다. 이것보다 그 공룡 화석들의 연대가 매우 젊다는 것이 더 합리적이다.

증거 8 : 장구한 연대로 평가된 화석들에서 아미노산들의 50:50 라세미화가 보여지지 않는다. 따라서 100% 라세미화는 매우 짧은 기간 내에 이루어졌을 것이다.

증거 9 : 수많은 '살아있는 화석(living fossils)'들은 장구한 시간을 거부한다. 조개의 조상이라 불리는 앵무조개를 비롯하여, 투구게, 성게, 개맛, 불가사리, 해파리, 말미잘, 고둥, 실러캔스, 큰도마뱀, 폐어, 칠성장어, 뱀장어, 거북, 악어, 도롱뇽, 개구리, 바다나리, 문어, 상어, 철갑상어, 긴꼬리투구새우, 속새, 소철, 은행나무, 울레미소나무, 메타세콰이어, 수련, 칠레소나무, 버드나무, 종려나무, 포도나무, 단풍나무, 목련, 떡갈나무, 플라타너스, 야자수, 콩과식물, 잠자리, 귀뚜라미, 바퀴벌레, 딱정벌레, 지네, 나비, 전갈, 노래기, 진드기, 달팽이, 파리, 모기, 거미, 개미, 말벌, 앵무새, 부엉이, 펭귄, 오리, 아비새, 신천옹, 도요새… 등 수많은 생물들이 수억 수천만 년 동안 동일한 모습을 가지고 살아가고 있다. 이들 생물들은 성체에 도달하는 시간도 짧으며, 많은 후손들을 낳으며, 온도, 습도, 먹이, 강우, 서식지 등의 생태 환경 조건에 매우 민감하다. 따라서 이들 살아있는 화석들은 수억 수천만 년이라는 기간이 존재하지 않았음을 가리키는 것이다.

증거 10 : 고대의 지층으로 추정하는 지층들에서 존재하던 실러캔스, 울레미 소나무, 여러 화석들은 그 이후 지층에서는 수천만 년 동안 발견되지 않다가 오늘날 살아 있는 것이 발견되고 있다. 그러한 화석기록의 불연속성은 장구한 지질시대로서 암석 지층들을 해석하는 것에 반대되는 현상이다. 어떻게 실러캔스는 8천만 년 동안 화석화되지 않았는가?

증거 11 : 세계에서 가장 오래된 살아있는 생물체(나무)들은 수천 년의 지구 나이와 일치한다.

젊은 지구의 나이를 가리키는 지질학적 증거들

증거 12 : 풍부한 동물/초식동물 화석들이 들어 있는 많은 지층들에서 식물화석들이 결여되어있다. 예를 들면, 미국 몬태나주의 모리슨 지층과 같은 경우이다. 또한 그랜드 캐년의 코코니노 사암층은 많은 동물발자국 화석들을 가지고 있으나, 식물화석들이 거의 없다. 이것은 이 암석 지층들이 진화론자들이 주장하는 것처럼 한 지질시대 동안에 걸쳐 그 자리에 묻힌 생태계들이 아님을 가리킨다. 이 증거는 노아 홍수 동안에 일어난 퇴적물들의 격변적 운반에 의한 매몰과 더 잘 일치한다. 이것은 추정되던 장구한 시간에 대한 증거를 기각시켜 버리는 것이다.

증거 13 : 부서졌거나, 녹은 흔적 없이, 휘어져 있는 두터운 퇴적 지층들이 전 세계 도처에서 발견된다. 예를 들어, 그랜드 캐년의 카이밥 배사는 퇴적물이 암석으로 단단히 굳어지기 이전에 빠르게 습

뉴질랜드 오크랜드 근처 이스턴 비치에 있는 습곡된 지층은 이 퇴적물들이 습곡될 때에 부드럽고 유연했음을 가리키고 있다. 이것은 그들의 형성에 오랜 시간이 걸렸다는 주장과 모순된다. 그러한 습곡은 전 세계적으로 보여지고 있으며, 이것은 젊은 지구 연대와 일치한다.

곡되었음을 가리킨다. (만약 암석들이 굳어졌다면, 모래 입자들은 장력 하에서 늘어나지 않고 부서져 버렸을 것이다). 이것은 수억 년의 시간을 제거해 버리는 것이며, 성경에 기록된 대홍수 동안에 지층들이 극도로 빠르게 형성되었음과 일치하는 것이다.

증거 14 : 다지층 화석들이 존재한다. 옐로스톤의 화석 숲과 캐나다 노바스코샤의 자긴스, 다른 많은 지역들에는 다지층 나무 화석들이 있다. 여러 층리면을 뚫고 서있는 화석화된 석송 나무줄기들이 북반구 석탄층에서 발견된다. 이것은 다시 한번 유기물질들이 빠르게 매몰되어 빠르게 석탄이 형성되었음을 가리키는 것이다.

증거 15 : 자연의 힘을 모방한 실험에서, 갈탄과 석탄의 형성은 수 주에서 수개월 만에 빠르게 일어남을 보여주었다. 더군다나 석탄 형성에 오랜 세월은 방해가 될 수 있다. 왜냐하면 시간이 지날수록 나무의 광충작용(광물화)은 증가될 것이고, 이것은 나무의 석탄화를 방해할 것이기 때문이다.

증거 16 : 자연의 힘을 모방한 조건 실험에서, 석유는 수백만 년이 아니라, 빠르게 형성됨을 보여주었다. 이것은 수천 년의 연대와 더 적합하다.

증거 17 : 자연의 힘을 모방한 조건 실험에서, 오팔은 주장되던 것처럼 수백만 년이 아니라 수주 만에 빠르게 만들어졌다.

증거 18 : 석탄층들이 단 1회의 퇴적사건임을 가리키고 있는 Z-모양 탄층(아래 석탄층이 어떤 부분에서 윗 지층과 이어져 있는)을 포함하여, 빠르고 격변적인 석탄층들의 형성 증거들은 이들이 주장되는 것처럼 수억 수천만 년에 걸쳐서 형성되지 않았음을 가리킨다.

증거 19 : 나무의 빠른 석화의 증거들은 이들 석화에 오랜 시간이 걸렸다는 주장을 반박하며, 수천 년의 연대와 일치된다.

증거 20 : 쇄설성 암맥과 관상암(아래 지층의 퇴적물질들이 위에 놓여진 퇴적지층을 뚫고 치약처럼 짜여져 올라가 있는)들은 이 현상이 일어났을 때 퇴적지층들이 아직 부드러웠음을(암석화되지 않았음을) 보여주고 있다. 이것은 관통된 전체 지층들의 연대가 극적으로 축소될 수 있음을 가리키는 것이다.

증거 21 : 수백 수천만 년의 지질학적 시간 차이가 나는 것으로 추정하고 있는 두 지층이 위 아래로 놓여 있지만, 그 접촉면은 어떤 중요한 침식의 모습을 전혀 보이지 않은 채로 평탄하게 놓여 있다. 즉 그것은 하나의 '평탄한 간격'이다. 예를 들어, 그랜드 캐년의 코코니노 사암층과 허밋 셰일층은 1천만 년의 시간 차이가 나는 것으로 추정되고 있으나, 그 경계면은 평탄하게 이어져 있다.

증거 22 : 준정합 경계면에 일시적인 모습(빗방울 자국, 물결무늬, 동물 발자국)들의 존재는 그 위의 지층이 아래 지층을 퇴적시킨 후 잠시 후 바로 퇴적되었음을 가리키는 것이다. 이것은 수백 수천만 년의 시간 간격을 제거시켜 버린다.

증거 23 : 수천만 년의 차이가 나는 것으로 추정되는 두 지층이 서로 교대로 반복하며 쌓여 있는 것은 추정되는 수천만 년이라는 시간을 제거해 버리는 것이다.

증거 24 : 평탄한 지층 경계면들에서 생물교란(벌레 구멍, 뿌리 성장 등)의 모습들이 보이지 않는 것은 진화론 지질학자들이 주장하는 것처럼 이들 암석에 수백 수천만 년의 오랜 시간 간격이 있지 않았음을 강력하게 가리키는 것이다.

증거 25 : 지질주상도의 모든 곳에 분명히 확인 가능한 토양층들이 거의 존재하지 않는다. 지질학자들은 여러 화석 토양들을 발견했다고 주장한다. 그러나 이들은 오늘날의 토양들과 매우 달랐다. 이들은 토양 지평층의 특성화된 모습들을 잃어버렸으며, 다른 토양으로 분류되곤 하는 모습들을 가지고 있다. 각각의 고토양들을 하나씩 철저하게 조사했을 때, 그것들은 적절한 토양의 특성들을 가지고 있지 않음이 입증되었다. 만약 장구한 시간이 정확하다면, 그 기간 동안에 지구상에는 수억의 풍부한 생물들이 살았을 것이고, 토양들을 형성할 충분한 시간과 기회를 가졌을 것이 분명하다.

증거 26 : 지표면은 빠르게 침식된다. 그러나 매우 제한된 부정합(오랜 시간의 단절이 있은 후 퇴적된 지질 구조)들이 있다. 그랜드 캐년의 기저부에는 '대부정합'이 있다. 그러나 다른 곳에서는 어떠한 커다란 부정합 없이 그 위로 3억 년까지로 추정되는 지층들이 놓여 있다. 이것은 다시 한번 이들 지층들의 퇴적에 훨씬 더 짧은 시간이 걸렸다는 것과 일치한다.

증거 27 : 세계에서 가장 오래된 호수의 소금 양은 그 호수의 추정 연대와 모순된다. 그 양은 노아 홍수 이후에 형성되었음과 더 일치된다. 이것은 젊은 지구 연대와 일치하는 것이다.

증거 28 : 물 아래에서 50km/h 정도로 여행하는 사태(landslides)로서, 수 시간 만에 거대한 지역의 퇴적층을 만들 수 있는 저탁류(혼탁류)가 발견됐다. 장구한 지질시대에 걸쳐 느리게 점진적으로 형성됐다는 퇴적층이 이제는 극도로 빠르게 형성될 수 있다는 것이 확인되었다.

증거 29 : 다른 크기의 입자 퇴적물들에 대한 인공수로 실험에 의하면, 호수 바닥에서 오랜 세월에 걸쳐서 형성됐다고 생각되었던 층리들을 가진 퇴적층들이 사실 매우 빠르게 형성될 수 있었다. 심지어 정확한 두께의 암석층들이 퇴적입자들을 퇴적시킨 후에도 반복 퇴적되었다.

증거 30 : 깊은 협곡들이 빠르게 형성된 관측 사례들이 있다. 예를 들면, 조지아주 남서부에 프로비덴스 캐년, 워싱톤주 왈라왈라 근처의 버링검 캐년, 세인트 헬렌산 근처의 로어 루이트 캐년 등과 같은 것들이다. 이들 협곡이 형성되었던 빠르기는 다른 협곡들의 형성에 (아무도 관측하지 못했음에도) 수백만 년이 걸렸다는 추정 연대에 의문을 제기한다.

증거 31 : 섬들의 형성과 성숙이 빠르게 일어난다는 관측 사례가 있다. 가령 서트지 섬과 같은 경우는 이러한 섬들의 형성에 오랜 세월이 걸렸을 것이라는 개념을 당황하게 만들고 있다.

증거 32 : 해안선들에서 수평적 침식률은 매우 빠르다. 예를 들면 영국의 비치 헤드는 6년에 1m씩 해안선을 바다로 잃어버리고 있다.

증거 33 : 대륙들의 수직적 침식률은 추정되는 장구한 지구 나이와 일치하지 않는다.

증거 34 : 오래된 연대의 매우 평탄한 고평원들이 존재한다. 지표면에 있는 수억 수천만 년이 되었다는 고평원들이 오랜 시간이 흘렀다면 있어야 할 침식의 모습 없이 평탄한 채로 남아 있다. 한 예가 호주 캥거루 섬이다. 유명한 호주의 물리 지리학자인 트위달은 이렇게 쓰고 있었다 : "이러한 고평원들의 존재는 일반적으로 받아들이고 있는 지형 발달 모델에서는 매우 당황스러운 것이다."

증거 35 : 전 세계의 모든 주요한 산맥들은 최근에(단지 5백만 년 전쯤에 모두) 형성되었고, 그리고 동시에 생겨났음이 밝혀졌다. 그러나 대륙들은 수십억 년 전부터 존재해 왔었다고 주장된다.

증거 36 : 수극(water gaps)들은 강물이 산맥들을 자르고 통과하여 잘려진 골짜기들이다. 그들은 전 세계적으로 발생되어 있고, 진화론적 지질학자들도 '조화되지 않은 배수 시스템'으로 부르고 있는 것들이다. 그것들은 장구한 세월이라는 믿음체계와 적합하지 않기 때문에 조화되지 않는 것이다. 그 증거는 훨씬 젊은 연대 틀에서, 전 지구적인 노아 홍수시에 홍수 물들이 대륙으로부터 물러가던 시기에 빠르게 형성되었다는 것과 조화된다.

증거 37 : 나이아가라 폭포와 다른 장소들의 침식률은 성경에 기록된 홍수 이후의 단지 수천 년의 연대와 일치한다.

증거 38 : 강의 삼각주 성장률은 수억 수천만 년과 적합하지 않으며, 성경적 홍수 이후 수천 년에 걸쳐 축적될 수 있는 양과 일치한다.

증거 39 : 강이 흘러가는 계곡들은 현재 흘러가는 강물의 양에 비해 너무도 크다. 이러한 언더핏류는 전 세계의 대륙들에 분포하며 남아 있다고 듀리는 말했다. 수로의 구불구불한 특성들을 사용하여, 듀리는 과거에 물 흐름은 오늘날의 유량에 비해 20~60배가 흘렀었다고 결론지었다. 이것은 강의 계곡들이 오랜 세월에 걸쳐서 느리게 파인 것이 아니라, 매우 빠르게 파였을 수 있음을 의미한다.

증거 40 : 바다에 있는 소금의 양은 수십억 년의 지구 나이와 조화되지 않는다. 성경에 기록된 대홍수의 영향을 무시하고, 심지어 최초 바다의 염분 농도를 제로로 가정하며, 그리고 바다로 유입되는 소금량은 최대값으로, 유출되는 소금량은 최소값으로 가정한다 할지라도, 현재의 소금 농도가 대양에 축적되는 데에 6200만 년이 걸렸을 것으로 계산된다. 이것은 진화론자들이 추정하는 바다의 나이의 1/50에 불과하다. 이것은 지구의 나이가 결코 수십억 년이 될 수 없음을 가리키는 것이다.

증거 41 : 현재의 육지 침식률에 의한 대양저의 퇴적률은 단지 1200만 년 만에 축적될 수 있는 양이다. 이것은 30억 년 전까지로 추정하고 있는 대양저의 나이에 비하면 눈 깜짝할 시간이다. 더군다나 오랜 연대를 믿는 지질학자들은 과거에 육지 침식률은 더 컸을 것으로 판단하고 있다. 이 경우 그 기간은 더욱 짧아질 것이다. 성경적 관점에서, 노아 홍수 말기에 대륙으로부터 대양으로 물러난 엄청난 양의 홍수 물들은 아직 굳어지지 않은 퇴적물들을 거대한 양으로 끌어다가 대양저에 퇴적시켰을 것이다. 이 경우에 그 기간은 더더욱 줄어들 것이다. 해저의 퇴적물의 양은 수천 년의 연대와 완벽하게 일치하는 것이다.

증거 42 : 대양저에 있는 철-망간 단괴들의 측정에 의하면, 이들 단괴들의 성장률은 단지 수천 년의 연대를 가리킨다.

증거 43 : 사광상(현대의 퇴적물과 혼재된 퇴적암 내에 주석과 같은 중금속이 농축되어 있는)들에 대한 측정된 퇴적률은 추정되는 수백만 년이 아니라, 수천 년의 연대를 가리킨다.

증거 44 : 석유와 천연가스 유정들에 있는 압력은 석유와 가스의 기원이 최근임을 가리킨다. 만약 그것들이 수백 수천만 년 되었다면, 낮은 투과성의 암석들에 갇혀 있다 할지라도 압력은 평형상태가 되었을 것이다. "석유탐사 전문가들은 수백만 년에 걸친 길고 느린 석유 생성 모델을 만드는 것이 불가능하다고 말하고 있다. 그들의 의견대로, 모델들이 표준적인 수억 수천만 년의 지질학적 연대 틀을 요구한다면, 가장 좋은 탐사 전략은 무작위적으로 유정을 파는 것이다."

증거 45 : 석유가 오늘날에 과이마스 분지와 배스 해협에서 형성되고 있는 중이라는 직접적인 증거는 젊은 지구와 일치한다(젊은 지구에서 필요한 것은 아니지만).

증거 46 : 암석들의 오래된 연대 평가에 사용되던 고지자기의 빠른 역전은 역전이 아니라, 용암의 냉각률에 기인한 자기 강도의 빠른 변화를 가리키는 것이다. 이것은 그 과정들이 빠르게 일어났음을 가리키고 있으며, 장구한 오랜 시간을 압축시켜 버리는 것이다.

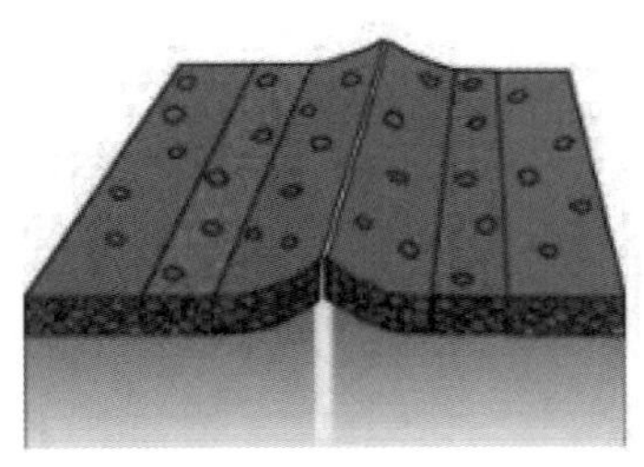

중앙해령을 따라 다른 극성의 섬들을 가지는 자기 분극화 패턴은 용암의 냉각률에 따른 지구자기장 방향의 빠른 변화를 말해주고 있다. 이것은 젊은 지구와 일치한다.

증거 47 : 일반적으로 수백만 년의 연대로 해석되던 중앙 해구의 마그마 분출 지점에 자기띠 아래 자기화의 깊이-넓이 패턴은 오히려 빠른 과정들이 있었음을 가리키며, 이것은 (물리학자인 험프리가 지적한 것처럼) 젊은 지구와 일치한다.

증거 48 : 석회동굴들에서 종유석과 석순의 성장률은 단지 수천년의 젊은 연대와 일치한다.

증거 49 : 지구 자기장은 지수 함수적으로 빠르게 붕괴됨이 측정으로부터 명백히 밝혀졌다. 그리고 이것은 창조 이후 자유붕괴이론과 일치하며, 지구의 나이가 단지 20,000년 이하임을 가리키고 있다.

증거 50 : 지구로부터의 과도한 열 흐름은, 심지어 방사성 붕괴로 인한 열을 고려하더라도 수십억 년보다 오히려 젊은 지구 연대와 일치한다.

방사성 동위원소 연대측정들

증거 51 : 석탄에 아직도 남아 있는 방사성탄소 ^{14}C(반감기 5,730년)는 수억 수천만 년 전이라는 석탄의 나이와 모순되며, 이것은 수천 년의 연대를 가리킨다[^{14}C은 반감기가 비교적 짧아 10만년 (반감기 20번 정도) 이상의 연대에서는 검출될 수 없다].

증거 52 : 석유에 아직도 남아 있는 ^{14}C은 수억 수천만 년이 아니라, 수천 년의 연대를 가리킨다.

증거 53 : 화석나무들에 아직도 남아 있는 ^{14}C은 또한 수억 수천만 년이 아니라, 수천 년의 연대를 가리킨다.

증거 54 : 다이아몬드들에 아직도 남아 있는 ^{14}C은 수억 년이 아니라, 수천 년의 연대를 가리킨다.

증거 55 : 한 시료에 대해 **같은** 방사성 동위원소 연대측정 방법을 사용했을 때마다 일치하지 않은 측정 결과들은 수억 수천만 년 전으로 평가하는 방사성 동위원소 연대측정 방법의 신뢰성에 의문을 제기한다.

증거 56 : 한 시료에 대해 **다른** 방사성 동위원소 연대측정 방법들을 사용했을 때에 일치하지 않은 측정 결과들은 수억 수천만 년 전으로 연대를 평가하는 방사성 동위원소 연대측정 방법들의 신뢰성에 의문을 제기한다.

증거 57 : 방사성, 비방사성 원소들의 비방사능 등시선은 수십억 년의 측정 결과를 나타내는 등시선법 연대측정 뒤에 있는 가정들을 훼손시키는 것이 입증되었다. 잘못된 등시선은 흔하다.

증거 58 : 같은 암석임에도 서로 다른 지르콘들과, 같은 지르콘 결정 임에도 서로 다른 면들은 지르콘들로부터 얻어진 모든 연대측정 결과들을 믿을 수 없도록 하는 것이다.

증거 59 : 최근 과거에 가속화된 방사성붕괴의 시기가 있었다는 증거(지르콘에서 납과 헬륨 농도와 확산율)들은 오래된 지구 연대를 가리키는 방사성 동위원소 시계의 기초 가정을 붕괴시키는 것이다.

증거 60 : 화강암의 지르콘에 들어있는 방사성 원소들의 알파붕괴 생성물인 헬륨의 양은 (추정되는 수십억 년이 아니라) 6,000±2,000년의 연대를 가리킨다.

증거 61 : 땅 속 깊은 곳과 얕은 곳의 굴착으로부터 얻어진 지르콘들 내의 납 농도들은 서로 비슷하였다. 그러나 깊은 곳의 지르콘은 추정되는 장구한 세월 동안 높은 열로 인해 더 높은 확산율을 가졌을 것이고, 따라서 납의 농도는 더 적었어야만 한다. 만약 암석들의 나이가 수천 년에 불과하다면, 많은 차이가 없을 것으로 예상될 것이다. 그리고 측정결과 차이가 없었다.

증거 62 : 폴로늄과 같은 짧은 반감기를 가진 원소들의 집중된 반점들에 의해서 만들어진 화강암에 남아 있는 다색성후광(Pleochroic halos)들은 오랜 반감기를 가지는 모동위원소들의 핵붕괴가 암석의 형성 동안에 빠르게 가속 붕괴되었던 기간이 있었음을, 그리고 암석들은 빠르게 형성되었음을 가리키고 있는 것이다. 이 둘은 수십억 년의 지구 나이와 장구한 지질시대라는 일반적인 개념에 반하는 것이다.

증거 63 : 여러 지질시대들에서 나온 석탄화된 나무들에서, 매우 짧은 반감기를 가지고 있는 폴로늄의 붕괴로부터 만들어진 찌그러진 다색성 후광들은 모든 퇴적지층들이 거의 동시에, 매우 빠르게, 같은 과정을 통해서 형성되었음을 가리키는 것이다. 이것은 이들 퇴적지층들에 수억 수천만 년이 흘렀다는 모델보다 성경적인 젊은 지구 모델과 일치한다.

증거 64 : 호주의 '불타고 있는 산'은 방사성 동위원소 연대측정과 수천만 년이라는 연대에 반하고 있는 것이다(방사성 동위원소 연대측정에 의하면 그 석탄층에 불을 지핀 용암의 관입은 4천만 년 전에 일어났다는 것이다. 그렇다면 이 석탄층은 4천만 년 동안이나 불타고 있었다는 이상한 해석을 해야만 한다).

젊은 우주를 가리키는 천문학적 증거들

증거 65 : 달이 최근에 화산 활동을 했다는 증거는 달의 추정되는 수십억 년의 나이와 일치하지 않는다. 왜냐하면 달의 나이가 수십억 년이라면, 달은 오래 전에 냉각되었을 것이기 때문이다.

증거 66 : 지구로부터 달의 후퇴율. 조석 마찰은 달이 지구로부터 매년 4cm 정도 후퇴하도록 하는 원인이 된다. 후퇴율은 달과 지구가 더 가까웠을 과거에는 더 컸을 것이다. 달의 추정 나이의 1/4도 안 되는 과거만 해도 달과 지구의 거리는 로슈 한계(위성이 모행성의 기조력에 의해 부서지지 않고 접근할 수 있는 한계 거리) 내에 있었을 것이고, 파괴되었을 것이다.

증거 67 : 지구 자전 속도의 느려짐. 지구 각 운동량의 조석 소실률은 오늘날 매 세기마다 0.002초/일 씩의 길이를 증가시킨다. 따라서 수십억 년 전에는 하루가 매우 짧았을 것이다. 이것은 중력적 부착 직후와 달을 형성했다고 추정되는 한 거대한 충돌 직전에 매우 느린 하루가 불가능함을 가리킨다.

증거 68 : 달의 바다(달 표면의 어두운 부분)들에 있는 유령 크레이터들은 수십억 년의 달 연대에 하나의 문제가 되고 있다. 진화론자들은 용암류들이 거대한 충돌들에 의하여 흘러나왔고, 이 용암들은 다른 작은 충돌 크레이터들을 부분적으로 묻어버려 유령(희미한 충돌 흔적들)들을 남겨 놓았다고 믿고 있다. 그러나 유령 크레이터들은 작은 충돌들이 거대한 충돌 이후 오래될 수 없었다는 것을 의미한다. 즉 거대한 충돌로 인해 분출된 용암들이 아직 단단하게 굳기 전에 작은 충돌들이 일어났었음을 가리키는 것이다. 이것은 달의 충돌 분화구들이 형성되는 시기가 매우 짧았음을 의미한다. 그리고 이것은 태양계의 다른 천체들에 있는 충돌크레이터(운석공)들에게도 적용될 수 있다. 그들도 매우 빠르게 일어났었음을 가리킨다.

증거 69 : 수성 주위에 상당량의 자기장의 존재는 추정되는 수십억 년의 수성 나이와 조화되지 않는다. 그렇게 작은 행성은 수십억 년 동안 충분히 냉각되었을 것이고, 따라서 어떤 액체 상태의 핵도 고체화되었을 것이다. 이것은 진화론자들의 (자기장을 만들어내는) ‘발전기(dynamo)’ 메커니즘을 기각시켜 버린다.

증거 70 : 외행성들인 천왕성과 해왕성도 자기장을 가지고 있다. 그러나 만약 그들이 진화론에서 주장하는 것과 같이 수십억 년의 나이를 가지고 있다면, 그 자기장들은 오래 전에 사라지고 없어야만 할 것이다. 태양계의 나이가 수천 년에 불과하다는 가정하에, 물리학자인 러셀 험프리는 천왕성과 해왕성의 자기장의 크기를 성공적으로 예측했었다.

증거 71 : 목성의 커다란 위성들인 가니메데, 이오, 유로 등은 자기장을 가지고 있다. 그러나 그들의 나이가 수십억 년이라면, 자기장들은 남아있을 수 없다. 왜냐하면 그들은 (식어서 고체화된) 단단한 중심부를 가지고 있어서, 발전기가 (액체 상태일 경우 만들어지는) 자기장을 생성할 수 없기 때문이다. 이것은 창조론자인 러셀 험프리가 예측했었던 것과 일치한다.

증거 72 : 이오와 같이 화산활동을 하고 있는 목성의 위성들은 매우 젊은 연대임을 가리킨다(갈릴레오 탐사는 80개의 활화산들을 기록하였다). 만약 이오(Io)가 45억 년 동안 현재 분출률의 10% 정도를 분출해 왔었다면, 그 분출량은 이오의 전체 질량의 40배에 해당하는 양으로 계산된다. 이오는 매우 젊은 위성인 것으로 보이며, 추정되는 수십억 년의 태양계 나이와 적합하지 않다. 목성과 위성들의 중력적 끌어당김은 이들 열의 단지 일부만을 설명할 뿐이다.

증거 73 : 유로파(목성의 위성)의 표면. 크레이터들에 대한 몇몇 연구들은 작은 크레이터들의 95% 정도와 많은 중형 크레이터들이 커다란 충돌 후에 튀어 오른 무수한 작은 파편들에 의해서 생겨난 이차성 크레이터들임을 밝혀내었다. 이것은 이전에 생각했었던 것보다 태양계 내에 훨씬 적은 충돌들이 있었으며, 운석공의 수로부터 추론되던 행성과 위성들의 나이는 극적으로 감소되어야만 함을 의미한다.

증거 74 : 타이탄(토성의 가장 큰 위성)에 존재하는 메탄. 메탄은 자외선에 의한 파괴로 단지 1만 년 이내에 에탄으로 변해 모두 사라졌을 것이다. 그리고 많은 양의 에탄 또한 그곳에 없다.

증거 75 : 토성 고리들의 변화율과 소멸률은 그들의 추정되는 장구한 나이와 모순된다. 그들은 젊음을 가리키고 있다.

증거 76 : 엔셀라두스(토성의 위성)는 젊게 보인다. 태양계의 나이가 수십억 년이라는 생각을 가지고 있는 천문학자들은 이 위성은 차갑고 죽은 상태일 것이라고 생각했었다. 그러나 그 위성은 활발한 활동을 하고 있었다. 물 증기와 얼음 입자들을 초음속으로 우주 공간으로 뿜어내고 있었다. 이러한 현상은 엔셀라두스가 매우 젊은 연대를 가지고 있음을 가리키는 것이다. 계산에 의하면, 이 태양계의 먼 곳에 있는 이 추운 위성의 내부는 단지 3천만 년 이내에 고체의 얼음 위성으로 변했을 것으로 계산되고 있다(이 연대는 추정되는 이 위성 나이의 1% 보다도 적은 기간이다). 토성에 의한 조석마찰은 이러한 활발한 활동을 설명하지 못한다.

증거 77 : 미란다(천왕성의 작은 위성)는 이 위성의 나이가 수십억 년이라면 오래 전에 모든 활동들을 멈췄어야만 했을 것이다. 그러나 그 지표면은 전혀 그렇지 않음을 가리키고 있다.

증거 78 : 해왕성의 나이가 수십억 년이라면, 강한 바람의 움직임 같은 것은 없었어야만 한다. 그러나 1995년에 갈릴레오 탐사결과는 그렇지 않음을 입증했다. 그곳에서는 태양계 내에서 가장 강한 바람이 불고 있었다. 이 관측은 수십억 년의 나이를 가지는 태양계가 아니라, 젊은 태양계와 일치한다.

증거 79 : 해왕성의 고리는 두꺼운 부분과 얇은 부분을 가지고 있다. 고리의 구성 물체들의 충돌이 고리를 매우 균질하게 만들기 때문에, 이 한결같지 않은 고리는 수십억 년이 될 수 없음을 가리킨다.

증거 80 : 트리톤(해왕성의 위성)의 지표면은 충돌률에 대한 진화론적 가정을 따른다 하더라도, 1천만 년 이내의 젊은 연대를 가리킨다.

증거 81 : 천왕성과 해왕성은 둘 다 매우 지축을 벗어난 자기장을 가지고 있다. 이것은 하나의 불안정한 상황이다. 천왕성에서 이러한 현상이 발견되었을 때, 진화 천문학자들은 천왕성이 이제 막 자기장 역전을 진행시켰기 때문에 일어난 것이라고 가정했었다. 그러나 유사한 현상이 해왕성에서 또한 발견되었을 때, 이 임시방편적 설명은 곤경에 처하게 되었다. 이러한 관측은 수십억 년의 연대보다 수천 년의 연대와 더 잘 일치한다.

증거 82 : (최근 태양계에서 퇴출된 행성인) 명왕성의 특이한 공전궤도는 장구한 시간 틀과 어울리지 않는다. 그렇게 오랜 기간 불안정한 상태의 공전궤도를 갖는다는 것은 태양계의 나머지 천체들에게 영향을 주었을 것이다. 명왕성은 훨씬 더 젊음 연대를 가지고 있음에 틀림없다. (명왕성은 이심율이 매우 큰 타원궤도를 돌고 있어서, 태양에 가까워질 때는 안쪽의 해왕성보다도 더 태양에 가까워진다. 명왕성의 공전 주기는 248년인데 이 중에 20년 정도는 해왕성보다 안쪽에 위치한다. 또한 명왕성의 공전면은 지구의 공전면과 17도나 기울어져 있다. 태양계의 거의 모든 행성들이 지구의 공전면과 거의 나란한 공전면을 갖고 있는 것과 달리 명왕성은 이렇게 커다란 각도의 공전면을 가지고 있다.)

증거 83 : 단주기 혜성(궤도 주기 200년 이하)들의 존재. 예를 들면 헬리 혜성은 20,000년 이내에 사라질 것으로 예상된다. 이것은 1만 년 이내의 태양계 나이와 일치하는 것이다. 이러한 모순을 해결하기 위해 임시방편의 가설들이 만들어져야만 했다.

증거 84 : 카이퍼 벨트 천체인 콰오아와 카론에 대한 근적외선 스펙트럼은 이 두 천체가 모두 얼음물과 암모니아 수화물의 결정들을 포함하고 있음을 가리키고 있었다. 이들 물 성분들은 1천만 년보다 더 오래될 수 없다. 이것은 이들 천체들이 수십억 년이 되지 않았음을 가리키는 것이다.

증거 85 : 하쿠다게 혜성, 또는 헤일-밥 혜성들처럼 태양을 스쳐 지나가는 장주기 혜성들의 수명은 그들이 태양계와 함께 46억 년 전에 기원될 수 없었음을 의미한다. 그러나 그들의 존재는 태양계의 나이가 매우 젊음을 가리킨다. 임시방편적인 설명이었던 오르트 구름은 이들 혜성들이 수십억 년 후에도 존재하는 것을 설명하기 위해서 발명되었던 것이다.

증거 86 : 지구 근처 소행성들의 최대 예상 수명은 1백만 년 정도이다. 그 후에 그것들은 태양과 충돌할 것이다. 야르코브스키 효과는 주 소행성대를 지구 근처 궤도로 생각했었던 것보다 빠르게 이동시키고 있었다. 이것은 태양계의 형성과 소행성들의 기원(일반적인 시나리오)에 대해 의문을 불러일으키고 있다. 아니면 태양계는 주장되는 46억 년보다 훨씬 젊다.

증거 87 : 연성 소행성(쌍 소행성)들의 수명. 연성 소행성은 작은 소행성이 큰 소행성을 공전궤도를 가지고 돌고 있는 짝을 이룬 두 개의 소행성으로서, 소행성대에서 전체 소행성들의 15~17%를 차지하고 있다. 조석 효과로 인해 그러한 연성 시스템의 수명은 10만 년 이내일 것으로 여겨지고 있다. 그러한 많은 수의 연성 소행성들을 형성하고 유지하는 시나리오를 상상하는 것이 매우 어려워, 몇몇 천문학자들은 그들의 존재를 의심했었다. 그러나 우주 탐사는 그것을 확인하였다.

증거 88 : 관측되는 별들의 빠른 변화율은 별들의 진화에 배정된 장구한 시간과 모순된다. 예를 들면, 궁수자리에 있는 사쿠라이 천체로서, 1994년에 관측된 이 별은 행성상 성운의 중심에 있는 백색왜성처럼 보였다. 1997년에 그 별은 태양보다 80배의 폭을 가진 밝은 노란색의 거성으로 성장해 있었다. 1998년에 그 별은 더욱더 커져서, 태양보다 150배나 큰 적색초거성으로 팽창해 있었다. 그러나 그 후로 그 별은 빠르게 수축하여, 2002년에는 먼지들을 통과하여 볼 수 있는 적외선 망원경으로는 관측할 수 있었지만, 가장 고배율의 광학 망원경으로도 볼 수 없게 되었다.

증거 89 : 희미한 젊은 태양 역설. 항성들의 진화이론에 따르면,

태양의 중심부는 핵융합에 의해서 수소로부터 헬륨으로 변화됨으로써, 평균 분자 무게가 증가한다. 이것은 융합률을 증가시키면서 태양 중심부를 압축할 것이다. 그 일이 수십억 년 동안 일어났었다면, 현재의 태양은 최초의 태양보다 40%는 더 밝아진 것이며, 지구에 생명체가 출현했던 시기보다는 25%가 더 밝아진 것이어야 한다. 후자의 경우, 이것은 지구에 16~18℃의 온도 증가를 야기시켰을 것이다. 현재 지구의 평균 기온은 15℃이다. 그러므로 진화론적 연대 틀로 생명체가 출현하던 시기의 지구 온도는 -2℃ 정도 이어야 한다. 이 온도에서 생명체가 탄생할 수 있었을까?

증거 90 : 미혜성체. 천문학자인 루이스 프랑크는 그의 연구에서 미혜성체(혜성의 작은 잔유물)로부터 1억 톤의 물들이 매년 지구에 더해지고 있는 중이라고 말한다. 이것이 확실하다면, 이것은 추정되는 바다의 나이에 강한 의문을 던지는 것이다.

증거 91 : 거대한 가스형 행성인 목성과 토성은 그들이 태양으로부터 받는 에너지보다 더 많은 에너지를 방출하고 있다. 이것은 이들 행성의 최근 기원을 가리키는 것이다. 목성은 태양으로부터 받는 에너지의 거의 두 배를 방출하고 있다. 이것은 이들 행성의 나이가 추정되는 태양계 나이(46억 년)의 1% 이하의 연대를 가질 수도 있음을 가리키는 것이다. 토성은 목성의 질량 단위당 거의 두 배의 에너지를 방출하고 있다.

증거 92 : 빠른 별들은 우주의 젊은 나이와 일치한다. 예를 들면, 로컬 그룹에 있는 소형 은하에 있는 많은 별들은 10~12km/s의 빠른 속도로 서로 멀어지며 움직이고 있다. 이러한 속도라면, 별들은 1억 년 내에 흩어졌어야만 한다. 이 기간은 우주의 추정 나이인 137억 년에 비하면 너무도 짧은 기간이다.

증거 93 : 나선은하(2억 년보다 훨씬 적은 나이를 가진)들의 성숙함은 추정되는 그들의 수십억 년의 나이와 일치하지 않는다. 극도로 젊은 나선은하들의 발견은 이 문제를 더욱 부각시키고 있다.

증거 94 : 우리 은하에서 관측될 수 있는 타입 I 초신성 잔해의 수는 수십억 년이 아니라, 수천 년의 연대와 일치한다.

증거 95 : 초신성들의 크기와 팽창률에 관한 연구들은 이들이 매우 젊음을(1만 년 이내) 모두 가리킨다.

인류의 역사는 젊은 지구 나이와 일치한다.

증거 96 : 사람 인구수의 증가율. 단지 8명으로부터 매년 0.5%보다 적은 인구증가율을 보인다 하더라도, 4,500년이면 현재의 인구수에 도달할 수 있다.

증거 97 : 석기시대의 사람 뼈들과 인공 유물들. 현대 인류가 10만 년 전에 1백만 명의 인구수를 가지고 있었다면(1천만 명이었으면 말할 것도 없고), 10만 년 동안 살다 죽어갔을 사람들의 뼈들과 그들이 사용했던 유물들은 도처에서 무수히 발견되어야만 할 것이다. 그런데 이것들은 충분히 발견되지 않는다.

증거 98 : 기록된 역사의 길이. 여러 문명들과 역사 기록 등의 기원은 수천 년 전에 동시에 시작되고 있다.

증거 99 : 언어들. 수만 년 전에 갈라졌다고 주장되는 언어들 사이의 유사성은 이들 추정 연대를 거부한다(예로 호주 원주민의 언어와 인도 남동부와 스리랑카의 언어를 비교해 보라).

증거 100 : 많은 문화들은 최근에 민족들이 전 세계로 퍼져나가며 분리되었다는 공통적인 전승들을 가지고 있다. 이들 신화들에는 자주 전 세계를 파괴한 홍수 이야기가 등장한다.

증거 101 : 농업의 기원. 진화론적 연대로 인류가 농업을 시작한 것은 1만 년 전이라고 말해지고 있다. 그러나 같은 연대기로 현대 인류는 적어도 10만 년 전부터 존재해 왔다고 말해진다. 그렇다면 고대 인류는 식물의 씨를 뿌리면 열매를 거둘 수 있다는 사실을 왜 그렇게 오랜 기간(9만 년) 동안 아무도 발견하지 못했는가?

〈Don Batten, http://www.creation.or.kr/library/itemview.asp?no=4664〉

인구 증가율은 수백만 년이라는 연대와 모순된다

얼마나 빨리 인구수가 늘어날 수 있는지를 생각해 보는 데 있어서, 지수함수적 성장을 이해하는 것이 중요하다. 홍수 이후 8명의 사람들로부터 출발하여, 인구수가 80억 명에 도달하는 데에는 단지 두 배로 늘어나는 것이 30회만 일어나면 된다. 오늘날 잘 알려진 "72 법칙(Rule of 72)"이라는 것이 있다. 이것은 72를 퍼센트 성장률로 나누면 두 배로 되는 데에 걸리는 시간을 얻을 수 있다는 것이다. 예를 들면, 매년 8%의 인플레이션이 있다면, $72 \div 8 = 9$ 년, 즉 9년이면 생계비가 두 배로 들게 된다.

그렇다면 실제적인 인구증가율은 얼마인가? 브리태니커 백과사전에 의하면, 그리스도 시대의 세계 인구는 대략 3억 명이었다고 한다. AD 1,000년경까지 인구수의 증가는 그리 많지 않았다. 중세에는 페스트와 같은 전염병들 때문에 오르락내리락하였다. 그러나 1750년 산업혁명이 시작될 때쯤까지 세계 인구는 8억 명에 도달했던 것으로 보인다. 이것은 1000~1750년의 750년간 평균 0.13%의 인구증가율인 것이다. 이것이 1800년에는 10억 명, 1930년에는 20억 명에 도달되었다. 이것은 매년 0.53%의 인구증가율이다. 이 시기의 인구증가율은 개선된 의약품에 기인했다고 볼 수 없다. 왜냐하면 항생제와 백신은 2차 세계대전 이후에 주로 보급되었기 때문이다. 1930~1960년 사이에 세계 인구는 30억 명에 도달했다. 인구증가율은 1.36%였다. 1974년에 40억 명에 도달했다. 따라서 1960~1974년의 평균 인구증가율은 2.1%였다. 1990년에 세계 인구는 50억에 도달했고, 1974~1990의 평균 인구증가율은 1.4%로 느려졌다. 2차 세계대전 이후 높아진 인구증가율은 유아사망률과 질병으로 인한 사망률의 저하에 기인했다.

만약 평균 인구증가율이 단지 0.4%라면, 두 배가 되는 시기는 180년(72÷0.4 이므로)일 것이다. 그리고 두 배되는 시기가 단지 30회 지나면, 즉 180년 × 30 = 5400년이면 8명으로부터 인구는 80억 명에 도달할 수 있다.

만약 당신이 더 엄격한 무엇인가를 원한다면, 인구증가율을 계산하는 데에 사용되는 표준 수학 공식을 사용할 수 있다. 거기에는 한 세대의 기간과 탄생률과 사망률을 포함시켜야만 한다. 가장 간단한 공식은 일정한 증가율일 때이다 : $N = N_0 (1 + g/100)^t$

여기서 N은 인구수, N_0는 최초 인구수, g는 한 해의 퍼센트 증가율, t는 시간(년) 이다. 이 공식에 적용하여, 홍수 후에 8명으로부터 매년 0.45%의 일정한 인구증가율로 4500년 후를 계산하면,

$N = 8 (1.0045)^{4500} ≒ 48$억 명이다.

물론, 인구증가율은 일정하지 않았을 것이다. 그리고 홍수 이후에는 매우 높았을 수도 있다. 따라서 이 공식 자체만으로 젊은 지구를 입증하는 데에 사용될 수는 없다. 그러나 만약 인류가 10만 년 동안 살아왔었다면, 그 무수한 사람들의 뼈들은 모두 어디에 있는가?

*수십만 년 전부터 인류가 존재했다면

진화론자들은 항상 우리에게 인간은 수십만 년 전부터 존재했었다고
말하고 있다. 만약 현대 인류가 5만 년 전부터 살아왔었다고 가정한다
면, 그리고 150년마다 인구수가 2배로 늘어났다고(매년 인구증가율 0.5%
정도) 가정한다면, 332번의 2배가 있었을 것이고, 세계 인구는 1 다음
에 0 이 100개나 이어지는 엄청난 수가 (10,000,000,000,000,000,000,000,00
0,000,000,000,000,000,000,000,000,000,000,000,000,000,000,000,000,000,000
,000,000,000,000,000,000) 될 것이다.

이 숫자는 정말로 상상할 수 없다. 왜냐하면 그것은 전 우주에 있는 원
자들의 수보다도 몇 조 배의 몇 조 배는 더 큰 숫자이기 때문이다! 이
러한 계산은 인간이 수만 년 전부터 지구상에 존재했었다는 주장을 난
센스로 만들어버린다. "만약 인간이 수백만 년 전부터 존재했었다면,
오늘날의 인구는 왜 그렇게 적은가? 그리고 그동안 살다가 죽었을 수
많은 사람들의 유해와 흔적들은 다 어디에 있는가?" 이것은 진화론자
들이 반드시 대답해야만 하는 하나의 질문인 것이다.

〈Monty White, http://www.creation.or.kr/library/itemview.asp?no=3960〉

〈Jonathan Sarfati, http://www.creation.or.kr/library/itemview.asp?no=3016〉

_07
사람의 돌연변이 발생률은 젊은 연대를 지지한다

　사람 유전체(genomes, 게놈)에 대한 많은 시료들을 이용할 수 있게 되면서, 이제 연구자들은 불과 몇 년 전만해도 꿈꿀 수 없었던 질문들에 대한 답을 얻을 수 있게 되었다. 예를 들어, 한 세대에 얼마나 많은 새로운 돌연변이(30억 쌍의 긴 인간 유전체 세트를 복사하다가 발생한 오류)들이 발생하는가? 그리고 사람 유전체 내의 돌연변이들은 한 부모로부터 왔는가, 다른 부모로부터 왔는가? 등의 질문에 답할 수 있게 되었다.

　2010년 Science 지에 발표되었던, 사람에게서 평균 60개의 새로운 돌연변이들이 발견된다는, 사람 세대 사이의 돌연변이율에 대한 이전 측정은 돌연변이가 어느 부모로부터 왔는지를 구별할 수 없었다. 성숙하기 전에 정자 세포는 난자 세포보다 더 많은 세포분열을 하기 때문에, 그리고 매 분열은 돌연변이가 발생할 수 있는 또 다른 기회를 제공하고 있기 때문에, 이론적으로 아버지는 어머니보다 아이들에게 더 많은 돌연변이에 기여한다.

　두 가족의 개인들에 대한 완전한 유전체 데이터를 사용하여, 2011

년 Nature Genetics 지에 게재된 한 새로운 연구는 세대당 60개의 새로운 돌연변이를 계수했다. 그러나 가계에 따라 각 부모의 상대적 기여도가 다양하다는 사실을 확인했다. 영국 생거연구소의 보도 자료에 따르면, 이것은 "예상치 못한 결과"였다. "주목할 만한 것은 한 가계의 돌연변이의 92%는 아버지로부터 유래되었지만, 다른 한 가계에서는 단지 36%만이 아버지로부터 유래되었다"라고 보도 자료는 언급했다.

그러므로 돌연변이율은 꽤 다양한 것으로 나타난다. 이것은 돌연변이 탐지와 수선 시스템이 가계에 따라 다양함을 의미한다. 아마도 지속적으로 DNA 손상을 찾아다니는, 서로 다른 수백의 돌연변이-방지 분자기계들 자체도 DNA의 작품이기 때문에, 유전자 손상에 대해 돌연변이-방지 분자기계들 자신도 취약하다는 사실은 가계들 사이의 부모 돌연변이 기여도의 차이를 설명하는 데 도움을 주고 있다.

이 연구에는 참여하지 않았지만, 코넬 대학의 교수인 존 샌포드는 말했다. "모든 연구들은 단지 유전암호가 들어있는 부분만을 들여다보고 있다. 유전체(게놈)에서 가장 돌연변이가 많이 일어나는 부분은 나란히 반복되고 있는 '부수체 DNA(satellite DNA)'이다. 만약 유전체에서 이러한 부분이 포함된다면, 총 돌연변이율은 최소 2배 이상일 것으로 확신한다."

나란히 반복되는 부수체 DNAs는 단백질을 만드는 직접적인 암호를 갖고 있지 않다. 따라서 그들은 유전자가 아니다. 그러나 그러한 비유전자 부위에서의 돌연변이들은 유전자 부위의 돌연변이들만큼 일어난다. 왜냐하면 많은 비유전자 부위들이 세포에서 유전자 과정들의 주기, 기간, 시기 등을 조절하기 때문이다. 돌연변이 속도가 두 배나 된다는 것은 인간이 생물학적으로 가동이 가능한 상태로 존재할 수 있는 시간이 반으로 줄어든다는 것을 의미한다.

이러한 60~200개의 새로운 돌연변이들 대부분은 돌이킬 수 없는 상태로 각 세대에 추가된다. 이것은 샌포드가 "퇴행진화(backwards evolution)"라고 불렀던 현상의 원인이 된다. 이러한 돌연변이 속도를 사용하여, 샌포드는 인간이 계속 추가되는 돌연변이들의 과부하로 인해 멸종되기까지 존재할 수 있는 최대의 세대 수와 시간 길이를 모델링하였다. 이러한 종류의 돌연변이들을 축적보다 빠르게 회복(수선)시킬 수 있는 어떠한 자연적 과정도 없기 때문에, 돌연변이들은 생물체가 더 이상 높은 수준의 유전자 오류를 견디지 못할 때까지 계속 더해질 것이다.

Nature Genetics 지에 실린 이 연구는 다른 많은 자연적 시계들과 마찬가지로, 한 세대당 적어도 60개 이상의 돌연변이들이 축적됨을 확증하면서, 사람의 '퇴행 진화'는 인류의 전체 역사가 수백만 년이 아니라, 수천 년으로 제한됨을 확증하고 있는 것이다.

〈ICR News, 2011. 7. 7. http://www.creation.or.kr/library/itemview.asp?no=5105〉

III

수억 수천만 년의 연대를 부정하는 화석학적 증거들

_01
4억2천만 년 전으로 주장되는 고대 소금 퇴적물에서 DNA가 발견되었다

동물과 식물이 죽으면, DNA는 분해되기 시작한다. 1990년 이전까지, DNA가 10,000년을 넘어 존재할 수 있다는 것을 아무도 믿지 않았다. 이 한계는 이집트의 미라와 같이 보존 상태가 매우 좋으며, 연대가 알려진 시료에 대한 DNA의 분해율을 실제 측정한 결과였다. 오늘날에는 진화론자들이 1천7백만 년이나 되었다는 목련속의 나무 잎에서 DNA가 남아 있는 것이 발견되었고, 석탄층 속에 묻혀 있는 8천만 년 전 공룡의 뼈에서도 DNA 조각이 남아 있었으며, 2억 년 전의 물고기 화석의 비늘에도 DNA가 남아 있었다. DNA는 자주 호박(amber) 속에 갇힌 곤충과 식물들에서도 남아 있었는데, 그들은 무려 2천5백만~1억2천만 년 전으로 추정하고 있는 동식물들이다.

이러한 발견들은 진화론자들에게 10,000년의 한계를 재검토하도록 강요했다. 그들은 지금 DNA는 보존 환경이 건조하고, 한랭하며, 산소결핍, 박테리아결여, 방사선차단 등의 환경이라면 더 오래 보존될 수도 있다고 주장하고 있다. 보존상태가 매우 좋았던 시료에 대한 실제 측정된 분해율은 이것을 지지하지 않는다. 그러므로 이전에 측정된 분해율이 실험 잘못으로 수천 배나 차이날 수는 없었을 것이다.

최근 몇몇 연구자들은 여러 소금 퇴적물 안의 작은 틈에서 발견된 세균의 DNA를 분석했다. 그 연구의 초점은 다른 지질시대들에서 취해진 DNA의 염기서열 차이를 비교하는 것이었다. 그러나 그 소금 퇴적물들의 장구한 연대를 철저히 믿고 있는 연구자들이 깜짝 놀랐던 것처럼, 2300만 년, 1억2100만 년, 4억1900만 년 전으로 추정하는 시료들 모두에서 DNA가 발견되었다는 사실이다.

캐나다 댈하우지 대학의 과학자들은 그들의 발견을 Geobiology (2009. 10. 22) 지에 게재했다. 그들이 조사한 DNA가 수억 수천만 년 후의 소금 퇴적물에 아직도 존재하기 위해서는, DNA는 살아 있는 박테리아 몸체 내에서 유지되어 왔었음에 틀림없다(사실 이전 연구들도 고대 소금결정들에서 DNA의 추출을 보고했었다). 왜냐하면 DNA 분해율에 대한 실험적 연구들에 의하면, 연구팀이 발견한 길이의 DNA 조각들은 1만 년 이상 지속될 수 없음을(건조상태라 할지라도) 반복적으로 보여주었기 때문이다. 그것은 DNA의 완전성을 유지하기 위해서, 박테리아들이 수억 수천만 년 동안 살아 있었음에 틀림없음을 가리킨다.

이것은 진화론적 시간 틀과 화해되기 어려운 또 다른 의문을 불러일으킨다. 박테리아들은 고체 소금 결정 내의 고립된 틈(주머니)에 존재하고 있었다. 이들 주머니로 유출입될 수 있는 어떠한 균열도 없었다. 따라서 소금 속의 박테리아 종은 그 소금 퇴적물이 형성된 이후로 그곳에 갇혀 있던 작은 개체군으로부터 유래된 것임에 틀림없다. 그렇기 때문에 그 표본은 외부의 영향으로부터 고립되어 있었고, 연구자들은 그 시료를 가치 있는 것으로 여기고 분석했던 것이다. 그러나 살아 있는 박테리아는 (다른 생물들처럼) 유독한 대사성 노폐물들을 만든다. 박테리아들은 장구한 시간 동안 그러한 독성 노폐물들 속에서 어떻게 살아남을 수 있었을까?

비록 이들 박테리아의 DNA 조각들은 매우 작지만, 그들이 들어있는 소금 퇴적물의 연대가 매우 젊다는 커다란 메시지를 보내고 있는 것처럼 보인다. 이러한 아직도 신선한 박테리아의 DNA를 포함하고 있는 거대한 소금 퇴적물들의 형성을 보다 잘 설명할 수 있는 메커니즘은 수천 년 전에 있었던 물에 의한 전 지구적 대격변이다.

〈ICR News, 2009. 12. 28. http://www.creation.or.kr/library/itemview.asp?no=4807〉

_02
신선한 화석 깃털의 나노구조 :
4천7백만 년 동안 분해되지 않은 멜라노좀?

새의 깃털은 빛이 비춰졌을 때 특별한 분자들이 어떤 파장의 빛을 반사함으로써 다양한 색깔들로 보여질 수 있다. 또한 새의 깃털은 세포층들과 연결조직의 두께가 어떤 색깔을 굴절시키도록 미세하게 조정되어 있는 곳에서 '구조색(structural colors)'을 나타낼 수 있다.

최근 과학자들은 잘 보존된 화석 깃털에서 아직까지도 뚜렷하게 보이는 구조색들을 보고하고 있었다. 왜 이들 화석 깃털들은 수천만 년이 지났는데도, 원래 패턴대로 놓여진 그들의 원래 세포 구조들을 가지고 있는 것일까?

1995년에 고생물학자인 데렉 브릭스와 폴 데이비스는 전세계 40여 곳의 장소들로부터 발굴된 화석 깃털에 대한 조사를 보고했었다.

4천7백만 년 전으로 주장되는 지층에서 발견된 새 화석의 깃털은 아직도 색깔을 유지하고 있었다.

그들의 발견 중 69%의 깃털 화석은 인상 자국으로 남아 있는 것이 아니라, 탄소 흔적으로서 보존되어 있었다. 이것은 탄소를 포함하는 주변 암석 및 화석 내의 탄소 비율과 그들의 원래 탄소 비율을 비교함으로써 입증되었다. 그들은 암석보다 화석에 더 많은 유기탄소들이 존재함을 발견했다.

그 당시 연구자들은 탄소가 깃털 물질을 분해시켰던 박테리아들로부터 온 것으로, 그리고 깃털 바깥쪽에 위치하여 남아 있는 것으로 생각했다. 그러나 13년 후에, 브릭스와 다른 동료들은 이들 세균성 세포들이 사실상 원래 깃털의 멜라노좀이었다는 명백한 증거를 보여주었다. 이것은 멜라노좀에 있는 유기탄소들이 어떻게든 수천만 년 동안 분해되지 않았음을 의미한다. 이것은 "유기분자들의 대부분은 수천 년 안에 분해되어 버린다"는 알려진 사실과 모순되는 일이었다.

최근 브릭스와 그의 동료들은 너무도 잘 보존된 화석들로 유명한 독일의 메셀 오일셰일 퇴적층에서 화석 깃털들의 발견을 보고했다. 이들 화석 깃털들은 (박테리아가 아닌) 멜라노좀의 유기탄소를 포함하고 있었을 뿐만 아니라, 그 멜라노좀은 아직도 그들의 원래의 층들과 간격들을 가진 채로 조직화되어 있었다. 따라서 다른 시야 각도에 따라 금속성의 녹색, 청색, 구리색 등의 무지개 빛깔로 보여질 수 있었으며, 원래 새의 깃털 색과 매우 유사한 것처럼 보였다.

"특별한 구조적 색깔을 만들기 위해서는 케라틴 두께가 $0.05\mu m$ 이내로 정확해야만 한다"는 것을 생물학자들은 이미 알고 있다. 케라틴이 이들 화석 깃털로부터 분해되었다 할지라도, 남아 있는 멜라노좀의 층들은 같은 정확한 두께로 놓여 있었다. 따라서 그 색깔이 보존되었을 뿐만 아니라, 그 멜라노좀이 그들의 원래 위치와 같이 아직도 극미세하게 조직된 상태로 남아 있었던 것이다.

진화 지질학자들은 이 메셀 오일셰일 지층이 4천7백만 년 전에 형성되었다고 주장한다. 그러나 원래 멜라노좀 내의 원래 분자들뿐만이 아니라, 이들의 원래의 구조까지도 보존되어 있는 이러한 화려한 색깔의 깃털 화석은, 진화론자들로 하여금 실험실이나 자연에서 결코 관측되지 않았던 어떤 마술적인 보존 과정을 발명해내야만 할 것을 요구하고 있다.

그러나 수천만 년 전의 것이라는 가정이 없다면, 이 화석 데이터는 훨씬 더 쉽게 이해될 수 있다. 신선한 모습의 이 깃털 화석은 젊은 지구를 가리키고 있는 것이다.

〈ICR News, 2009. 9. 16. http://www.creation.or.kr/library/itemview.asp?no=4731〉

*5천만 년 전으로 주장되는 딱정벌레 화석에 아직도 남아 있는 색깔 자국

내쇼날 지오그래픽(2003. 8. 18) 지는 독일에서 발견된 화석화된 딱정벌레의 껍데기에 5천만 년이 지났음에도 분명히 보이는 영롱한 색깔이 아직도 남아 있음을 보고했다. "이 딱정벌레와 같은 장소에서 발견된 다른 화석들은 원래의 색깔을 가지고 있는 매우 희귀한 화석들로서, 일찍이 발견된 것들 중에서 색깔을 가지고 있는 가장 오래된 화석이다"라고 잡지는 보고하고 있었다.

〈CEH, 2003. 9. 1. http://www.creation.or.kr/library/itemview.asp?no=1108〉

_03
1천8백만 년 전으로 주장되는 도롱뇽 화석에서 신선한 연부조직이 발견되었다

Physorg 지(2009. 11. 5)의 한 놀라운 보도에 의하면, 도롱뇽 화석 안쪽에서 너무도 잘 보존된 근육조직이 발견됐는데, 완전히 그대로 인 근육조직은 혈액으로 차 있는 혈관들을 가지고 있었다는 것이다. 그것은 대부분의 화석들처럼 광물화되어 있지 않았다. 이 '신선한 살점(fresh meat)'의 발견은 "일찍이 화석기록에서 보고된 가장 최고 질의 연부조직 보존"으로서 묘사되고 있었다. 그러나 그 화석에 주 어진 연대는 1800만 년(=18만 세기) 전의 것이라는 것이다. 만약 그

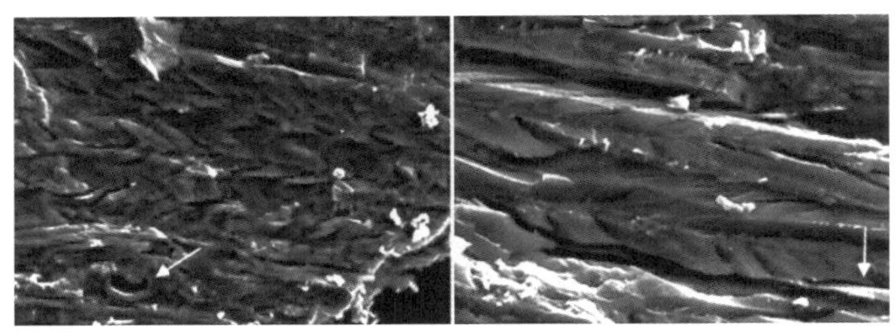

1800만 년 전으로 주장되는 도롱뇽 화석에서 발견된 연부조직.

연대가 사실이라면, 이러한 연부조직은 존재해서는 안 된다.

그 화석은 마드리드의 국립과학박물관에 보관되어 왔었다. 연구자들은 이러한 결과를 보고하면서 이렇게 말했다. "그 화석은 20세기 초에 오일 셰일의 상업적 채굴 동안에 발굴되었다. 그리고 우리의 분석 이전까지 다뤄지거나 준비되지 않았던 것처럼 보인다."

근육 조직과 같은 유기물질은 대기 환경하에서 수 일 또는 수 시간 내에 부패되어 분해된다. 이러한 사실은 고기 덩어리를 놓아 두었을 때 누구나 관측할 수 있는 사실이다. 연부조직이 아직도 존재하고 있으며, 너무도 잘 보존되어 있다는 사실은 이 도롱뇽이 주장되는 1800만 년보다 훨씬 최근에 죽었다는 강력한 증거가 되고 있는 것이다. 연구자들은 "퇴적 환경을 포함하고 있는 이 표본은 유기적으로 보존된 근육조직의 최초 기록일 것"이라고 말했다. 그 화석은 고대 호수 바닥층에서 형성된 것으로 해석되는 퇴적암에서 발견되었다.

이 데이터에 기초하여 연구자들은 특별히 그 퇴적층과 독일의 메셀 오일 셰일층과 같은 호수 바닥 퇴적층에서 더 많은 화석화된 연부조직들이 발견될 것이라고 예측하고 있었다. 그러나 이러한 예측은 장구한 시간에 대한 표준 진화론적 가정을 실패로 만드는 것이다. 왜냐하면 유기물질들은 추정되는 장구한 연대와 모순되기 때문이다. 저자들이 극도로 부패하기 쉬운 것으로서 묘사하고 있는 도롱뇽의 신선한 살점은 스페인 암석 지층에 할당된 수천만 년이라는 장구한 연대가 오류임을 증거하고 있는 것이다.

〈ICR News, 2009. 12. 11. http://www.creation.or.kr/library/itemview.asp?no=4791〉

*1천만 년 전으로 추정하는 개구리 화석에 골수가 남아 있었다

LiveScience(2006. 6. 24)는 개구리와 도롱뇽 화석들로부터 완전한 골수를 발견했다고 보고했다. 기자는 얼굴 표정에 조금의 변화도 없이 그 골수가 1천만 년 전의 것이라고 말했다. 그 기사는 또한 더 많은 연부조직과 골수들이 박물관에 놓여 있는 표본들에서 발견될 수도 있을 것이라고 추측하고 있었다.

〈CEH, 2006. 7. 25. http://www.creation.or.kr/library/itemview.asp?no=3421〉

*3억8천만 년 전으로 추정하는 물고기에서 화석 살점이 발견되었다

National Geographic News(2007. 2. 12)의 한 기사는 해산물을 좋아하는 사람들의 눈과 코를 사로잡는 제목을 가지고 있었다. "3억8천만 년 된 물고기에서 화석 살점이 발견됐다"는 것이다. 물고기가 방치되었을 때 얼마나 빨리 상하는지를 알고 있는 독자들에게 이것은 하나의 놀라움으로 다가온다. 발견된 화석이 연구자들을 놀라게 하는 두 가지 사실이 있었는데, 하나는 연부조직이 아직도 남아 있었다는 것이고, 또 하나는 이 초기 바다동물이 고도로 복잡하다는 것이었다.

〈CEH, 2007. 2. 12. http://www.creation.or.kr/library/itemview.asp?no=3811〉

BBC News(2009. 8. 20)는 아직도 완벽한 먹물주머니(ink sac)를 가지고 있는 오징어 화석의 발견을 발표했다. "1억5천만 년 전의 것으로 생각되는 그 화석은 암석을 쪼갰을 때 1인치 길이의 검은 먹물주머니를 드러낸 채 발견되었습니다." 그 발견에 대한 Daily Mail UK(2009. 8. 19)의 기사는 먹물주머니를 가까이 찍은 사진과 그 먹물(암모니아 용액과 함께 갈아져서)을 사용하여 그려진 오징어 그림과 글씨를 보여주고 있었다. 기자는 이렇게 쓰고 있었다 : "오징어의 먹물주머니와 같은 섬세한 어떤 것이 그렇게 장구한 세월 동안에도 완벽하게 남아있는 것을 발견할 확률은 십억 분의 일입니다."

〈CEH, 2009. 8. 20. http://www.creation.or.kr/library/itemview.asp?no=4706〉

그린리버 지층은 질 높은 물고기 화석들과 다른 생물 화석들을 가지고 있는 미국 와이오밍과 콜로라도 북부의 한 퇴적암이다. 그 지층의 연대는 4~5천만 년 전으로 평가되어 왔다. 그런데 한 새로운 연구에 의하면, 이 지층에서 발견된 화석 도마뱀의 다리는 광물로 치환되어 있지 않았고, 대신에 원래의 피부와 결합조직을 아직도 가지고 있었다는 것이다(ScienceDaily. 2011. 5. 23). 고생물학자들은 시료를 손상시키지 않고 아미노산과 같은 원래의 생물분자들의 존재를 탐지할 수 있는 새로운 기법으로 적외선 매핑(infrared mapping)을 사용하였다. 그리고 연구자들은 적외선 매핑 결과가 광물로 대체되지 않은 연부조직을 정확하게 검출했는지 아닌지를 교차 점검하기 위해서 다른 기법들도 사용했다. 싱크로트론 고속스캐닝 X-선 형광은 원래의 단백질을 검출했다. 또한 X-선 회절과 질량분광법도 이 결론과 일치했다.

<ICR News, 2011. 5. 12. http://www.creation.or.kr/library/itemview.asp?no=5061>

> **＊중국의 한 화석무덤에서 발견된 2만여 개의 화석들 중 1만 개 이상이 연부조직을 포함하는 완전한 상태로 발견되었다!**

Live Science(2010. 12. 22)는 새로운 20,000여 개의 화석들이 중국 남서쪽의 뤄핑에서 발견됐다고 발표했다. 그 화석들은 2억5천만 년 전으로 추정하는 15m 두께의 석회암층에 예외적으로 잘 보존되어 있었는데, 놀랍게도 이들 화석의 반 이상이 연부조직을 포함하는 완전한 상태였다는 것이다. 화석의 90%는 갑각류, 노래기, 투구게 등과 벌레 같은 생물들이었다. 물고기는 4% 정도였는데, 살아 있는 화석으로 알려진 실러캔스를 포함하고 있었다.

<CEH, 2010. 12. 22. http://www.creation.or.kr/library/itemview.asp?no=5047>

04

공룡 화석에서 연부조직, 적혈구, 혈관구조가 발견되었다

고생물학자인 메리 슈바이처가 이끄는 연구팀은 미국 몬태나 주에서 발견된 '6800만 년 전'의 공룡 티라노사우르스 렉스의 대퇴골에서 유연성을 가진 결합조직, 분지된 혈관, 적혈구 모양의 세포, 골세포 등을 발견했음을 2005년 3월 Science 지에 보고하였다. 그 연구팀은 이전에도 공룡 뼈에서 적혈구처럼 보이는 것을 발견했음을 보고했었다. 공룡들은 6500만 년 전에 멸종했다고 주장해오던 진화론자들에게 이것은 당혹스러운 발견이었다. 공룡의 부드러운 연부조직들이 화석화되지 않고 아직도 남아 있었다는 사실은 너무도 분명하여, 맨 눈으로도 볼 수 있었고, 이전의 공룡 혈액의 발견에 대한 회의론자들의 공격적인 비판 글들은 완전히 '역사'가 되어 버렸다. 이 조직들에 대해 "그것은 유연했고, 탄력적이어서, 잡아 늘렸을 때 원래의 모습으로 되돌아갔다"라고 설명하고 있었다.

이 놀라운 발견은 헬리콥터로 옮겨진 티라노사우루스 렉스 (*Tyrannosaurus rex*)의 다리뼈를 연구원들이 잘라 열었을 때 이루어졌다. 그 뼈는 아직도 대부분 텅 비어 있었고, 일상적인 화석과 같지

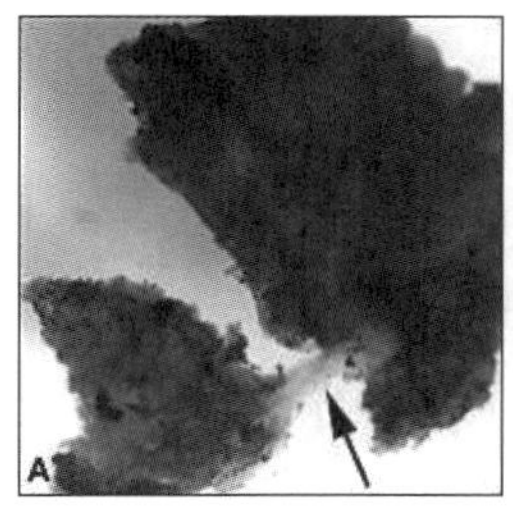 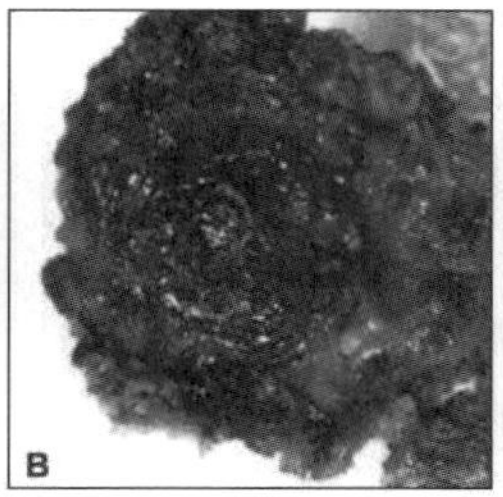 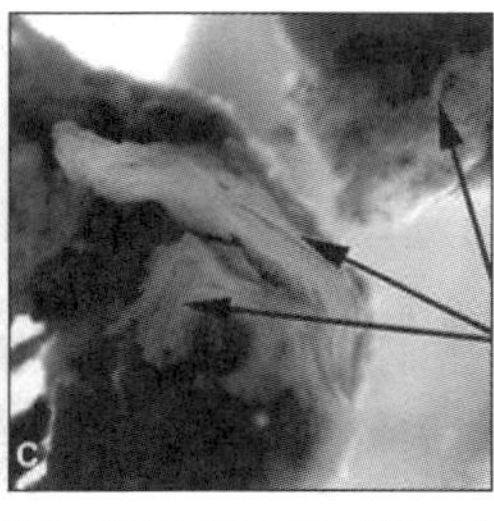

A : 화살표는 아직도 탄력성을 가지고 있는 조직 단편을 가리키고 있다. 이것은 이와 같은 탄력성을
　　가진 조직이 6천5백만 년 이상 동안이나 지속되었다는 믿음이 허구임을 증거하고 있다.
B : 또 다른 예의 신선한 조직의 모습. 이러한 조직들이 수천만 년 되었다는 것은 믿기 어렵다.
C : 섬유 구조가 아직도 존재하고 있는 뼈의 부분. 이것은 이러한 구조가 결여되어 있는 대부분의 화
　　석들과 비교된다. 그러나 이들 뼈들은 아직 이러한 구조가 남아 있음에도, 6천5백만 년 전의 것이
　　라고 주장된다.

않게 광물로 채워져 있지 않았다. 슈바이처는 아직도 남아 있는 부드러운 조직들을 구별하기 위해 뼈의 기질들을 용해하는 화학물질들을 사용했다.

혈관들은 유연하였고, 일부 혈관은 눌렀을 때 그 내용물들이 밖으로 흘러 나왔다고 그녀는 말했다. 게다가 "세포처럼 보이는 미세구조들이 모든 곳에서 보존되어 있었다"는 것이다. 그녀는 또한 "유연성과 투명함을 아직도 가지고 있는 이와 같은 정도의 보존은 이전 공룡들에서는 결코 볼 수 없었던 것이었다"라고 설명하고 있었다.

이런 종류의 발견은 이전에는 결코 발견되지 않았었다. 왜냐하면 그러한 조사는 이루어진 적이 없기 때문이다. 슈바이처는 이전에 티라노사우르스 렉스의 혈액 세포들에 대한 운 좋은 발견으로 아마도 가능성을 가지고 주의 깊게 공룡 뼈들을 살펴보고 있었기 때문이었다(그녀가 흥미를 가지고 있다는 것이 알려졌기 때문에, 화석들은 보존 처리되기 전에 연부 조직들을 조사하기 위해서 그녀에게로 보내졌다). 사실 슈

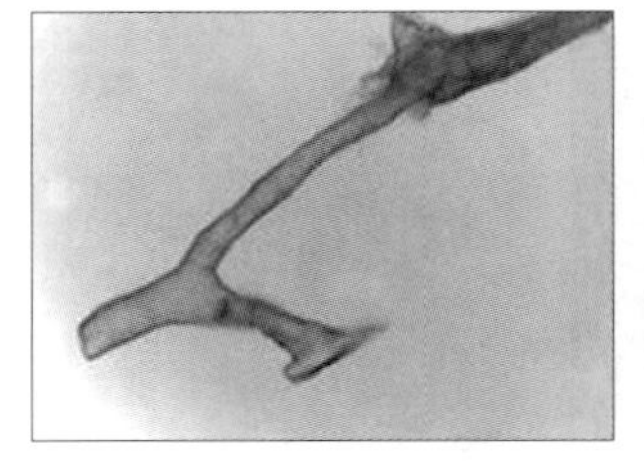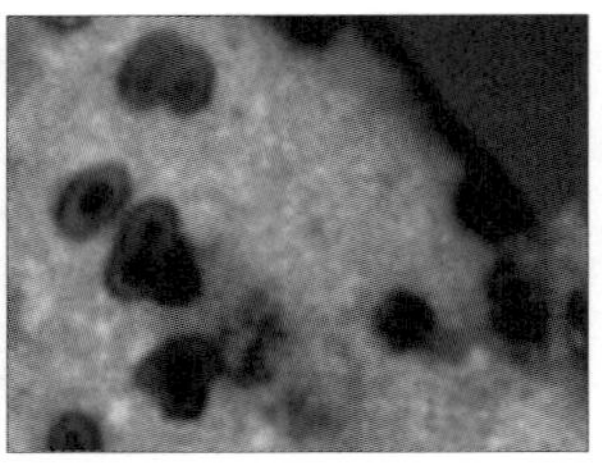

좌 : 공룡 티라노사우르스 렉스의 뼈에 있는 가지처럼 갈라진 탄력적 구조는 '혈관 구조'로 확인되었다. 만약 이들 뼈가 6천5백만 년 이상이 되었다면, 혈관과 같은 부드러운 조직들은 거기에 남아 있어서는 안 된다.

우 : 이들 현미경적 구조들은 일부 혈관을 눌렀을 때 밖으로 빠져 나올 수 있었다. 연구자들은 이것들은 세포들처럼 보인다고 말했다. 그래서 다시 한번 슈바이처 박사는 똑같은 질문을 하고 있는 것이다. "어떻게 이들 세포들이 6천5백만 년이나 지속될 수 있었을까?"

바이처는 다른 여러 공룡 종들에서 유사한 연부 조직들을 전에도 발견해 왔었다!

이러한 가능성이 오랫동안 간과되었던 이유는 명백해 보인다. 그것은 수천만 년이라는 선입견적인 믿음 때문이었다. 수천만 년이라는 오래된 연대 패러다임(압도적인 믿음 체계)은 연구자들에게 그 가능성을 바라보지 못하게 만들었다. 연부조직과 혈관과 같은 구조들이 7천만 년(=70만 세기) 동안이나 보존될 수 있다는 것은 도저히 상상할 수 없는 일이었다.

불행히도 오래된 연대 패러다임은 너무도 압도적이어서 이러한 발견들로는 그것을 쉽게 뒤집지 못할 것이다. 과학철학자인 토마스 쿤이 지적했던 것처럼, 한 패러다임과 모순되는 발견이 있을 때 일어나는 일반적인 일은, 그 패러다임이 폐기되는 것이 아니라, 다시 2차적인 가정을 만들어 새로운 증거가 수용될 수 있도록 수정되는 것이다.

이 경우가 바로 그것이었다. 슈바이처가 티라노사우르스 렉스에서 혈액세포인 것처럼 보였던 것을 처음 발견했을 때, 그녀는 다음과 같이 말했었다. "그것은 정확하게 현대의 뼈를 보는 것과 같았습니다. 그러나 물론 나는 그것을 믿을 수 없었습니다. 나는 실험실 연구원에게 말했습니다. 그 뼈는 6천5백만 년 전의 것이에요. 어떻게 그렇게 오랜 기간동안 혈액세포들이 남아 있을 수 있겠어요?"

그녀의 첫 번째 반응은 패러다임을 의심하는 것이 아니라, 그 증거에 대해 의심하였다는 것에 주목하라. 이러한 반응은 어느 정도 이해될 수 있는 것이며, 과학이 실제로 어떻게 작용하고 있는지를 보여주는 것이다(만약 창조론자가 그러한 사실을 발표했다면, 아마도 사이비 과학자로서 조롱당했을 것이다).

나는 독자들에게 한 걸음 뒤로 물러서서, 이 사실에 대해 확실히 심사숙고해 주실 것을 요청한다. 이 발견은 공룡 화석들이 수천만 년 되지 않았다는 것을 너무도 강력하게 지지하고 있는 것이다. 그것들은 기껏해야 수천 년 전의 격변적인 상황하에서 대부분 화석화되었던 것이다.

〈Carl Wieland, http://www.creation.or.kr/library/itemview.asp?no=2647〉

＊미라화된 공룡이 발견되었다

AP 통신(2008. 3. 18)은 미국 노스다코타에서 거의 완전하게 미라화된 공룡(mummified dinosaur)을 발견했다고 보도했다. '다코타(Dakota)'라는 이름이 붙여진 이 화석화된 하드로사우루스 공룡은 믿기 어려울 만큼 잘 보존되어 있었는데, 관절들은 완전히 이어져 있었고, 분해되지 않았으며, 미라화된 채로 화석으로 발견됐다는 것이다.

또 다른 미라화된 공룡(6천5백만 년 전에 멸종되었다고 주장되는) 화석이 미국 몬태나 주에서 발견됐다. 그것은 미라화 과정을 진행했기 때문에, 아직도 완벽한 일부 조직과 함께 원래의 피부 인상을 보유하고 있었다. '레오나르도(Leonardo)'라는 이름을 갖게 된 이 하드로사우루스는 "일찍이 발견된 공룡 화석들 중에서 가장 완벽한" 것이었다. 그 공룡은 심지어 미라화된 위장 안에는 목련, 양치류, 침엽수 식물 등이 들어 있었다.

〈AiG News, 2008. 3. 20. http://www.creation.or.kr/library/itemview.asp?no=4240〉
〈ICR News, 2008. 9. 25. http://www.creation.or.kr/library/itemview.asp?no=4431〉

*모사사우루스 화석에 부드러운 망막과 혈액 잔존물이 남아 있었다

한 고생물학자는 로스앤젤레스 카운티 자연사박물관의 공룡연구소에 보관된 독특한 8천만 년 전으로 추정하는 모사사우루스의 표본을 검사했다. 진화론에 의하면 해룡으로 불려지는 모사사우루스는 공룡시대에 살았던 해양 파충류이다. PLoS ONE(2010. 8. 9) 지에서 연구자들은 모사사우루스 두개골의 안구 부분에 남아 있는 자주빛 잔존물을 분석했다. 그리고 그것은 "망막의 잔해일 수도 있다"고 결론내렸다. 그들은 현미경으로 빛의 산란을 줄이는 역할을 하는 멜라노좀이라는 색소로 채워진 구조들을 발견했을 때, 잔류물들이 모사사우루스의 원래 연부조직이었음을 확인했다. 또한 "예외적으로 잘 보존된 연부조직" 중에서 검붉은 부분이 흉강에서 발견되었다. 이것은 암석을 검붉은 색으로 물들여 놓았는데, 연구자들은 이것이 무엇인지를 알아보기 위하여 화학성분을 분석하였고, 그 결과는 놀랍게도 헤모글로빈의 분해산물인 것으로 밝혀졌다. 그리고 이 화석에서 가장 놀라운 것은 몸체 모든 부분의 피부구조가 보존되어 있다는 것이었다. 연구자들은 머리로부터 꼬리까지 비늘들의 크기와 모양을 자세하게 묘사할 수 있었다. 많은 작은 비늘들은 3차원적 구조를 유지하고 있었다.

또 다른 모사사우루스 화석에서도 원래의 콜라겐(collagen, 단백질의 일종)이 발견되었다. 이 화석은 7천만 년 전으로 주장되는 벨기에의 백악층에서 발견되었다. 룬드 대학의 연구자들은 주사전자현미경, 투과전자현미경, 아미노산 분석, 항체 분석, 조직화학 분석 등과 함께 적외선 분광법을 사용하여, 모사사우루스의 콜라겐 스펙트럼이 현대 도마뱀의 콜라겐 스펙트럼에 잘 일치됨을 발견하였다. 따라서 그들은 그 물질이 원래 조직의 것이었음을 확신하고 있었다.

〈ICR News, 2010. 8. 20, http://www.creation.or.kr/library/itemview.asp?no=4984〉
〈CEH, 2011. 5. 2, http://www.creation.or.kr/library/itemview.asp?no=5049〉

05

공룡 뼈에서 발견된 연부조직에서 단백질이 확인되었다

Science Daily(2007. 4. 12) 기사는 6800만 년 전의 것이라고 주장되는 공룡 뼈에서 단백질 콜라겐의 조각이 남아 있는 것이 발견되었다고 보도하였다. 메리 슈바이처의 팀이 발견한 공룡 티라노사우루스 렉스의 연부조직에 대한 분석에서, 연구자들은 인식할 수 있는 단백질 조각들을 확인했다는 것이다.

연부조직(soft tissue)은 생물체가 죽은 후에 빠르게 분해되기 때문에, 이들의 존재는 공룡들이 6천5백만 년보다 더 오래되었다는 진화론적 시나리오보다 창조론적 모델(공룡들의 연대는 1만 년 이내로 최근까지도 살았다)과 더 잘 일치한다. 화석화된 뼈 내의 연부조직을 보존하도록 하는 환경적 요인들은 알려져 있지 않다. 그것이 알려지기 전까지 진화론자뿐만 아니라 창조론자들도 연부조직이 보존되는 메커니즘이 있는지 없는지를 확신할 수 없다. 아무튼 슈바이처의 발견 이전까지는, 생물체가 죽으면 빠르게 분해되는 혈관과 혈액세포 등이 공룡 뼈에서 손상되지 않은 완전한 상태로 발견되리라고는 생각조차 하지 못했었다. 이것들은 1만 년(6천5백만 년보다 훨씬 적은) 심지어 죽은 후 수 년까지도 존재할 수 없을 것이라고 생각했었다.

"한 동물이 죽었을 때, 단백질은 즉각적으로 분해되기 시작한다. 그리고 천천히 광물들로 대체된다." 그 기사는 말하고 있었다. "이러한 광물의 치환 과정은 1백만 년 정도면 완전히 일어나는 것으로 생각되었었다." Science(2007. 4. 13) 지의 오리지날 논문에는 이렇게 쓰여 있었다 :

"오랫동안 화석화 과정은 한 생물체 원래의 모든 유기 구성물질들을 사실상 파괴하는 결과를 가져오는 것으로 가정되어 왔었다. 그리고 원래 분자들은 비교적 짧은 기간 안에 사라져 버리든지, 또는 인식할 수 없는 것으로 변형되어 버린다고 생각되어 왔었다. 그러나 적어도 백악기로 연대가 평가되는 표본에서, 원래의 투명도, 유연성 및 다른 특성들을 가지고 있는 완전한 조직의 발견은, 어떤 상황하에서는 남겨진 유기 구성물질들이 광대한 지질시대를 뛰어넘어 존속될 수 있음을 제시하였다."

이 이야기는 언론 매체들에 의해서 대대적으로 보도되었다. 그러나 공룡의 연부조직과 단백질이 아직까지 남아 있는 것만큼 충격적인 것은, 그 어떤 기사도 6800만 년이라는 연대에 대해서는 전혀 의심하지 않고 있다는 사실이었다.

어떻게 그들은 이러한 엄청난 문제를 무시할 수 있을까? 도대체 단백질이 어떻게 수천만 년 동안 남아 있을 수 있었다는 것인가? 그들은 왜 이러한 문제에 대해서는 전혀 언급하지 않고 있는 것일까? 왜 모든 사람들은 수천만 년이라는 오래된 연대를 거부하는 이 강력한 증거를 눈앞에 두고도, 전제된 그 장구한 연대를 받아들이도록 강요당해야만 하는 것일까? 그들은 도대체 우리들을 무엇으로 생각하고 있는 것일까? 독자들은 '과학자'가 그렇게 말했기 때문에 그들의 말이라면 무슨 말이든 믿어야 하는 멍청이 바보 집단으로 생각하고 있는 것일까? 거기다가 많은 기자들은 그 이야기를 진화론적 개념을 더욱 증진시키는 이야기로 변형 왜곡시키고 있었다. 그들은 콜라겐 단백질이 공룡과 조류의 진화론적 조상을 입증한 것처럼 주장하고 있었다. 생각해보라. 만약 이 콜라겐 단백질이 얼마 되지 않은 것이라면, 거기에 어떠한 진화론적 관계도 없는 것이다. 그렇지 않은가?

이제 공룡은 수천만 년 전에 살았던 동물이 아니었다는 사실을 과학계가 충격적으로 그리고 겸손히 받아들여야만 한다. 진화론자들의 허구적인 공룡 이야기가 수십여 년 동안 과학계에 만연해오면서, 연부조직에서 단단한 암석으로 화석화되어 버린 것은 오직 그들의 양심인 것이다. 그 기사들을 의심하며 읽어보라. 그리고 세속적 과학이 진화론과 그것에 필요한 장구한 "지질학적 시간"에 얼마나 견고하게 요지부동인지를 주목해 보라.

〈CEH, 2007. 4. 12. http://www.creation.or.kr/library/itemview.asp?no=3868〉

*중국인들은 공룡 뼈를 고아 먹고 있었다

중국 허난성의 주민들은 공룡 뼈들을 파내어 몸보신을 위해서 끓여 먹었다고, Yahoo News(2007. 7. 6)는 보도했다. 중국 중부의 마을 주민들은 1톤 정도의 공룡 뼈들을 파내었고, 그것을 탕으로 끓여먹거나, 뼈를 갈아 전통 약으로 사용했다는 것이다. 마을 사람들은 이러한 행위를 적어도 20여 년 이상을 해왔다는 것이다. 어떻게 8500만 년이 되었다는 뼈들을 끓이면 설렁탕이 된다는 것인가? 뼈다귓국을 끓여 '몸보신'을 할 때에, 그들은 암석화된 돌을 넣고 끓이지 않았음이 분명하다. 이것은 그 공룡 뼈들이 수천만 년 전의 것이 아니라는 것을 강력히 가리키고 있는 것이다.

〈CEH, 2007. 7. 4. http://www.creation.or.kr/library/itemview.asp?no=3957〉

_06
2억5천만 년 전으로 주장되는 소금 결정에 갇혀 있던 박테리아가 다시 살아났다

2000년 10월 브리랜드 교수가 이끄는 웨스트 체스터 대학의 연구 팀은 고대 소금 결정들 속에서 만들어질 때부터 그 안에 갇혀 있었던 휴지기 상태의 박테리아들을 다시 살려내는 데 성공했다고 주장했다. 그런데 놀랍게도 그 소금 결정은 뉴멕시코의 광산 지하 600m 깊이의, 지질학적 연대로 2억5천만 년 전 지층에서 나왔다는 것이다.

만약 박테리아가 오염되지 않은 실제로 소금 결정 안에서 분리된 것이라면, 그들의 복잡하고 분해되기 쉬운 세포기관들이 지층이 형성된 이후부터 지금까지 장구한 시간 동안 존속했었

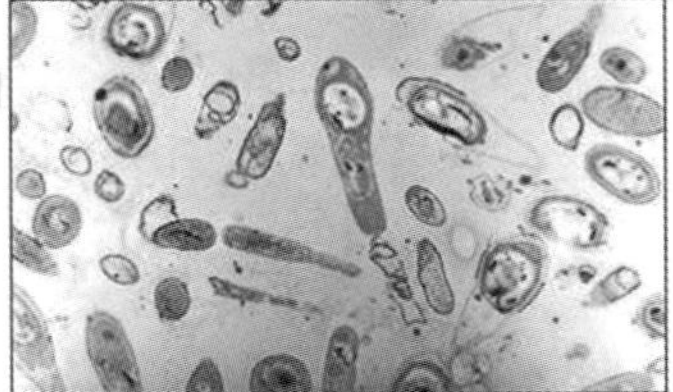

BBC NEWS

You are in: Sci/Tech

Thursday, 7 June, 2001, 12:46 GMT 13:46 UK

Front Page
World
UK
UK Politics
Business
Sci/Tech
Health
Education
Entertainment
Talking Point
In Depth
AudioVideo

Row over ancient bacteria

The bacteria came from salt crystals in New Mexico

By BBC News Online science editor Dr David Whitehouse

An international row is brewing over claims that a strain of bacteria was brought back to life after having remained dormant in a rock crystal for 250 million years.

이 소식을 보도하고 있는 BBC News (2001. 6. 7)

다는 것이 된다. 만약 그 지층의 형성이 수천 년 전에 이루어졌다면, 그들의 생존은 (이것도 놀라운 일이겠지만) 가능할 수도 있었을 것이다. 생물학적 분자들은 엄청나게 복잡하고, 너무도 깨지기 쉽다. DNA의 예를 들어보면, 그것이 습기, 열, 방사선 조사와 같은 에너지의 다른 형태들로부터 보호된다 할지라도, 그것은 결국은 분해될 것이다. 사실 실험실에서의 측정도 DNA는 최대 10만 년을 넘어서 존재할 수 없다는 것이 결론이다. 더군다나 전체 세포기관들이 그러한 광대한 기간 동안을 손상 없이 완전하게 남아 있을 수 있다는 것은 불가능하다.

소금 결정 안에 갇혀 있는 살아 있는 생물체는 주변 환경으로부터 에너지를 끌어다 쓸 수 없다. 생물체가 수백 년 동안 살아 있을 수 있는 유일한 방법은 상황을 정지시키는 방법, 즉 세포 기계들의 스위치를 끄는 방법뿐이다. 그러나 그것은 자신의 복구(수선) 시스템도 꺼야만 한다. 그러므로 분해되는 경향을 조절할 수 없게 된다.

따라서 명백한 결론은 지질학적 지층은 절대로 수억 년이 되지 않았다는 것이다. 이 깊은 의미를 깨달은 많은 과학자들은 태고의 DNA, 태고의 생명체라는 주장들에 의심을 품기 시작했다.

이에 대한 논쟁도 있었다. 이스라엘 텔아비브 대학의 그라우 교수 등은 소금에서 다시 살아난 박테리아는 오늘날에 오염된 것이라고 주장했다. 그들 주장의 근거는 다시 살아난 박테리아 균주의 유전적(DNA) 염기서열을 오늘날의 박테리아와 비교했는데 서로 매우 유사했다는 것이다. 만약 그들 사이의 차이가 2억5천만 년이라면, 많은 유전적 변화들이 축적되었어야 한다는 것이었다. 이에 대해 최초의 연구자들은 강하게 반발했다. 브리랜드 교수는 자기 연구팀은 오염에 대해 극도로 주의했으며, 오염이 일어날 확률은 백만분의 일도 되지 않는다고 말했다.

연구팀은 이것에 대해서는 확신했기 때문에, 연구원 중 한 명은 DNA 염기서열이 유사한 이유는, 이 태고의 박테리아가 과거에 강물 등에 의해 소금 결정이 용해되면서 주변 환경으로 탈출되었을 수도 있었기 때문이라고 하였다. 격렬한 논쟁을 거치면서, 한 가지 분명한 가능성이 나타났다. 둘 다 맞을 수도 있다는 것이다. 즉 브리랜드 교수와 그의 동료들은 정확했다. 그들이 다시 살려낸 박테리아는 정말로 소금결정 안에 갇혀 있었다. 그리고 물리법칙에 의해 살아있는 생명체는 최대 수천 년 이상을 휴지기로 남아 있을 수 없다는 비판도 맞는다.

그렇다면 지층은 2억5천만 년 된 것이 아니라, 실제는 단지 수천 년밖에 안 되었다는 것이다. 이것은 부활한 박테리아가 오늘날의 박테리아들과 그렇게 유사한 사실을 깔끔하게 설명할 수 있다. 그들은 그들의 후손들을 낳으면서 많은 유전적 실수들을 축적할 만한 충분한 시간을 가지지 못했던 것이다. 성경 기록으로부터, 전 세계는 단지 6,000년 정도 되었으며, 소금 결정을 함유한 퇴적물은 대략 4,500년 전 노아의 홍수 시기에 대부분 형성되었음을 우리는 알고 있다.

만약 웨스트 체스터 대학 연구팀이 주장하는 것처럼, 현대 박테리아에 의한 오염이 일어나지 않았다는 것이 진실이라면, 2억5천만 년 전 소금 결정으로부터 박테리아의 부활은 전체 지질연대 시스템이 매우 잘못되었다는 강력한 증거가 되는 것이다. 그리고 다시 살아난 박테리아가 오늘날의 박테리아와 매우 유사하다는 사실은, 비록 그것이 원래 주장을 반박하기 위해 사용되었지만, 오히려 2억5천만 년 전이라는 믿음이 허구라는 사실을 더욱 확증해주고 있는 것이다.

〈Creation 23(4):15,http://www.creation.or.kr/library/itemview.asp?no=1461〉

*4천5백만 년 전으로 주장되는 호박 속에 있던 효모로 발효시킨 맥주

미국 캘리포니아 게르네빌에 있는 스텀타운 양조장은 그들의 맥주를 독특한 방식으로 양조하고 있다. 엿기름과 호프와 같은 표준적인 재료들이 사용되지만, 첨가되는 효모(yeast)는 4천5백만 년 전의 것으로 추정되는 효모를 사용한다. 그 효모 라인은 캘리포니아 폴리테크닉 주립대학의 카노에 의해서 소생된 것이다. 그는 많은 다른 고대의 효모 종들과 박테리아들을 소생시켜 오고 있다. 'Ambergene'이라 불리는 한 생명공학 회사의 소유주인 그는 호박(amber)으로부터 많은 확인 가능한 박테리아들과 효모 종들을 포함하여 1,200종 이상의 고대 미생물들의 분리와 특성들에 대한 조사를 지휘하였다. 타임지는 1995년에 카노는 "호박으로부터 DNA를 회복시켰을 뿐만 아니라, 호박 속의 갇힌 벌의 소화관으로부터 완벽한 고대 미생물들을 소생시켰다"고 보도했었다. 카노는 심지어 1억2천만 년 전의 것이라는 호박으로부터 몇몇 비아포성 박테리아들도 소생시켰다.

〈ICR News, 2009. 8. 17. http://www.creation.or.kr/library/itemview.asp?no=4707〉

_07
지층 깊은 곳에서 사람의 유해나 흔적들이 발견된다

진화론적 연대틀로 수억 수천만 년이 되었다는 지층에서 300~400만 년 전에 출현했다는 사람의 유해, 발자국, 흔적, 도구들이 발견된다. 이것은 추상적인 진화론적 지질주상도가 허구임을 말해주는 결정적인 실제적 증거들이다. 대진화를 주장하는 전 세계의 과학 사회는 100여 년이 넘게 이러한 증거들에 의해 심각한 고민에 빠지게 되었다. 과학자들은 그들의 추상적인 대진화 이론을 붕괴시킬 수 있는 이러한 관찰되는 경험적 증거들에 대해 연구를 하거나 논문을 쓰는 것을 금지시켜 왔다. 왕권시대의 강압적인 통치하에서 일어났던 것과 같이, 학문적 반란자들과 학문의 자유를 위해 싸우는 투사들이 1960년대 초반과 중반부터 이 학문체계에 대해 거부하기 시작했다. 이러한 증거들은 너무도 압도적이어서 기존의 과학 사회는 겁에 질려 있는 상태가 되었고, 그들의 공공연한 공격과 전문가적 위협은 더욱 가열되게 되었다.

• 1200만 년 된 금광에서 사람 두개골과 유물들이 발견됨   1850

년대 미국 캘리포니아주 니들즈 북서쪽 테이블산 금광에서는 고대
에 멸종되었다는 마스토돈, 매머드, 아메리카들소, 말, 코뿔소, 낙타
등의 뼈들이 발견되었는데, 모두 신생대 3기인 선신세(1200만 년 전)
로 연대가 결정되었다. 그러나 1853년 스티븐은 가장 아래 갱도에
서 큰 돌사발을 발견했고, 1857년 허브는 사람두개골 파편을, 1862
년 피어스는 돌절구를, 1863년 스넬 박사는 곡식을 갈 때 사용했던
것으로 보이는 돌판을 발견했다. 가장 놀라운 발견은 1866년 2월 이
광산의 소유주 중 한 사람인 마티슨이 이곳에서 거의 완벽한 사람 두
개골을 발견했다. 이것은 하버드 대학의 위만 박사에게 보내져 조사
되었는데, 완전한 현대인의 두개골이었고, 두개골 내에 뼈, 자갈, 조
개 등이 들어 있어 발견된 상황에 대한 진실성에 의심이 없는 것이었
다. 그런데 문제는 발견된 지층이 1200만 년 전이라는 것이었다.

• 1억3500만 년 전 지층서 사람의 뼈가 발견됨   1867년 아이오와
시의 세터데이 헤럴드 지는 4월 10일자 기사에서, 사람의 유골과 도
구들이 콜로라도주 길만의 로키포인트 광산에서 발견됐다고 보도했
다. 지하 120m의 은광맥에서 발견된 사람의 뼈에는 잘 다듬어진 구
리 화살촉이 같이 발견되었는데, 그 광맥의 지질학적 연대는 무려 1
억3500만 년 전이었다.

• 쥐라기 지층에서 사람의 뼈가 발견됨   1877년 7월에 4명의 광산
시굴자들이 네바다주 유레카로부터 멀지 않은 스프링계곡 지역에서
금과 은의 광맥을 찾고 있었다. 그들은 광맥을 탐사하다가 딱딱한
바위에 묻혀 있는 사람의 다리뼈, 무릎, 정강이뼈, 완벽한 발뼈 등을
발견했다. 뼈를 함유하고 있는 암석은 검붉은 색의 규암이었고, 뼈

들은 거의 탄화되어 검은 색을 띠고 있었다. 여러 의학자들의 검사 결과 매우 현대적인 사람의 뼈로 밝혀졌다. 뼈의 크기는 뒷굼치로부터 무릎까지가 99cm로 3.6m의 신장을 갖는 사람 뼈로 조사됐다. 그런데 이 뼈가 발견된 지층은 중생대의 쥐라기 지층으로 1억8500만 년 전 지층이었던 것이다.

• 4억2500만 년 전 고생대 실루리아기 지층에서 사람의 유골이 발견됨 1880년에 인쇄된 사이언티픽 아메리칸 지에는 그 해 봄에 세인트루이스 리퍼블리칸에서 보고한 특별한 발견을 다시 게재했다. 부스 박사는 미주리주 플랭크린 카운티에 있는 드라이 브랜치로부터 3마일 떨어진 철광산에서 지하 5.4m 깊이에서 사람의 두개골, 갈비뼈 일부, 척추, 쇄골 등과 두 개의 화살촉 모양의 부싯돌, 숯조각 등을 발견했다. 부스가 두개골을 만졌을 때 이것들은 조각으로 부서졌고, 다른 뼈들도 조각이 났다. 2주반 후 부스는 7.2m 깊이에서 같은 유골들을 더 발견했는데, 넙적다리뼈, 척추뼈, 숯이 된 나무들이 추가로 발견되었다. 그런데 부스를 놀라게 한 것은 발견된 지층이 고생대 실루리아기 초기로 4억2500만 년 지층이었던 것이다. 지질시대에서 고생대 실루리아기는 육상생물들이 출현하는 시대로 원숭이나 포유류는 물론 파충류도 등장하지 않는 시대인 것이다.

• 3000만 년 전인 시신세 지층에서 사람의 어금니가 발견됨 1926년 11월 지그프리드는 몬태나주 빌링스로부터 남서쪽으로 55마일 떨어진 베어 크릭 석탄광산의 3번 수갱에서 사람의 이빨을 발견했는데, 에나멜층은 탄소로, 뿌리부분은 철로 대치되어 있었다. 이 발견은 1926. 11. 11일자 Carbon County News에서 보도되었고, 여러

치의학자들의 조사결과 사람의 두 번째 아래 어금니로 밝혀졌다. 그런데 문제는 이 이빨이 발견된 지층이 3000만 년 전인 시신세 지층이었던 것이다.

• 2000만 년 전 중신세 지층에서 현대인의 두개골이 발견됨 1958년 스위스의 자연사박물관의 허젤러 박사는 이탈리아 투스카니 석탄광산 지하 180m에서 완전한 현대인의 사람 턱뼈를 발견했는데, 5~7세의 어린이 턱뼈였다. 그러나 발견된 지층은 지질학적 연대로 2000만 년이나 된 중신세 지층이었던 것이다. 그는 세계에서 가장 오래된 사람화석이라고 주장했으나, 그의 동료 고인류학자들은 감히 동조할 수가 없었다. 왜냐하면 초기원인이 출현했다는 400만 년보다 무려 5배나 앞선 시기에 현대인이 있었다는 것을 인정할 수가 없었던 것이다.

• 1억 년이 넘는 지층에서 사람의 유골이 발견됨 1973년 암석수집가인 오팅거는 빅인디아 구리광산에서 불도저로 암석들을 찾고 있었다. 광산은 유타주 모아브로부터 남서쪽으로 35마일 거리에 위치하고 있었다. 오팅거는 노출된 암석을 살피다가 갈색 모래암석 속에서 뼈와 이빨들을 발견했다. 일 주일후 유타대학의 인류학자인 마위트 박사와 사진사, 기자들과 함께 도착하여 두 구의 사람 뼈들을 발굴했는데, 관절은 이어져 있어 지층 안으로 떨어져 묻힌 것이 아니라 자연스럽게 죽어 매장된 것처럼 보였다. 그런데 문제는 발견된 지층이 1억 년 이상으로 추정되는 로어 다코다 지층과 업퍼 모리슨 지층이었다. 이 발견은 기존의 보수적인 사고와 너무도 틀려 사람들을 매우 혼란하게 만들었다. 마위트는 발굴된 뼈들은 초기원인이나

유인원의 것이 아니라, 완전히 현대적인 사람 뼈였다고 기록하고 있었다. 그후 마위트는 갑자기 이 연구에 대한 흥미를 잃고, 유타대학을 떠났고 이 발견은 흐지부지 되었다.

• 1억4000만 년 전 백악기 지층에서 나온 사람의 뼈 　거의 현대인의 것으로 보이는 10구의 유골이 15~30m 두께의 다코다 사암층 17.4m 깊이에서 발굴되었다. 이 지층은 중생대 백악기 초기의 지층으로 1억4천만 년 전에 형성된 것으로 추정하고 있는데, 공룡의 발굴로 유명하며, 국립공룡유적지에서 발견되는 지층과 동일한 지층이다. 발견된 10명 중 적어도 4명은 여성이며 1명은 어린이였다. 몇몇 뼈들은 관절로 연결되어 있었고 일부는 아니었으며, 그 장소로 떠내려 온 것처럼 보였다. 연장이나 유물들은 뼈들과 관련하여 발견되지 않았다. 1971년 처음 뼈를 발견했던 불도저 운전사는 덮고 있던 단단한 암석층에는 어떤 터널이나 틈도 존재하지 않았다고 확실히 말했다. 뼈들은 부분적으로 공작석과 터키옥으로 치환되어 있었기 때문에, 그것은 '말라카이트 맨(Malachite Man)'으로 불려졌다.

이 10명의 남자, 여자, 어린이는 홍수와 같은 어떤 격변에 의해서 갑자기 매몰되었음을 가리키는 분명한 증거들을 나타내고 있었다. 관절이 연결되어 있는 뼈들은 급속한 매몰을 말해주고 있었다. 어떤 사람들은 이 뼈들을 설명하기 위해서, 이들

1억4천만 년 전 백악기 지층에서 나온 사람(말라카이트 맨)의 뼈

은 광산에 있었고, 갱이 붕괴될 때 매몰되었다고 주장했다. 그러나 거기에 터널의 흔적은 없고, 여자와 아이가 광산채굴 작업에 동원되었을 것 같지도 않다. 더군다나 어떤 연장도 발견되지 않았으며, 광산이 무너졌을 때 일어났을 것으로 예상되는 부러진 뼈들도 없었다. 또 다른 설득력 없는 설명 중 하나는 이것은 거대한 무덤이며, 그들은 묻힌 사람들이라는 것이다. 그러나 이것이 사실일 수 없는 이유는 이것을 위해서는 사람이 단단한 암석층을 뚫고 15~30m 깊이의 무덤을 팠어야 하기 때문이다. 현대의 굴착작업도 1970년대에 정지되었는데, 암석들이 어찌나 단단했던지, 불도저들이 못쓰게 될 정도였다. 이 말라카이트 맨들과 공룡들은 같은 격변으로 함께 매몰된 것으로 보인다. 이것으로 볼 때 인간과 공룡은 동시대에 살았음이 틀림없다

• 3억 년 전 석탄 속에서 나온 금사슬   1891년 6월 9일 일리노이 모리슨빌에 사는 쿨프 부인은 부엌난로에 석탄을 집어넣고 있었다. 큰 덩어리가 둘로 부서지면서 그 속에서 금으로 된 사슬(gold chain)이 발견되었다. 사슬은 25cm 정도 길이로, 8캐럿짜리 금으로 만들어졌고, 12.4g 정도로 고풍스러우며 기묘한 모양이었다. 6월 11일자 모리슨빌 타임 지는 이 금사슬이 우연히 석탄속에 떨어져 발견된 것이 아니라는 것을 발견자가 확신한다고 보도했다. 석탄 찌꺼기들이 아직도 금사슬에 붙어 있었고, 금사슬을 떼어낸 석탄에는 사슬자국이 남아 있었던 것이다. 그런데 금사슬을 함유한 석탄이 속해 있었던 지층은 3억 년 전 이상의 펜실베이니아기 지층이었다.

• 1억5000만 년 전 지층에서 발견된 사람발자국   The American

Anthropologist지(Vol.9, 1896, p.66)에는 오하이오 강의 웨스트 버지니아 사이드에 있는 파커스부르그 북쪽 4마일 지점의 암석에서 완전한 사람의 발자국 발견을 보고하고 있었다. 발자국은 길이가 36.8cm 였는데, 암석의 연대는 1억5000만 년 전이었다.

• 텍사스 글렌 로즈 근처 팔룩시 강의 백악기 지층에서 발견된 사람과 공룡발자국 팔룩시 강은 미국 텍사스 주에서 두 번째로 상류와 하류와의 수면 고도차가 큰 강으로(1마일당 5.18m의 수면이 낮아짐), 큰 홍수가 난 후에는 강 주변의 침식이 커서 많은 지역이 엄청난 물살에 의해 파여지고 새로운 화석들이 나타나곤 하였다. 1908년 최초로 공룡과 사람의 발자국이 같이 발견되었는데, 1938년까지 이렇다 할 연구가 실시되지 않았다. 1938년 지질학자 버딕과 뉴욕 자연사 박물관의 버드는 브론토사우르스, 티라노사우르스 등의 발자국을 조사하기 시작하다가, 백악기 초기 지층(1억2천~1억3천 년 전)에서 완벽한 사람의 발자국을 발견하였는데, 맨발의 발자국은 발가락이 분명히 구별되었고, 발의 크기는 38.1cm였다. 이들은 육식공룡의 큰 3발가락 발자국들도 발견하였는데, 각각의 발자국은 60.9×96.5cm 크기였고, 발자국 사이의 거리는 3.66m였으며, 진흙 속으로 깊이 새겨져 있었고, 사람과 공룡 둘 다 달리고 있었다. 1939년 5월 버드는 "매우 분명한 사람 발자국이지만 파충류시대에 사람은 존재할 수 없다"라고 하면서 멸종된 원숭이라 하였다(그러나 원숭이와도 1억 년 차이가 남). 팔룩시 강은 관광명소가 되었고, 불경기로 지역주민들은 공룡과 사람의 발자국을 관광기념품으로 팔기 시작하였고, 몇몇 무지한 사람들에 의해 위조도 되었다. 그러자 보수진화론자들은 발굴 발자국 모두를 위조로 치부하여 버렸다. 그 후 지질학자, 고

생물학자들에 의해 새로운 발굴이 시작되어 1백여 군데의 사람발자국들이 발견되었는데, 어린이 발자국도 발견되었고, 어떤 종류는 북미인디언들이 신던 얇은 노루가죽신과 같은 샌달을 신고 있었다. 이것들은 곰, 검치호랑이, 매머드, 공룡들의 발자국 위, 아래에서 또는 나란히 발견되었다. 이 발자국들은 진화론자들의 주장처럼 인위적으로 조작되지 않았음을 말해주는 증거들로 발가락이 진흙을 앞과 옆으로 밀어 올린(mud push-up) 현상을 보여주었고, 발자국이 찍히면서 바로 밑에 다른 색의 점토층에 압력을 가하여 만들어진 흔적(lamination markings)이 많은 사람과 동물 발자국들에서 발견되었다. 일리노이 대학의 스미스 박사는 "건장한 남자의 발자국과 브론토사우르스의 발자국이 같은 지층에서 발견된다는 것은 백 년이 넘는 진화론의 가르침을 내던지게 하는 일이다. 이 사건은 다윈의 이론 전체를 폐기하고 오늘날 모든 생물학을 다시 세워야할 것을 의미하고 있다"라고 하였다. 그 후 발자국들은 수십 년 간의 침식으로 공룡들처럼 사라졌다.

• 3억 년 전 석탄 속에서 나온 쇠단지 1912년 오클라호마주 토마스의 도시전력회사에 근무하는 2명의 작업자가 이웃지역인 월버튼 근처 광산에서 캐내어 온 석탄을 삽으로 화로에 집어넣고 있었다.

석탄 한 덩어리가 너무 커서 다루기 힘들어 망치로 내리치자, 덩어리가 부서지면서 쇠단지가 발견되었다. 석탄은 쇠단지 내부에도 몰드 형태로 들어 있었다. 작업자들은 발견의 진실성을 보증하기 위해 진술서에 서명을 하였다. 이 쇠단지는 여러 전문가들에 의해 검사되었는데, 하나같이 설명하기를 주저하였다. 쇠단지가 발견된 석탄층의 연대가 3억~3억2500만 년 전으로 평가되었기 때문이었다. 이 쇠단지는 현재 텍사스 글렌 로즈에 있는 창조박물관에 보관되어 있다.

　•네바다주 퍼싱카운트 피셔 캐년의 2억2500만 년 전 중생대 지층에서 발견된 사람발자국　1927. 1. 25일 크넵은 피셔 캐년의 헐거운 바위 사이에서 사람의 신발 뒤축이 찍힌 화석을 발견했다. 끈적한 상태에서 발을 잡아뺀 모양의 화석으로 뒤축모서리는 부드럽고 둥글었으며, 오른쪽은 왼쪽보다 더 닳아 있었다. 그런데 놀랍게도 발견지층은 2억2500만 년 전인 중생대 트라이아스기 석회암 지층이었던 것이다. 화석은 록펠러재단의 전문 지질학자가 분석하였는데, 더욱 놀라운 것은 현미경 조사 후였다. 가죽신은 두 줄의 실로 꿰매어져 있었는데, 한 선은 바깥 모서리를 따라 이어졌고, 다른 선은 0.8cm 안쪽으로 평행하게 이어져서 꿰매어져 있었던 것이다. 캘리포니아 오클랜드 박물관의 허바드는 다음과 같이 말하였다. "초기 지구의 원인들은 이러한 가죽신발을 도저히 만들 수 없다. 다윈의 진화론은 이러한 증거 앞에 무엇을 대답하여야 하는가. 원숭이가 나타나기도 전 수천만 년 전에 고등한 지적인 사람이 살고 있었다는 것을…"

　•고비 사막의 1500만 년 된 사암층에서 발견된 이상한 신발 자국　1961년 소비에트 저널(No.8, 1961)에는 소련과 중국의 고생물학 탐사대가 1959년에 중앙아시아의 고비사막에서 발견한 홈이 파진 밑

창을 가진 신발 자국 화석에 관한 내용이 보고되었다. 이 발자국들은 1500만 년 된 사암층에서 발견되었는데, 탐사자들 다수가 세밀하게 관찰한 결과 "이것은 어떠한 동물의 발자국이 아니다. 왜냐하면 홈이 파진 무늬가 너무 똑바르고 규칙적이어서 자연적 기원으로는 생길 수 없다"라고 하였다.

• 유타주 앤트롭 스프링즈 근처 캄브리아기 지층에서 발견된 사람 발자국   1968. 6. 1일 아마추어 화석수집가인 마이스터는 유타주 델타시 북서쪽 43마일에 위치한 앤트롭 스프링즈에서 화석화된 삼엽충과 완족류를 찾다가, 놀랍게도 삼엽충 화석위에 사람의 가죽신발 자국을 발견하였는데, 삼엽충은 으깨져 있었다. 지층은 5억 년이 넘는 캄브리아기 지층이었고, 자국 크기는 길이 26cm, 폭 8.9cm였고 뒤꿈치 부분은 폭이 7.6cm였다. 샌달의 오른쪽 부분은 낡아 있었고, 뒤꿈치 부분은 1.7cm 깊게 파여 있었다. 이 화석은 유타주 지질조사단 돌링 박사에게 보내져 진짜임이 확인되었다. 그해 6월 20일 마이스터는 전문가 버딕 박사와 같은 장소로 돌아와 재조사를 실시하였는데, 5개의 발가락이 분명한 15cm의 맨발의 아기발자국을 추가로 발견하였다(그 후 마이스터는 그리스도인이 되었다고 한다).

• 투르크메니스탄에서 사람과 공룡의 발자국이 발견되었다   트루크메니안 고원에서 수천의 공룡발자국들과 함께 사람발자국들이 발견되었다고 한 러시아 신문인 Komsomolskaya Pravda 지가(1995. 1. 31) 보도했다. 저널리스트인 알렉산더 부스체프는 투르크메니스탄의 코드가필 마을 근처의 고원을 여행하다가 공룡과 사람의 화석화된 발자국들이 함께 나 있는 것을 발견했다는 것이다. 진화론에 따

르면, 최초의 사람이 지구상에 나타나기 수천만 년 전에 공룡들은 멸종되었다. 트루크메니안 고원은 3천개 이상의 공룡발자국들을 가지고 있는데, 이 쥐라기의 고원은 적어도 2억 년 전의 지층으로 간주되고 있다고 부스체프는 말했다. 쿠히탕타우 고원에서 공룡과 사람의 발자국이 같이 발견되었다는 이러한 보도는 처음이 아니다. 그러한 뉴스는 지난 1983년 Moscow News (No.24, p.10)의 영문판에서도 보도되었다. 그 때는 공산당으로부터 모든 보도 내용이 엄격히 통제되던 시기에 보도된 것이었다. 그래서 그와 같은 종류의 보도는 주 과학국 대변인의 공식적인 논평이 있어야 보도될 수 있는 것이었다. 그 당시의 논평은 다음과 같았다 : "극히 오래 전에 사라진 우리의 조상들이 공룡들과 같이 지냈는지 누가 알겠는가? 미래의 언젠가는 확실한 대답을 얻을 수 있을 것이다. 그러나 현재까지, 이것에 대해서 말할 수 있는 충분한 근거들을 가지고 있지 못하다. 사람발자국을 닮은 발자국들이 암석에 새겨져 있었다. 그러나 그 발자국들이 누구의 것인지 과학적 정확성을 가지고 연대를 결정하는 데에 결국 실패했다"라고 발굴책임자였던 아만니야조프 교수는 말했다. "만약 그 발자국들이 사람의 것임이 입증된다면, 그것은 인류의 역사에 대한 혁명을 가져올 수 있을 것이다. 인류의 역사는 30배나 더 오래된, 적어도 1억5천만 년 전까지도 거슬러 올라갈 수 있을 것이다."

〈J. R. Jochmans, http://www.kacr.or.kr/library/itemview.asp?no=343〉
〈KACR, http://www.creation.or.kr/library/listview.asp?category=H03〉

IV | 부정되고 있는 오래된 연대의 지질학적 증거들

01

그랜드 캐년의 지층은 지질시대가 허구임을 보여준다

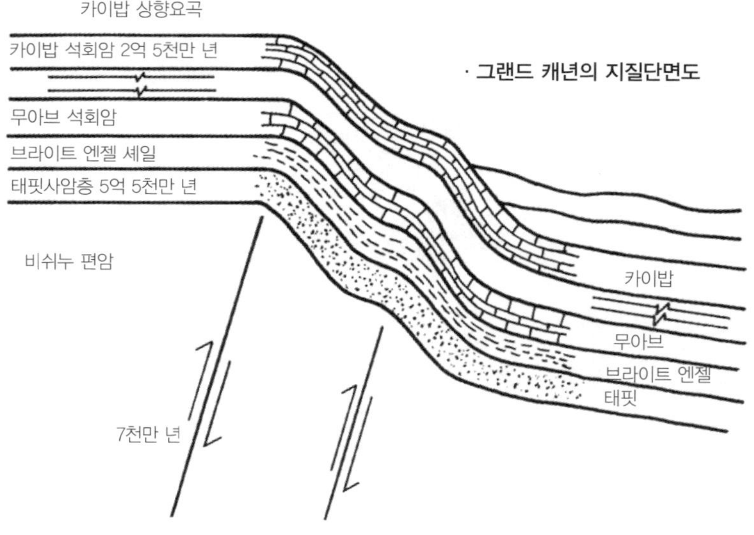

그랜드 캐년을 방문하는 관광객들은 수억 년이라는 지질학적 설명들을 자주 듣게 된다. 우리는 그랜드 캐년의 바닥에 수평적으로 쌓여 있는 타핏 사암층은 5억5천만 년 전에 퇴적되었으며, 가장자리를 형성하는 맨 윗지층인 카이밥 석회암층은 2억5천만 년 전에 퇴적

그랜드 캐년의 동쪽끝 카본 캐년 내의 지질 구조. 이스트 카이밥 단사와 관련된 융기는 타핏 사암층의 지층을 수직 방향으로 강하게 구부려 놓았다. 수억 년 되었다는 지층이 마치 무너져 내린 듯한 모습을 하고 있다.

되었다고 들어왔다. 이 해석에서 내포하고 있는 광대한 시간을 상상하기란 쉽지 않다.

흥미롭게도, 그랜드 캐년의 지층은 애리조나주 동부 지역으로 400km에 걸쳐 확장되어 있다. 그곳에서 그 지층은 적어도 1,600m 정도 고도가 낮다. 그랜드 캐년 지역의 융기는 퇴적물이 퇴적되고 수억 년 후인 대략 7천만 년 전에 발생했다고 추정한다. 수억 년이라는 시간은 퇴적물들이 단단한 암석으로 굳어지기에 충분한 시간이었음이 분명하다.

그러나 증거들은 퇴적층이 습곡될(구부러질) 때 부드러웠으며, 암석화되지(단단하게 굳어지지) 않았음을 가리키고 있다. 부서짐 없이 가장 밑지층부터 전체 지층이 구부러지면서 얇아져 있다. 모래입자들은 구성 물질이 부서지기 쉬웠다거나, 단단한 암석이었다는 그 어떠한 증거도 보여주지 않고 있다. 왜냐하면 입자들의 어느 것도 길게 늘어나 있지 않기 때문이다. 또한 입자들이 부서졌다가 재결정화되어 굳어진 광물들을 가지고 있지 않다. 대신에, 증거들은 지층이 융기될 때 두께 1200m의 전체 지층이 유연했음을 가리키고 있다. 바꾸어 말하면 수억 년의 지질시대는 허구라는 것이다. 그랜드 캐년

지층의 이 '유연한' 변형은 노아의 날에 파멸적인 전 세계적 홍수가
실제 있었음을 극적으로 보여주고 있는 것이다.

<Tas Walker, http://www.creation.or.kr/library/itemview.asp?no=1462>

*그랜드 캐년, 진화론자들을 어리석게 보이도록 만드는 것

그랜드 캐년의 바닥에 서서 대협곡의 벽을 바라보고 있으면, 다양한 퇴적층의 띠들이 수백 수천만 년에 걸친 퇴적작용으로 만들어졌다는 생각이 얼마나 어리석은 생각인지를 명백히 알게 된다. 나는 20대 초반이었을 때, 그랜드 캐년에서 두 주간을 여행하며 보낸 적이 있었다. 나는 그랜드 캐년과 그 기원에 관한 진화론적 설명을 들어왔었다. 나에게 의문을 불러일으켰던 것은, 어떻게 각 높이에 따라 분명한 색깔을 가지고 있는 줄무늬의 퇴적지층들이 전체 캐년을 통해서 한결같이 동일하게 발견되는가 하는 것이었다. 그때 당시 나는 크리스천이 아니었다. 나는 지구가 수천만 년 또는 수십억 년 되었다는 개념에 대해서 아무런 문제를 가지고 있지 않았다. 그러나 이들 각 지층들이 일정한 색깔들을 가지고 어떻게 각각 쌓여질 수 있었는지에 대해서는 도저히 이해할 수 없었다.

그들은 강물이 수백만 년 동안은 회색의 퇴적물만을 나르다가, 수백만 년은 밝은 핑크빛의 퇴적물만을 나르고, 다시 수백만 년은 어두운 핑크빛의 퇴적물만을 날랐다는 것을 우리들이 믿기를 기대하고 있는가? 왜 한 시대는 수백만 년 동안 모래만 쌓이고, 다른 한 시대는 진흙

만 쌓이다가, 또 다른 한 시대는 석회암만 쌓이는가? 각 지층들을 나누고 있는 선들의 균일성을 언급하지 않더라도, 이들 각 층들의 균일한 색깔과 다른 구성물질들을 설명할 수 있는 가능성 있는 요인은 무엇인가? 그들은 각 지층들 사이에 어떠한 침식의 흔적도 없이, 비교적 매끄럽게, 그리고 광대한 거리에 펼쳐져 있다. 비록 그 당시에 한 번의 홍수보다 많은 여러 번의 홍수들을 고려하는 잘못을 범하였지만, 그것은 사실 어떤 거대한 홍수 이후에 가라앉은 다른 형태와 무게들의 침적토로 만들어진 것처럼 보였다.

그 당시에 나는 불가지론자였기에, 나는 그것을 하나님을 반대하는 또는 찬성하는 논쟁으로서 바라보지 않았다. 나의 생각은 단순히 관측에 기초한 상식적인 것이었다. 거의 완벽한 줄무늬들이, 서로 다른 분명한 색깔과 성분을 가지고, 어떠한 침식의 흔적도 없이, 그 광대한 지역에 수평적으로 수백 수천만 년에 걸쳐서 쌓여졌다는 생각은 분명히 바보 멍청이 같은 생각이었다. 나는 그 당시에 왜 그렇게 많은 과학자들이 그러한 개념에 모두 속아 넘어갔는지 그 이유가 수수께끼였다. 그러나 나는 단지 그들을 저능아들이라고 치부해 버렸고, 그리고 그것을 잊어버렸다.

몇 년 후에, 나는 그리스도를 만나게 되었고, 성령님께 나의 길을 인도해달라고 요청드렸다. 그리고 나는 그들이 그러한 터무니없는 이론을 따라가는 것을 고집하는 이유를 알게 되었다. 그들은 그들의 모든 과학을 잘못되게 인도하고 있는 한 교리(진화론)를 믿고 있던 맹신자들이었던 것이다.

성경이 우리에게 말해주는 거대한 전 세계적인 홍수의 증거들을 눈으로 보고 있으면서도, 수억 년의 장구한 지구의 역사를 보여준다는 동화 같은 이야기들로 인해, 성경을 떠나고 있는 수많은 사람들을 보고 있는 것은 정말로 너무나도 슬픈 일이다!

〈John Hinton, http://www.creation.or.kr/library/itemview.asp?no=3278〉

02

그린 리버 지층 : 얇은 호상점토층들은 오래된 지구의 증거가 아니다

미국 와이오밍의 그린리버 지층은 잘 보존된 화석 때문만이 아니라, 지구 연대에 관한 논쟁의 첨단에 서 있기 때문에 지질학자들에게 잘 알려져 있다. 창조론을 비판하는 사람들은 수백만 년의 지구 연대를 나타내는 반박할 수 없는 증거로서 그린리버 지층을 자주 인용하고 있다.

그 이유로 그곳 퇴적암은 수백만의 얇은 세일층으로 구성되어 있으며, 각각의 얇은 층들은 오래 전 호수에 쌓인 하나의 계절적 퇴적물(여름에는 거친 층이, 겨울에는 미세한 층이 형성되었다고 추정)을 나타내는 것으로 말해져 왔기 때문이다. 따라서 호상점토층(varves)이라고 불려지는 각각의 여름/겨울 쌍을 이루는 층은 한 해를 나타내는 것으로 알려져 왔었다. 대부분의 지질학자들은 이 지층 하나만 쌓이는데도 수백만 년이 걸렸음에 틀림없다라고 주장하여 왔다. 오래된 지구를 주장하는 지질학자인 (그리고 복음주의자라고 공언하는) 데이비스 영은 이렇게 말했다.

"그린리버 지층의 어떤 부분에서는 수직으로 백만 개 이상의 호상점토층 쌍들이 포개져 있다. 이러한 호상점토층은 거의 확실히 호수바닥 퇴적물일 것이다. 만약 그렇다면, 각 퇴적층의 쌍은 일 년 동안의 퇴적물을 나타낼 것이다 … 따라서 호상점토층 쌍들의 총 수는 호수가 수백만 년 동안 존재했었음을 가리키고 있다."

분명히, 이것은 성경(10,000년 미만)이 가리키고 있는 젊은 지구를 믿는 사람들에게는 심각한 도전이다. 하지만 비판가(모든 것을 아시고 오류가 없으신 하나님보다, 오류에 빠지기 쉬운 과학자들의 불완전한 자료에 의존하는 사람)들은 호상점토층의 기원을 명백히 밝힐 수 있는 몇몇 결정적인 정보들을 무시했다.

1961년, 창조론자들은 호상점토층의 전통적인 해석과 일치시키기 어려운 그린리버 지층의 특징들을 지적했다. 예를 들면, 잘 보존된 화석들이 퇴적암 전반에 걸쳐 풍부하고 광범위하게 나타난다는 것이다. 전통적인 두 지질학자도 다음과 같이 말하고 있다 :

" … 메기화석은 그린리버 분지 내에 16,000㎢의 면적에 걸쳐 분포한다. 11㎝에서 24㎝ 길이(평균 18㎝)의 이곳의 메기화석은 보존상태가 뛰어나다. 어떤 종의 경우엔, 심지어 지방성 지느러미를 포함하여 피부와 다른 연부까지도 매우 잘 보존되어 있다."

또 다른 진화론자는 이렇게 언급했다.

"1970년대 초반에서 중반 동안에 엄청난 수의 프레스비오르니스(고대의 새) 집단이 그린리버 지층에서 발견되었다."

이것은 그린리버 지층이 일반적인 호수 퇴적물이 아님을 말해주고 있다. 오늘날의 호수는 다량의 물고기와 조류 화석의 보존에 필요한 조건을 갖추고 있지 않다.

시카고 자연사박물관의 과학자들의 실험에 의하면, 소택지의 진흙 바닥 위에 놓인 물고기 시체들은 산소가 부족한 조건에서도 매우 빠르게 부패했다. 이 실험에서, 물고기들을 (썩은 고기를 먹는) 청소동물로부터 보호되기 위해 철사로 된 새장 속에 넣어 두었지만, 단지 6일 반나절이 지나자, 살은 전부 다 썩어버렸고 심지어 뼈조차도 분리되었다.

프레스비오르니스 화석의 경우는 훨씬 더 많은 문제를 가지고 있다. 조류는 속이 빈 뼈를 가지고 있기 때문에 화석으로 잘 보존되지 않는다. 그렇다면, 어떻게 이런 새의 시체들이 일 년에 한 줄씩 얇게 쌓이는 지층 속에서 화석이 될 수 있었을까? 이들은 수백 년 동안 부패와 청소동물로부터 어떻게 보호받았을까? 이러한 '거대한 집단'의 조류 화석들은 지층이 매우 더디게 퇴적되었다는 생각이 명백히 잘못되었음을 가리키고 있다. 대신, 이러한 화석들은 급속한 매몰에 의해 형성되었음을 나타내고 있는 것이다.

호상점토층의 해석에 대한 창조론자들의 의심은 1988년에 발표한 두 명의 지질학자들의 연구에서 확인되었다. 와이오밍의 캐머러 근처에 있는 그린리버 층에는 2개의 화산재(응회암) 층이 각각 약 2~3cm 두께로 나타나 있었다.

화산재 층은 단 하나의 사건, 이 경우엔 화산분출에 의해 즉각적으로 쌓이기 때문에 지질학자들은 '사건의 지평층'이라고 부르는 하나의 예이다. 이 두 화산재 층은 8.3cm와 22.6cm의 세일층에 의해 나뉘어져 있다. 만일 표준 해석이 옳다면, 두 번의 화산분출 사이의 년 수(기간)는 같기 때문에, 화산재 층들 사이의 세일층의 수는 그린리버 분지 전 지역에 걸쳐 같아야 할 것이다.

하지만, 지질학자들은 화산재 층들 사이의 세일층들의 수가 분지 중심으로부터 분지 가장자리로 가면서 최고 35% 정도 증가하는 (1,160개에서 1,568개에 이르기까지 다양) 것을 알아냈다! 조사자들은 이것은 정체된 호수내의 계절적 '호상점토층'에 대한 생각과 일치하지 않는다라고 결론을 내렸다.

그렇다면, 그린리버 층 내의 미세하게 박층을 이룬 엄청난 세일층은 어떻게 쌓였을까? 창조론적 지질학자들은 이 문제를 좀 더 자세히 조사할 필요가 있다. 그리고 이러한 퇴적물의 기원에 관한 격변적 모델을 만들기는 쉬울 것 같다. 왜냐하면, 호상점토층과 같은 퇴적물은 격변적 상황에서 매우 빠르게 쌓일 수 있다는 것을 보여주는 실험상, 관찰상의 많은 자료들이 있기 때문이다.

예를 들면, 1960년에 허리케인 '도나'는 플로리다 남부 해안을 덮쳐 6인치 두께의 얇은 박층의 이회암을 전면에 쌓아 올렸다.

올바른 조건이 주어진다면, 얇은 박층의 이암 퇴적물은 급속한 퇴적작용에 의해서 형성될 수 있다. 오래된 지구를 지지하는 사람들의 주장과는 다르게, 오랜 시간은 소요되지 않았다.

〈Paul Garner, http://www.kacr.or.kr/library/itemview.asp?no=562〉

_03
이암은 빠르게 퇴적될 수 있음이 밝혀졌다

수십 년 동안 박물관 및 교과서들은 석회암, 실트암, 이암, 세일 등과 같은 암석들은 장구한 세월 동안에 형성되었다고 자신 있게 주장해 왔었다. 왜냐하면 미세한 침전 입자들은 얕은 호수나 대양 바닥에서 매우 천천히 가라앉는다고 생각했기 때문이었다.

하지만 새로운 인공수로 연구들은 이암의 형성에 관한 전통적인 생각을 완전히 붕괴시키고 있었다. 여러 속도로 흐르는 물 아래에서 침전물들이 어떻게 퇴적되는지를 조사하기 위해서 직사각형의 트랙 모양의 물탱크들이 사용되었다.

그 실험에서 물에 부유되어 있던 미세한 퇴적물들은 함께 덩어리를 이루어서 응집 침전물들을 형성하는 경향이 있음이 밝혀졌다. 그리고 이들은 모래 알갱이들처럼 행동하였고, 얇은 층들 안으로 굴러가면서 퇴적되었다. 인공수로 연구에서 간혹 퇴적 패턴은 물결무늬(연흔)들을 포함하고 있었다. 인디아나 대학의 퇴적학자들은 캄브리아기 세일들에서 보여지는 작은 물결무늬와 동일한 모습들이 형성되는 것을 분명히 확인할 수 있었다.

이들 인공수로 연구들이 가리키고 있는 것처럼, 만약 캄브리아기의 이암들이(느리게 퇴적되는 것이 아니라) 흐르는 침전물로부터 빠르게 형성될 수 있다면, 아마도 대륙의 많은 퇴적층들을 구성하고 있는 다른 이암층들도 유사하게 빠르게 형성되었을 것이다. 이것은 창세기에 기록된 전 지구적인 대홍수 동안에 현탁되었던 엄청난 퇴적물들이 전체 지구 표면에 빠르게 퇴적되었음과 일치되는 것이다.

창조 지질학자들은 퇴적작용이 장구한 세월동안 점진적으로 발생했다는 주장을 의심해왔다. 왜냐하면 그 주장은 성경적 기록과 조화되지 않으며, 현대 이암층들에서 발견되고 있는 경험적 증거들과 일치하지 않기 때문이었다. 예를 들어, 이러한 대규모적이고 광대한 지역에 펼쳐져 있는 진흙 퇴적층들이 수백만 년에 걸쳐 느리게 퇴적되었다면, 왜 벌레나 조개 등과 같은 생물들이 파놓았을 구멍이나, 작은 굴들, 그리고 식물 뿌리가 파놓았을 통로들이 그 지층의 윗부분에 남아 있지 않는 것일까? 만약 그 퇴적층이 지표면 근처에서 매우 오랫동안 존재했었다면, 거기에는 수주 안에 새로운 퇴적된 층들을 뒤섞어놓고 휘저어놓았을 동식물들의 활동 기록이 남아있어야만 한다.

만약 인공수로 연구들에서, 그리고 실제 현장 세일층들에서 확인된 이들 유사한 사층리 물결무늬의 발견들이 계속된다면, "이러한 시도는 연속된 이암층들의 퇴적에 관한 우리의 인식에 변화를 가져다 줄 것"이라고 저자들은 제안했다. 이 이암층 퇴적에 관한 인식 변화는 지구의 암석 역사에 대해 어떠한 비판도 없이 너무도 오랜 기간 동안 견지되어 오던 장구한 진화론적 시간 틀에 대한 인식 변화를 가져다 줄 수도 있을 것이다.

〈ICR News, 2009. 7. 24. http://www.creation.or.kr/library/itemview.asp?no=4683〉

미국 지질학협회지(GSA Bulletin)는 2007년을 충격으로 시작하고 있었
다. 과학 논문의 제목에 대해서 '쾅(bang)'과 같은 감탄사를 사용하는
것은 흔치 않은 일이다.

지구 역사에서 가장 초기 지층이 오늘날의 현대 지층이라는 연구결과
는 '쾅'이라는 표현을 사용할 만하다. "남아프리카 바버톤 녹옥 벨트의
함철석들은 시생대 열수공에서 만들어진 것이 아니라, 신생대 수문시
스템에 의해서 만들어졌다!" 이전에 바버톤 퇴적물에 대해 평가된 연
대는 약 35억5천만 년 전이었다. 신생대 홍적세 시기는 약 1천8백만
년 전으로 추정되고 있다. 새로운 연대는 이전에 추정하던 연대의 단
지 0.6%에 불과한 것이다.

천문학, 지질학, 그리고 진화생물학은 99% 이상이 틀렸을 수 있으면
서도 직장을 유지할 수 있는 몇몇 유일한 분야이다. 이들 암석들이 시
생대 암석이라고 주장했던 지질학자들은 어떤 책임을 질 것인가? 이들
은 오늘날의 연대측정 방법이 최종적인 권위를 가지도록 그 신뢰성에
보증을 했던 사람들이 아닌가? 지질학자와 진화론자들이 이들 암석들
을 가리키며, 고대 지구 행성에서 원시생명체가 어떻게 시작했는지 떠
들어댔던 이야기들을 기억해 보라. 그런데 이제 이들 암석들은 최근에
만들어졌고, 오늘날에도 만들어질 수 있다는 것이다! (이것은 또 하나의
'쾅'이다)

〈CEH, 2007. 1. 3. http://www.creation.or.kr/library/itemview.asp?no=3766〉

_04
석화는 단기간에도 일어날 수 있다 : 타라웨라의 공포의 밤

1886년 6월 10일 새벽 1시 40분, 뉴질랜드 북섬의 로토루아에서 29km 떨어져 있는 곳의 산꼭대기 하나가 화산 폭발로 날아갔다. 지금은 타라웨라 산(Mt. Tarawera)으로 알려진 그 산은 약 네 시간 동안 벌겋게 달은 용암, 진흙, 화산재, 연기 등을 분출하였는데, 갈라진 암석 틈을 따라 이것들은 폭 3km, 길이 19km로 흘러내렸다. 즉각적으로 화산 주변 지역들은 황폐화되었고, 인근 15,000km^2 지역은 여러 모양으로 영향을 받았다.

5시 30분경에 폭발은 멈추었으나, 화산재는 계속 떨어졌고, 산은 수 일 동안 계속 증기를 내뿜었다. 그 지역의 낮은 인구밀도로 인하여 사망자 수는 153명에 그쳤지만, 마오리족 마을 두 곳이 사라졌다. 또한 그곳에서 가까운 산의 서쪽 끝자락에는 세계적인 자연 경이 중 2개

테 와이로아 윗쪽 언덕에 있던 선교원의 화산폭발 후 모습.

매몰된 마을에서 나온 화석화된 모자.

가 있었는데, 그것은 유명한 핑크색과 흰색의 테라스(계단 모양을 이룬 경사지)였다.

테 와이로아의 북서쪽에는 산에 가까운 작은 마을이 있었다. 거기에는 교회, 학교, 두 개의 호텔이 있었는데, 이들 모두가 파괴되었다. 1886년의 테 와이로아는 '매몰된 마을'이 되고 말았다. 남아 있던 일부 건물들은 발굴되어서, 60년 동안 화산재에 파묻혀 있던 유물들이 한 작은 박물관에 전시되어 있다.

이 사진에서처럼 일부 유물들은 참으로 놀라웠다. 예를 들면, 지금은 돌처럼 굳어진 모자가 있다. 돌이 된 샌드위치, 석화된 밀가루 부대, 빵 속에 집어넣을 석화된 햄도

있다. 소시지처럼 보이는 것도 있다. 외관적으로 소시지처럼 보이지만, 그것은 아마도 어떤 약이나 연료인 것 같다. 이 모든 유물들은 화산폭발로 인하여 화산재에 파묻힌 결과로 석화된 것들이다.

최근에 이 화석화된 햄이 어떻게 된 것인지를 오클랜드 대학교의 물리학과에 문의한 결과, 회신을 받았다. 그 편지의 필자는 여러 가지 중에서 다음을 언급했다. "당신은 넓은 의미에서 '화석'이라는 용어를 사용하고 있지만, 햄을 화석이라고 부를 수는 없으며, 또한 그렇게 단시간에 석화될 수도 없다." 나는 왜 이 햄이 화석이 될 수 없는지를 문의했는데, 1974년판 미국지질연구소 발행의 「지질용어 사전」에 실린 다음의 정의를 소개받았다 :

“화석(fossil) : 1) 지구의 지각에서 자연적인 과정으로 보존된 동물 또는 식물의 잔류물이나 흔적. 단, 역사시대 이후에 매몰된 유기체는 제외. 2) 땅 속에서 발굴된 모든 것(폐기된 구식 정의).”

햄은 ‘역사 시대’에 석화되었으므로 첫 번째의 정의에 따라 화석이라고 불릴 수 없었다. 나는 서신을 통해 아무리 명성이 있는 사전에서 나왔더라도 그 정의에 반대했다.

첫째, 화석화(fossilization)는 여러 과정을 통하여 발생한다. 그 과정이 언제 그리고 얼마나 빨리 발생했느냐와는 무관하다. 중요한 것은 그러한 과정이 발생했다는 사실이다. 둘째, 그 정의는 역사상의 특정 견해, 즉, 진화론적 견해를 옹호하기 위하여 진화론 개념을 도입하고 있다. 창조론자는 ‘선사시대’라는 것은 없고 역사만이 존재한다고 보기 때문에(사람은 처음부터 있었다), 이 정의는 화석에 대한 창조론자들의 지식에 맞지 않는다. 만일 화석 여부가 창조론자의 견해처럼 그 생성 과정에 의하여 결정된다면, 화석에 붙여지는 진화론의 신비스러운 분위기의 대부분은 사라져버릴 것이다.

과정에 집중하게 되면 석화에 수백만 년이 걸린다고 말하는 것은 옳지 않다는 것을 알게 된다. 이 햄, 밀가루, 모자 등은 화석이 되는 데에 110년도 채 걸리지 않았다. 이것들은 석화되는 데에 아마 수일이나 수주일, 기껏해야 수 년밖에 걸리지 않았을 것이다. 최대 소요 시간은 이것들이 매몰되어 있었던 60년 정도일 것이다. 실제로 인근에 살았던 일부 마오리 사람들은 핑크색과 백색의 테라스 주위에서 관광업으로 돈을 벌었다. 그들은 단지의 물속에 여러 가지 물건들, 예컨대 모자를 석화시키기 위해 담가 두었다가 석화가 되면 그것들을 기념품으로 팔았다.

타라웨라 산은 화석화가 얼마나 빨리 발생할 수 있는지를 보여주는 증거판이며, 화석이라는 것을 '선사시대'의 것으로 보는 진화론적 개념이 현장증거와는 맞지 않는다는 또 하나의 사례인 것이다.

〈Renton Maclachlan, http://www.kacr.or.kr/library/itemview.asp?no=2354〉

*석화된 물레방아

호주 서부에 있는 케이프 루윈을 방문하는 여행자들은 이 물레방아를 보고 놀라게 된다. 이 물레방아는 65년보다 적은 기간에 단단한 암석으로 묻혀버렸다. 그러나 밤낮으로 떨어지는 흐르는 물에서 광물들이 상당 기간 동안 침전됨으로써 이와 같은 것이 만들어질 수 있었다. 물레방아를 가까이에서 보면 60년보다 적은 기간 안에 단단한 암석들이 형성되었음을 볼 수 있다. 연대가 알려지지 않은 자연 암석들의 경우, 이들이 형성되는 데에 수천 년, 심지어는 수백만 년이 걸렸다고 믿도록 사람들을 인도할 수 있다. 진화론의 교리는 대부분의 사람들에게 자연 세계의 실제 나이가 얼마인지에 대한 잘못된 생각을 심어 놓았다.

이와 같은 사실을 매우 특이한 사건으로 여기는 이유의 대부분은, 성경이 분명하게 가르치고 있는 최근의 창조와는 대립되는 진화론적 세계관이 만연해 있는 우리의 문화적 배경 때문이다. 이것은 사람들에게 무의식적으로 석화, 화석화, 종유석 등과 같은 지질학적 사건들을 생각할 때, 수백만 년이라는 용어들을 떠올리도록 하고 있다. 적절한 화학적 환경하에서 노아 홍수 이후 단지 수천 년이라는 기간은 수백만 년이 걸렸다고 믿어지고 있는 여러 지질학적 모습들을 설명하기에 충분한 기간이 될 수 있다.

〈Creation 1994. http://www.creation.or.kr/library/itemview.asp?no=2521〉

＊빠르게 암석이 되어 버린 자동차 열쇠

암석과 화석이 형성되는 데에 수십 수백만 년이 걸렸을 것으로 믿고 있는 어떤 사람을 당신이 알고 있다면, 여기서 제시한 예를 그에게 보여주며 그의 생각이 잘못되었을 수 있음을 지적해주기 바란다.

위의 사진은 미국 태평양 해안의 단단한 사암층 암석 내에서 발견된 자동차 열쇠 뭉치이다. 이 열쇠는 암석에 의해서 덮여 있었고, 미국 오리건의 해안에서 발견되었다. 이 암석화된 자동차 열쇠는 캘리포니아에 사는 대학 강사 니센에 의해서 제공되었는데, 지금은 샌디에이고에 있는 ICR의 창조박물관에 전시되어 있다.

〈http://www.creation.or.kr/library/itemview.asp?no=2518〉

_05
산호 시계는 믿을 수 없는 것임이 밝혀졌다

호주 퀸즈랜드 동쪽 연안의 아름다운 대보초(Great Barrier Reef)는 세계에서 가장 긴 산호초(coral reef)이다. 그것은 인근 파푸아 뉴기니에서 호주의 동부 해안에 걸쳐 무려 2,000km에 이르고 있다. 그러나 거대한 지역에 분포하고 있음에도 불구하고, 대보초는 가장 두꺼운 산호초가 아니다. 가장 두꺼운 것은 아마도 마셜제도의 에니웨톡 환초에 속하는 것이다. 이것은 해양저로부터 3km 정도로 솟아있는 사화산 화산추에 놓여 있는 살아 있는 암초이다. 시추에 의한 조사 결과 암초 물질은 대략 1,400m인 것으로 밝혀졌다. 일부 생물학자들은 거대한 산호초들은 10만년 이상 성장한 것이라고 말하면서, 세계가 단지 수천 년 정도라는 성경의 기록은 잘못된 것이라고 주장해 왔다.

그러나 많은 요소들이 산호초의 성장 속도에 영향을 미칠 수 있었다. 이제 카리브해 산호초에 대한 50년 간의 연구는 하나의 시계로서 산호의 성장을 사용하는 것이 불합리함을 보여주었다. 연구자들은 산호초의 전체 크기뿐만 아니라, 성장률을 측정함으로써 그와 같은 산호초가 형성되는 데에 얼마의 시간이 걸렸을지를 평가할 수 있었다. 이 자연 시계의 하나의 커다란 문제점은 산호 성장률은 일관성이 없을 뿐만 아니라, 많은 변수들에 의존하고 있다는 것이다.

산호초의 성장률은 영양분, 물리적 기후, 수온, 빛 침투(따라서 해저 깊이, 또는 해수면 변동), 기타 요인들에 의해서 변한다. 연산호는 석회암을 퇴적시키지 않는 부드러운 몸체를 가지고 있다. 그러나 경산호는 후속 세대가 계속 물질들을 증가시킨다면 암석 기록을 남겨놓을 수 있다. 그래서 경산호는 어떤 조건에서는 매우 빠르게 성장하고, 다른 조건에선 매우 느리게 성장하기 때문에, 산호초의 나이를 추정하는 데에 성장률을 적용하는 것은 전혀 신뢰할 수 없는 방법인 것이다.

1972년에 이루어진 산호초의 성장률에 관한 한 가설적인 대략적 평가는 매년 평방미터 당 1,000g 정도였다. 그러나 저자들은 수천년 전에 올라갔던 빠른 해수면 상승률은 아마도 훨씬 많은 산호 생산을 동반했을 것임을 인정했다.

미국 지질조사국의 연구원인 진 쉰은 1960년서부터 미국 플로리다주 키즈의 산호초 성장율을 측정하기 시작했다. 그는 살아있는 단단한 산호 안으로 스테인레스 스틸 막대기를 삽입하고, 수 년간에 걸쳐서 카리브해에서 사진을 찍었다. 2010년까지 촬영된 사진을 비교함으로써, 쉰은 50년 동안의 산호초 성장을 추적했다. 그는 1970년대 말에 시작된 질병이 산호들을 감소시켰고, 불행하게도 산호초의 성장과 구조는 오늘날까지 악화되고 있음을 발견했다. 따라서 질병은 산호초의 성장 속도를 변경시킬 수 있는 또 하나의 중요한 요소였던 것이다.

1980년에서 2010년 사이에 측정된 산호초 성장률 제로를 적용한

다면, 산호초는 성장에 무한한 시간을 필요로 한다고 평가할 수도
있을 것이다. 한편 질병이 없고, 약간의 따뜻한 수온과, 산호에 빛이
도달되면서 점진적으로 대양저가 가라앉는다면, 산호들은 극도로
빠르게 성장할 수도 있다.

1961년에 존 위트콤과 헨리 모리스는 5년 동안에 산호초가 20cm
성장했다는 연구를 인용하면서, 이것을 언급했었다. "이러한 성장률
은 노아 홍수 이후 수천 년 동안에 전 세계에 있는 두터운 산호초의
대부분을 설명할 수 있다"고 썼다.

자연의 시계로 사용되는 다른 과정들과 마찬가지로, 한 과정이 시
계로 사용되려면 역사를 통해서 항상 일정한 율로 진행되었을 것이
라는 가정을 해야만 한다. 하지만 하나의 자연 시계로서 산호초를
사용하게 될 때, 그들의 성장 속도는 항상 일정하지 않다는 것이 입
증된 것이다. 그러므로 산호초 시계는 성경적 젊은 연대에 도전이
되지 않는다.

⟨ICR News, 2011. 1. 28. http://www.creation.or.kr/library/itemview.asp?no=4989⟩

*신발 위의 산호

찰스 다윈은 남쪽 바다에서 1,000m 두께 이상의 산호 환초들을 관찰
했다. 그는 이것이 수백만 년이 경과한 것이 틀림없음을 증명했다고
생각했다, 따라서 성경의 시간 틀은 틀렸음이 분명하다고 생각했다.
그는 산호의 성장은 믿을 수 없을 정도로 천천히 자란다고 주장했다.

그러나 이 놀라운 사진이 보여주는 것
처럼, 그는 실수를 했던 것이다. 현대
인의 신발에 견고히 부착되어 자라고
있는 이 산호는 필리핀 군도에 있는 세
부와 보홀 사이에서 발견되었다. 그것
은 1992년 가을, 독일 바첸쉬드에서 개최된 국제 조개수집가 박람회
에서 전시되었다. 그곳에서 이 산호는 요아킴 쉐븐 박사의 시선을 끌
었고, 그는 친절하게 이 사진을 제공해 주었다. 이 산호 신발의 주인은
한 대학 교수가 그 신발은 기껏해야 4년 이상 될 수 없는 것이라고 평
가했다고, 쉐븐 박사에게 말해 주었다.

〈Creation 16(3):15, http://www.kacr.or.kr/library/itemview.asp?no=3432〉

06

종유석과 석순은 빠르게 만들어진다

우리는 석회동굴의 천장에서 종유석이라고 불리는 아름다운 '돌고드름'이 매달려 있는 것을 볼 수 있다. 동굴 바닥에서 자라서 올라오고 있는 형태는 석순이라고 불린다. 그들이 만났을 때, 연결된 쌍은 기둥이 된다. 석회동굴 벽이나 바닥에 종이처럼 층을 이룬 퇴적은 유석이라고 불려진다.

비록 이런 환상적인 모습들은 지하수의 작용에 의해서 아마도 수십만 년 동안은 진행되었을 것이라고 일반적으로 생각하지만, 그들은 어떠한 상황하에서 빠르게 형성될 수 있다는 많은 증거들이 나타나고 있다. 예를 들어 미국 앨라배마 벨리헤드에 있는 세쿼야 동굴에서 종유석은 매우 빠르게 형성되었음이 밝혀졌다.

동굴 관리자인 클락 바이어는 1977년 4월, 관광객들이 종유석을 꺾는 것을 방지하기 위해서 몇몇 종유석 앞에 투명한 플라스틱의 판을 고정시켜 놓았다. 불과 10년 만에 종유석은 25cm(1년에 2.5cm)가 자라났다. 석회동굴의 천장에는 동물들의 발자국들을 볼 수 있었고, 많은 바다생물체들의 화석들이 있었으며, 닭처럼 보이는 조류 화석도 있었다. 1985년 인터뷰에서 동굴관리인 바이어는 이러한 화

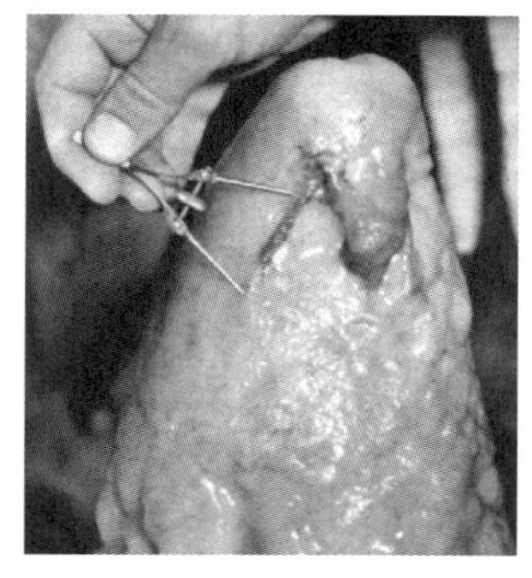

석들은 노아 홍수의 결과로서 믿고 있다는 사실을 털어 놓았다. 그러면 얼마나 빨리 종유석과 석순은 형성될 수 있을까?

1953년 10월에, 내쇼날 지오그래픽스는 유명한 뉴멕시코의 칼스바드 동굴에서 석순 위에 떨어져 묻혀있는 박쥐의 사진을 출판했다. 그 석순은 너무도 빨리 자라서 박쥐가 부패되기도 전에 보존될 수 있었다.

1954년 호주의 뉴사우스 웨일즈에 있는 제노란 석회동굴들에는, 계속적으로 자라나는 '바알의 신전'이라는 한 종유석 아래에 레몬쥬스 병이 놓여 있었다. 33년이 지난 후 3mm 두께로 방해석의 코팅이 형성되었다.

1968년 2월, 워싱턴 주의 링컨 기념관 밑의 지하 천장에 여러 종유석들이 자라 있는 것이 발견되어 사진으로 촬영되었다. 종유석들 중에 몇몇은 1923년 이 기념관이 세워진 후 45년 만에 1.5m로 자라 있었던 것이다.

오늘날 많은 석회동굴에서 종유석과 석순의 성장 속도는 매우 느리다. 그러나 오늘날 매우 느리게 자라는 그런 동굴에서조차도 과거에도 항상 이러한 느린 속도로 자라왔었는지는 보장할 수 없다. 열대지역에서의 석회동굴과 종유석의 형성은 1년 강우량이 매우 많기 때문에 다른 지역에서 보다 훨씬 빠르다. 그러나 과거 강우량에 대한 것이 알려져 있지 않을 뿐만 아니라, 많은 다른 요소들이 종유석의 성장속도에 영향을 끼친다.

종유석은 빨리 성장할 수 있고, 성장한다. 미국 필라델피아 템플 대학의 앤더슨 홀과 글래드펠터 홀 사이의 시멘트 벽 사이에서 종유

미국 인디아나주의 조지 로저스 클라크 기념관 지하실에 생겨난 종유석.

석이 자라났다. 종유석 아래에는 몇몇 석순들이 생성되고 있었다. 비록 수 cm의 높이였지만, 그들 모두는 1973년 5월 글래드펠터 홀의 콘크리트 복도가 건축된 이후에 형성된 것이다.

필라델피아에는 많은 다리 밑에 종유석들이 자라있었다. 어떤 것들은 30cm 길이나 되었으며, 많은 작은 종유석들이 만들어지고 있었다. 필라델피아 시와 철도 회사에 의해서 1931년에 놓여진 다리에 형성되어 있는 종유석들의 나이는 56년보다 적다.

오늘날 빠르게 자라고 있는 종유석들의 증거들을 살펴볼 때에, 전 세계적으로 분포하는 아름다운 석회동굴들은 수십 수백만 년의 오랜 세월 동안에 형성되지 않았을 수도 있다는 결론에 도달하게 된다. 이러한 장엄한 종유석들의 형성은 단지 수천 년 동안에 빠르게 형성될 수 있었다는 것이다. 이것은 석회동굴들과 종유석들이 전 세계적인 노아의 홍수 기간 동안과 홍수 이후 형성되었다는 연대 틀과 일치한다.

⟨Stephen Meyers, http://www.creation.or.kr/library/itemview.asp?no=757⟩

_07
건열은 모두 대기 중 노출된 한발의 증거인가?

일부 사람들은 전 세계적인 홍수에 있어서 하나의 심각한 문제가 있는데, 그것은 '건열(mud cracks)'이라고 주장하고 있다. 말라버린(또는 건조된) 진흙 웅덩이에서 진흙들이 갈라져 있는 현상들이 자주 목격된다. 그러나 홍수에 의한 퇴적지층으로 해석되는 퇴적암에서 건열이 발견되고 있다는 것을 알고 있는가? 그렇다면 홍수 동안에 한발(가뭄)이 있었다는 것인가? 전 지구적 홍수였던 노아 홍수를 조롱하며 오래된 지구 연대를 주장하는 사람들은 퇴적층 중간에 있는 이러한 건열들은 대기 중에 노출된 증거이며, 따라서 대기 중에 노출되기 위해서는 융기가 일어났고, 건조되어 갈라졌고, 다시 침강되어 그 위로 지층이 쌓였기 때문에, 이것은 한 번의 홍수로 만들어질 수 없는 것이며, 장구한 세월이 흘렀음을 입증하는 증거라는 것이다.

진흙은 아이들이 가지고 놀기를 좋아하는 축축하고 질퍽한 재료이다. 지질학자는 그것을 "반유동적이거나 부드럽고 유연한 물, 미사, 점토의 혼합체"로서 정의하고 있다. 진흙이 이암으로 변화되는 것은 먼저 물을 잃어버리는 것에서부터 시작한다. 물을 잃어버리는 것은 수축균열(shrinkage cracks)을 초래한다. 진흙으로부터 물의 배제는 사실 지표면 아래 유체의 이동사를 추적하는 석유탐사자들에게는 매우 흥미로운 문제이다. 거기에는 이해되지 않는 많은 과정들이 있다. 진흙이 물을 잃어버림으로써 생기는 균열은 적어도 3종류의 상황에서 발생할 수 있다.

1. 지표면의 대기 중 노출에 의한 진흙의 갈라짐　이것들은 마른 진흙 웅덩이에서 흔히 볼 수 있는 균열들이다. 그것들은 '건조 균열'이라고 불려진다. 수축은 대기 중으로 물이 증발됨으로써 발생한다. 그 결과로 발생한 균열들은 자주 다각형의 패턴(다각형 크기가 300m에 이를 수도 있다)을 형성하고, 전형적으로 V자 형태의 측면(15m 깊이에 이를 수도 있다)을 나타낸다.

2. 물속에서 형성된 진흙의 갈라짐　이액현상은 겔로부터 액체가 분리되는 것을 설명하기 위해서 화학자들이 사용하는 용어이다. 진흙이 물을 잃어버리는 과정의 중요성은 70년 이상 동안 지질학자들에게 알려져 있었다. '수중 건열'은 일부 호수나 침전 연못의 진흙 바닥, 그리고 바하마 제도의 얕은 바다 아래의 석회이토 등에서 형성되는 것으로 알려져 있다. 물의 잃어버림은 삼투압에 의해서 일어난다. 그래서 그것은 특별히 염호에서 발생하는 것으로 알려져 있다(소금물에 오랫동안 당신의 손을 담근다면, 같은 종류의 균열을 얻을 수 있을 것이다).

3. 퇴적되는 동안에 지층 사이에서 형성된 진흙의 갈라짐　이런 종류의 균열은 진흙이 퇴적되는 상태 동안에 물을 잃어버릴 때 발생된

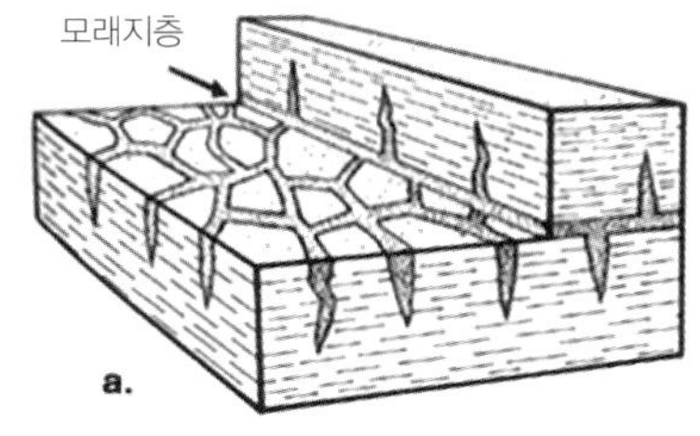

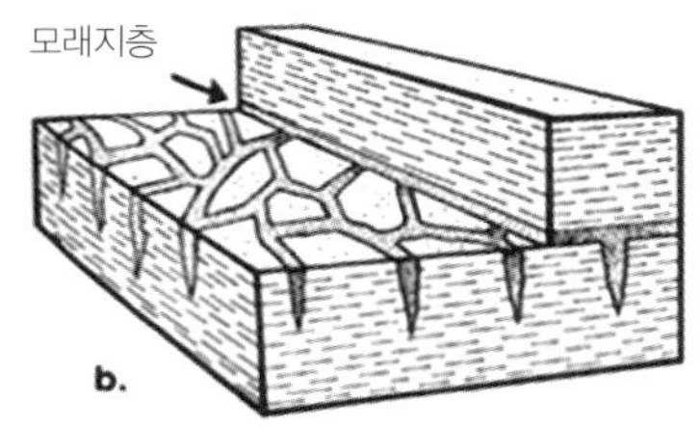

▶ 수축균열을 보여주는 그림. 점토가 풍부한 지층에 나있는 균열 안으로 사암 또는 미사층이 끼어 들어가 있다. a. 그랜드 캐년 허밋층에서 발견되는 수축균열은 윗쪽과 아래쪽이 함께 일어나 있다. 이것은 수축균열이 이액현상(syneresis)의 과정으로서 건조에 의해서 일어나지 않았음을 증명하고 있는 것이다. b. 만약 점토가 풍부한 지층이 퇴적되고, 그 위로 사암 또는 미사층이 퇴적되기 전에 건조가 일어났다면, 허밋층에서는 오직 아래 방향으로만 나 있는 균열이 기대될 것이다.

다. 물은 위로 점차적으로 쌓이는 진흙층에 의해서 압력을 받을 수 있으며, 지진 등과 같은 것에 의해서 갑자기 제거될 수 있다. 그 결과 균열들은 다각형의 패턴(위로부터 노출되었을 때)을 형성하는 경향이 있고, 렌즈모양 또는 옆에서 볼 때 직선적 측면을 가지고, 위와 아래로 함께 관통될 수 있다. 지층 중간에 형성된 균열들은 그랜드 캐년의 허밋 셰일층과 하카타이 셰일층의 다양한 높이에서 확인되고 있다.

진흙의 갈라짐(건열, 수축균열)들은 다양한 환경에서 형성될 수 있으며, 그러한 환경들을 구별하는 것은 좀처럼 쉽지 않다. 고대 지층들에 나 있는 균열들이 퇴적지층 중간에서, 그리고 물속에서 형성될 수 있음에도, 모두 대기 중의 건조에 의해서 형성되었을 것이라고 가정하는 것은 엄청난 오류이다. 수축균열들은 홍수 동안에 '한발(가뭄)'이 있었다는 어떠한 증거도 제공하지 않는다.

〈William Hoesch, http://www.creation.or.kr/library/itemview.asp?no=3701〉

_08
나이아가라 폭포의 잘못된 연대측정

　장엄한 나이아가라 폭포만큼 감동을 일으키는 자연의 경이도 드
물다. 섬에 의해서 미국과 캐나다 폭포로 나눠져 있음에도, 그 엄청
난 크기는 관광하는 사람을 왜소하게 만들어 버린다. 폭포로부터 강
을 따라 나 있는 나이아가라 협곡(Niagara Gorge)은 엄청난 침식력의
증거를 보여주고 있다. 아무 것도 그것을 막을 수 없다. 그러나 노아
홍수는 나이아가라 폭포를 천 배나 곱한 것과 같았을 것이다. 여기
에서는 무엇이 나이아가라 폭포를 형성했으며, 얼마나 오래 되었는
지, 그리고 그것은 대홍수의 흔적인지, 또는 오랜 시간을 필요로 했

던 것인지를 살펴볼 것이다.

연대측정 방법론

지구 지형의 연대를 측정하는 방법을 검토해 보자. 명백히, 기록되어 있는 인간 역사 내에서 형성된 지형들만 절대적인 정확성을 가지고 연대가 추정될 수 있다. 그러나 심지어 이것조차도 관찰자의 신뢰성과 기록의 확실한 출처에 의존한다. 다른 알려지지 않은 기원의 지형들인 경우, 다음과 같은 방법이 적용될 수 있다.

1) 그 지형의 현재 상태를 관찰한다.
2) 현재 그러한 지형을 형성하고 있는 지질작용 속도를 측정한다.
3) 관찰되지 않은 과거에 대해 어떤 것들을 가정한다.
4) 관찰된 속도(또는 추정되는 다양한 속도)를 적용하여, 현재 상태로 되는데 그 지질작용이 얼마나 오랫동안 걸렸을 것인지를 계산한다.

관 찰

나이아가라 강은 이리호에서 북쪽으로 1.6km(1마일)당 약 30cm 정도씩 낮아지며, 약 24km 정도를 다소 고요한 경로를 따라 온화하게 흐른다. 그 다음 강물은 거칠게 거품을 일으키면서 대략 1마일의 급류로 들어서게 된다. 420m 폭의 캐나다 쪽과 300m 폭의 미국 쪽으로 나뉘어지면서, 그것들은 갑자기 아래에 있는 바위를 향해 55m

를 사납게 떨어진다.

강은 약 180~360m 폭으로 60~90m 높이의 절벽을 가진 협곡들을 통해 계속해서 흐른다. 강물은 퀸스톤 시까지 11.2km 정도를 수많은 급류로 빠르게 흐르다가, 거기서 갑자기 꽤 평편한 대지 위를 흐르게 된다. 여기서 약 12.8km 정도를 고요히 흘러가다가 1.2m 아래로 떨어지면서 온타리오 호수로 들어간다.

퀸스톤에서는 강 어느 쪽에서든지 협곡의 끝이었음을 지시하는 가파른 절벽을 볼 수 있다. 폭포가 예전에는 여기에 있었다가, 침식으로 11km 정도 협곡의 상류 쪽으로 움직여 현재 위치에 도달하게 되었다는 강한 인상을 받게 된다. 실제로, 폭포는 오늘날 상류 쪽에 계속해서 침식을 일으키고 있다. 만일 현재 과정이 계속된다면, 결국 폭포는 이리 호수에 이를 것이다.

현재 관찰되는 것

나이아가라 폭포의 절벽은 꽤 단단해서 침식에 강한 록포트 돌로마이트(백운암)로 구성되어 있다. 돌로마이트 아래에는 침식에 덜 강한 로체스터 셰일이 놓여 있다. 위에서 세게 내리치는 폭포수는 부서지기 쉬운 돌로마이트의 아래 부분을 깎아내면서 셰일을 침식한 후, 결국엔 폭포 전면에 거대한 암괴를 남겨두게 된다. 그리고 동결-융해의 순환으로 돌로마이트 암괴의 균열이 넓어지면서 큰 충격을 일으키며 떨어진다. 최근의 공학적 노력으로 그것을 안정시켰지만, 여전히 매년 조금씩 떨어진다.

폭포의 평균 침식률은 오늘날 측정될 수 있다. 이 측정은 1800년

중엽 이후 계속되어 왔으며, 매년 평균 약 1.2~1.5m이다.

퀸스톤에서 폭포까지 관측된 거리는 약 11.2km이다. 만일 매년 1.2~1.5m라는 관측된 침식률이 관측되지 않은 과거 동안에도 내내 동일했다고 가정하면, 그 협곡이 침식되는 데 약 7,000~9,000년이 걸렸을 것이다. 그러나 그 침식률은 일정했을까?

동일과정설 대 격변설

관측되지 않은 과거 동안 내내 일정한 속도를 가정하는 것은 "현재는 과거의 열쇠다"라는 동일과정설의 원리라는 것을 우리는 알고 있다. 우리로 하여금 더 나은 추정치를 만들 수 있도록 하는 과거의 신뢰할 수 있는 목격자가 남겨놓은 정확한 기록을 가지고 있지 않다면, 그러한 가정은 합리적인 첫 번째 추측일지도 모른다. 인간의 관측과 성경에 설명되어 있는 창세기 홍수는 둘 다 바로 그러한 기록을 제공하고 있다.

그와 같은 대홍수는 어떤 장소에 있는 방대한 양의 퇴적물을 침식해서 다른 곳에 퇴적했을 것이다. 이 퇴적암에는 셀 수 없이 많은 바다생물 화석들을 포함한 채, 현재 노출되어 있는 넓은 지역의 대륙에 퇴적되었을 것이다. 그런 전형적인 퇴적암으로 록포트 돌로마이트(백운암)와 로체스터 세일이 될 수 있다.

지구가 균형을 되찾기 위해 애씀에 따라, 대홍수 후에 작은 격변들이 몇백 년 동안 뒤따랐을 것이다. 만일 그 이야기에 기초한 우리의 추론이 옳다면, 광대한 빙상이 북쪽 위도, 특히 캐나다에 형성되었을 것이고, 그것들이 움직임에 따라 꽤 새로운 퇴적물 속에 함몰

지가 파였을 것이다. 그것들이 녹았을 때, 이리 호와 온타리오 호를 포함한 많은 호수들이 남게 되었을 것이다. 강들은 광범한 지역에서 '빙하기'의 녹은 물(융설빙수)과 빗물을 운반하면서 범람했을 것이다. 아직 완전히 굳어지지 않았을지도 모르는 퇴적지층에 넘쳐흐른 엄청난 양의 물로 말미암아, 1년에 1.2~1.5m라는 오늘날의 침식률보다 훨씬 높은 침식률을 보였을 것이고, 협곡은 7000~9000년보다 오래되지 않았을 수 있다. 이러한 줄어든 연대는 대홍수의 발생과 후발 격변들에 대한 성경적 시점와 모순이 없으며 전적으로 그것을 지지한다.

동일과정설의 아버지

동일과정설을 처음으로 대중화한 사람으로 알려져 있는 찰스 라이엘 경은 1841년과 1842년에 나이아가라 폭포를 방문했다. 그는 모든 지질학적 상황에 동일과정설을 적용하려는 시도로 1833년에 「지질학의 원리」라는 그의 기념비적인 저서를 출판했었다. 그 다음 해에, 그는 전 세계를 여행하면서, 그의 혁명적인 이론을 뒷받침할 증거를 찾으려고 노력하고 있었다.

나이아가라 폭포는 그 당시에 꽤 멀리 떨어져 있었다. 그래서 그 곳에 가 본 적이 있는 사람은 거의 없었고, 어떤 학술적인 관찰도 이루어지지 않았었다. 길고 좁은 계곡과 뒤로 물러나고 있는 폭포로 말미암아, 그는 오랜 연대를 강화시키는 데 사용할 증거를 발견했다. 그의 기술은 1842년 이후에 출판된 「지질학의 원리」의 여러 판들에 나타나 있었다.

라이엘은 지질학이라는 분야에서 어떠한 훈련도 받지 않은 풋내기였으나, 법률가로서 그는 신중한 관찰자였다. 라이엘은 나이아가라에서 멀리 떨어져 있는 그 지역의 소수 거주민들을 방문하여 의견을 들었는데, 그는 다음과 같이 진술했다:

"1829년에 나이아가라 폭포를 방문한 베크웰 씨는 그곳에 정착해서 40년간 살면서 폭포를 관찰하며 처음으로 침식률을 계산하려고 시도했는데, 그 기간 동안 폭포는 매년 약 0.9m씩 뒤로 물러났다는 것이었다. 하지만, 1841~42년에 내가 그곳을 방문하는 동안, 할 수 있는 가장 주의 깊은 질문들을 물어보고 난 후, 나는 1년에 평균 0.3m 정도의 후퇴율이 더 가능성 있는 추정일 것이라는 결론에 도달했다. 이 경우라면 퀸스톤부터 현재 자리까지 폭포가 후퇴하는 데 3만5000년은 걸렸을 것이다." (「지질학의 원리」, 제9판, 1859, p.217)

라이엘은 1년에 0.9m라는 목격자의 관찰을 왜 거절했는지, 그리고 어떻게 1년에 0.3m라는 측정치를 그가 얻었는지를 상세히 설명하지 않았다. 하지만 라이엘의 방문 이후 수십 년간 주의 깊게 측정된 나이아가라 폭포의 침식률은 1년에 1.2~1.5m였다. 그리고 과거에는 훨씬 더 컸을 것이다. 우리가 알고 있는 것은 라이엘의 잘못된 추론이 지질학 전 분야에 충격을 주었다는 것이다. 또한 우리는 라이엘의 책이 찰스 다윈의 사고에 중추적인 역할을 했다는 것과, 다윈이 그의 진화론을 완성하는 데 있어서 라이엘은 다윈을 교육하고 지지하며 자극했다는 것을 알아야 한다.

성경적 연대기에서 노아의 홍수 이후 35,000년은 허용될 수 없기 때문에, 나이아가라 폭포에서의 라이엘의 작업은 성경말씀에 의문을 불러일으키도록 한 그의 주된 목표를 달성했던 것이다. 그리고 만일 창세기가 틀린다면, 다른 부분을 어떻게 신뢰할 수 있겠는가?

세계관으로서의 동일과정설

그것은 거기에서 끝나지 않았다. 동일과정설은 일반적으로 과학의 많은 영역에서 그리고 삶 전반에 걸쳐 사고하는 방식이 되었다. 생물학적 진화론이라는 개념은 단지 우리가 생물체 내에서 보는 작은 변이들에 대한 근거 없는 외삽일 뿐이다.

그렇게 하기 위해서, 진화론자들은 또한 관측되는 격변적 변화의 모습들을 무시해야만 했다. 그래서 동일과정설은 논지를 입증하기 위해서 자료를 조작하는 사이비 과학의 방식이 되었던 것이다. 동일과정설의 기본적인 주장은 지금 일어나는 일들의 종류와 속도에 비해 극적으로 다른 일들은 결코 일어난 적이 없었을 뿐만 아니라, 앞으로도 결코 일어나지 않을 것이라는 것이다. 더 깊은 단계에서, 동일과정설은 초자연적 현상이나, 오늘날의 것과는 많이 다른 과거나 미래에 일어났을 가능성 있는 일들은 철저히 부정하고 있는 것이다. 요컨대, 동일과정설은 과학이라는 미명하에 강의실, 박물관, 언론매체, 학술회의장, 입법회의, 법정을 지배하는 자연주의라는 종교인 것이다.

동일과정설의 등장에 대한 예언

성경의 저자는 이렇게 잘못된 철학이 마지막 때에 나타날 것이라는 것을 알고 있었다.

"먼저 이것을 알지니 말세에 조롱하는 자들이 와서 자기의 정욕을 따라 행하며 조롱하여 이르되 주께서 강림하신다는 약속이 어디 있느냐 조상들이 잔 후로부터 만물이 처음 창조될 때와 같이 그냥 있다 하니 이는 하늘이 옛적부터 있는 것과 땅이 물에서 나와 물로 성립된 것도 하나님의 말씀으로 된 것을 그들이 일부러 잊으려 함이로다 이로 말미암아 그 때에 세상은 물이 넘침으로 멸망하였으되" (벧후 3:3∼6).

훗날에 조롱하는 자들은 그리스도의 예언된 강림을 부정하며, 하나님의 말씀으로 만물이 초자연적으로 창조되었음과, 그때 세상은 물의 넘침으로 멸망했다는 사실을 일부러 잊으려 한다는 것이다. 동일과정설에 대한 그들의 신조는 우주와 그 속에 있는 생명체들의 기원에 대해, "만물이 처음 창조될 때와 같이 그냥 있다"라고 말함으로써 드러난다.

과학의 한 해석 방식인 동일과정설은 나이아가라 폭포를 설명하지 못했고, 적용될 때마다 실패하고 있다. 하지만 그것은 초자연적인 하나님과 그의 말씀으로부터 사람들을 멀어지게 하는 것에 있어서는 굉장히 성공적이었다.

〈John D. Morris, http://www.creation.or.kr/library/itemview.asp?no=1528〉

09

사라지고 있는 해안선들 :
빠른 침식은 젊은 세계를 가리킨다

마크와 루이스 부부는 1996년에 영국의 비치 헤드에 있는 역사적인 Belle Tout 등대를 매입했다. 그 등대는 해안선을 따라 90km 동쪽에 있는 도버의 백색절벽과 마찬가지로 절경을 이루고 있는 100m 높이의 백악절벽 옆에 위치해 있으므로, 그들은 그것을 숙박 및 아침 식사를 제공하는 민박집으로 개조하였다. 선택받은 손님들은 바위 탑의 꼭대기에서 밤을 보내고 일몰을 구경할 수 있었다.

1998년 말 그 절벽의 커다란 바위들이 영국해협으로 무너져 내렸을 때, 그들의 꿈은 악몽으로 변했다. 그 부부는 가장자리로부터 단지 3m 지점에 위태롭게 걸쳐져 있는 그들의 집을 버리고 한 밤중에 도망쳐 나왔다. 4달 후에 기술자들이 그 집을 육지 쪽으로 17m 이동시켜 구조물을 안전하게 고쳤다. 그러나 그들은 몇십 년 후에는 그 집을 다시 옮길 필요가 생길지도 모르겠다고 경고했다. 마크와 루이스 부부는 그 절벽들이 얼마나 빠르게 침식되는지를 인식하지 못했던 것이다.

1832년에 Belle Tout 등대는 절벽 가장자리에서 약 30m 지점에 세워졌다. 등대의 위치는 항해자들이 해안에 너무 가까이 접근했을 경우 불빛이 절벽 뒤로 사라지지 않도록 설정되었다. 바다는 매 6년마다 평균 1m의 절벽을 침식시켰다. 실제로 침식작용은 풀과 관목들과 나무들이 자라지 못하게 막음으로써, 절벽을 늘 하얗게 유지하도록 하였다. 빠른 침식을 인식하지 못했던 것은 이들 부부 혼자만이 아니었다. 대부분의 사람들도 육지가 얼마나 빠르게 깊은 바다로 사라지고 있는지 그 침식의 심각성을 인식하지 못하고 있었다. 영국의 해안 지방에 있는 전체 마을들이 사라져 왔었고, 지역 사람들은 집들이 절벽 가장자리에 대롱대롱 걸쳐 있는 것을 보곤 했다.

전통적인 주류 지질학자들은 도버 해협의 백색절벽은 6천5백만 년 전에 끝난 백악기 동안에 잘게 부서진 수십억 개의 조개들이 퇴적되어 형성된 것이라고 말한다. 단순한 계산을 해보는 것이 교육적이다. 만일 절벽들이 6년마다 1m씩 침식되고 있다면, 6천만 년 동안 10,000km(10,000,000m) 이상의 해안선이 침식되어 없어졌을 것이다. 그 거리는 런던에서 케이프타운까지, 또는 LA에서 호주의 시드니까지와 맞먹는 거리이다.

사람들은 수백 수천만 년이라는 연대를 매우 쉽게 말한다. 그러한 장구한 연대를 말하는 데 아무런 거리낌이 없다. 그러나 상상할 수조차 없는 이들 장구한 시간에 대해 생각해볼 때, 그러한 시간은 우리들이 관측하고 있는 사실들과 적합하지 않음을 발견할 수 있다. 전 세계 모든 해안선들에서 관측되고 있는 침식률은 수백만 년이라는 생각과 부합되지 않는다. 성경에 의하면, 전 지구적 홍수가 약 4,500년 전에 있었다. 따라서 그러한 침식들은 단지 수천 년 동안 진행되어오고 있었던 것이고, 관측 사실들은 그것과 정확히 일치한다.

*영국 요크셔 해안의 침식률

로마시대 이래로 바다는 영국의 험버사이드 주의 많은 마을들을 파괴하면서, 영국 중동부 해안의 약 3km를 침식해왔다. 매년 평균 약 1.5m의 육지가 사라진다. 이런 침식률이라면, 1백만 년 동안에 1,500km의 침식이 일어났을 것이고, 이 길이는 영국과 아일랜드의 전체 폭보다도 더 길다. 따라서 이 침식률은 그런 오랜 시간 동안 진행되지 않았다. 해안의 침식은 수백만 년이라는 시간과 조화되지 않는다. 오히려 그 침식률은 대략 4,500년 전에 끝났던 성경적 노아 홍수의 시간 틀과 조화된다.

*호주 12사도들이 주는 메시지

1990년 1월에 호주 빅토리아 주 남쪽 해안가에 있는 한 관광지가 사전 경고도 없이 무너졌다. 런던 브리지라고 불리던 더블 아치의 돌다리가 두 사람이 건넌 후 수 초 만에 붕괴되었던 것이다. 그들은 바다 위에 남은 바위 위에 갇히게 되었다. 그들은 헬리콥터로 구출되었다.
2005년 7월, 같은 지역에서 또 다른 기암괴석의 붕괴 사고가 호주 국민들의 관심을 사로잡았다. '12 사도들(Twelve Apostles)'이라고 불렸던 유명한 암석 기둥들 중 하나가 또 다시 붕괴되어 포말의 파도 속으로 사라져버렸던 것이다. 이제 그곳에는 8개의 우뚝 선 암석 기둥들만 남게

되었다. 사람들은 그 해안은 2천만 년 전에 형성되기 시작했다는 말을 들어왔다. 그래서 사람들은 그러한 절경을 이루는 암석 기둥들이 극적으로 사라지는 것을 보면서 놀라는 것이다. 한 관리인은 자기 평생에 그러한 암석 기둥의 붕괴가 일어날 줄은 상상도 못했다고 말했다.

〈Tas Walker, http://www.creation.or.kr/library/itemview.asp?no=4313〉

*370만 년 됐다는 라에톨리 발자국이 사라질 위기에 처해 있다

30년 만에 침식되어 사라지려고 하는 발자국들이 370만 년 된 것이라고 말해질 수 있을까? News&Nature 지(2008. 1. 9)는 루시(Lucy)의 발자국들로 말해지는 유명한 라에톨리 발자국(Laetoli footprints)들이 풍화, 침식, 식물, 소, 사람들에 의해서 파괴될 위험에 놓여 있다고 보도했다. 탄자니아의 응고롱고로 국립공원에서 자동차로 여러 시간을 달려야만 도착할 수 있는 곳에 있음에도 불구하고, 그리고 1995년에 설치된 보호막으로 덮여 있음에도 불구하고, 그 발자국들은 곧 사라지게 될 것이라는 것이다. 수백만 년 동안 보존되어 오던 발자국이, 이제 겨우 30년 만에 사라질 위험에 처했다고? 뭔가 이상하지 않은가? 진화론자들의 이야기를 조금만 생각해 보라!

〈CEH, 2008. 1. 13. http://www.creation.or.kr/library/itemview.asp?no=4144〉

V | 젊은 태양계와 젊은 우주의 증거들

뜨거운 용암을 분출하고 있는 목성의 위성 이오

태양계에서 가장 활발한 화산활동을 하고 있는 천체는 이오(Io)라는 이름의 목성의 한 작은 위성이다. 이 위성은 적도지방에서 극지방까지 알려진 것들 중에서 가장 뜨거운 용암을 뿜어내고 있는 중이다. 이 작은 천체가 그토록 맹렬한 화산활동을 할 수 있다는 것은 우주의 나이를 수십억 년으로 추정하고 있는 진화론적 가설에서는 하나의 커다란 미스터리이다.

1979년 보이저 1호 우주선이 이오의 가장자리에서 한 화산 기둥이 뿜어져 나오는 영상을 전송해 왔을 때, 제트 추진 실험실의 과학자들은 깜짝 놀랐다. 이 화산 분출들은 이후 28년 동안 중단되지 않았다. 충돌 크레이터들의 흔적이 없는 이오의 피자 같은 표면은 이들 화산활동이 매우 오랜 기간 동안 지속되어 왔었음을 가리키고 있었다. 그 위

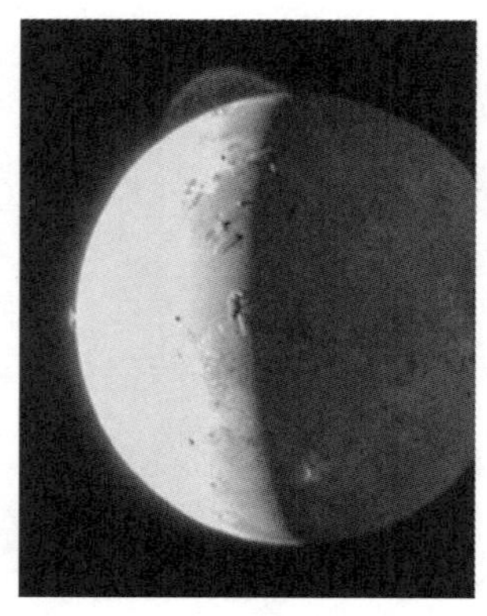

화산 3곳이 폭발하는 장면이 포착된 목성의 위성 이오(Io). 가장 큰 화산 분출 기둥은 높이가 320km나 되었다.

성의 모든 지표면들은 화산 분출물들에 의해서 재포장되었다. 비교를 위해서, 이오의 표면은 옐로스톤의 화산 분지보다 5배 더 많은 에너지인 평방미터당 13.7와트의 에너지를 분출하고 있다.

2007년 3월 1일 뉴 호리즌스 우주선이 이오를 지나갔을 때, 우주선은 이오의 북극 근처에서 320km 높이로 분수처럼 분출하고 있는 한 화산기둥을 촬영하였다. 이 지역은 1999년 갈릴레오 우주선이 촬영했을 때, 한 밝은 용암 샘을 자랑했었던 곳이었다. 이제 그 8년 후에 그 용암 호수는 한 밝은 점으로 보일 수 있게 되었다. 갈릴레오 우주선은 595km 높이의 한 분출 기둥을 관측했었다. 이 분출로부터 물질들은 목성 주변에 거대한 도넛 모양의 고리, 또는 원환체를 형성하고 있었다. 이 작은 위성은 로키와 히말라야 산맥에 버금가는 산맥들을 가지고 있었다.

용암 스펙트럼은 그들이 지구 용암(1200°K)보다 훨씬 더 뜨겁다는 것을(2000°K) 보여주었다. 이들 고도의 철분함유 용암은 무거운 원소인 철분과 마그네슘을 함유하고 있었다. 만약 이오가 주장되는 것처럼 수십억 년이 되었다면, 가장 무거운 원소들은 관통할 수 없는 50km 두께의 가벼운 지각을 남기고 중심부로 가라앉았어야만 한다. 그러나 내부 안쪽이 연약하다면, 높은 산맥들은 지지될 수 없을 것이다. 그리고 그러한 엄청난 열은 도대체 어떻게 만들어지고 있는 것인가?

통상적인 설명에 의하면, 이오는 목성과 이웃 위성인 유로파의 중력에 의해서 압착된다는 것이다. 그러나 계산에 의하면, 조석에너지는 너무도 작아서 관측되는 열 흐름을 만들 수 없음이 밝혀졌다. 이카루스(Icarus) 지의 2004년 5월 이슈에서, "갈릴레오 이후의 이오"에 대한 일련의 논문들은 이러한 문제들을 해결하지 못하고 있었다.

2003년에 한 과학자는, 만약 이오가 현재 분출률의 10%로 장구한 지질시대 동안 분출해 왔었다면, 현재 이오 전체 질량의 40배를 분출하고도 남는 양이라고 계산하였다.

이오는 행성들과 위성들이 46억 년의 나이를 갖는다는 주장을 거부하는 또 하나의 강력한 증인으로 서 있는 것이다. 진화론자들에게는 불행하게도, 그 증인들은 단지 하나가 아니다.

<David F. Coppedge, http://www.creation.or.kr/library/itemview.asp?no=4051>

_02
젊은 태양계를 증거하고 있는
토성의 위성 엔셀라두스

2005년 태양계 탐사 역사에 있어서 가장 놀라운 발견 중에 하나가 발표되었다. 그것은 토성의 한 작은 위성(애리조나 주보다 폭이 작음)인 엔셀라두스(Enceladus)가 분출을 했었고, 분출을 계속하고 있는 중이라는 것이었다. 분출 기둥은 수개월 전부터 의심받아 왔었다. 그러나 2005년 11월 그 증거는 명백했다. 최고 초당 375kg의 물이 -93℃의 온도에서 분출되고 있었다. 이제 엔셀라두스는 지구와 이오처럼 활발하게 분출을 하고 있는 태양계 천체로서 가입되게 되었다. 더욱 놀라운 것은 그 분출은 남극 지역에서 모두 이루어지고 있다는

토성의 위성 엔셀라두스는 얼음 입자들을 분출시키고 있었다.

것이었다. 대개 극지방은 행성과 위성들에서 가장 추운 지역이다. 과학자들의 반응은 그들의 관측만큼 흥미로웠다.

엔셀라두스는 이례적인 천체로 알려져 있었다. 엔셀라두스는 태양계에서 가장 밝은 천체 중 하나로서 위

성에 비치는 빛의 거의 모두를 반사하고 있다. 1981년에, 보이저 호는 반쯤 녹은 크레이터들과 다시 표면이 만들어진 지역을 발견했다. 일찍부터 엔셀라두스는 토성 탐사선 카시니호(Cassini, 1997년 10월 발사)의 주요 탐사 목표 중 하나였다. 엔셀라두스는 토성의 E-고리의 가장 짙은(밀도가 높은) 부위에서 공전하고 있었기 때문에, 과학자들은 엔셀라두스가 주 고리들 바깥쪽에 있는, 미세한 얼음 알갱이들로 구성되어 있는, 이 넓고 퍼져 있는 띠의 공급처가 될 수 있을 것으로 기대했었다. 이 고리는 지속적인 재공급 없이는 수 세기도 유지될 수 없었을 것이었다.

카시니호는 2005년 초부터 엔셀라두스 근처를 세 번 지나가게 되었다. 매번 지나갈 때마다 놀라운 장면들을 추가시켰는데, 2005년 7월 14일 우주선은 엔셀라두스 표면 위로 단지 160km 상공을 스쳐 지나갈 수 있게 되었다. 그리고 즉각적으로 놀라운 장면들을 발견했다. 그것은 길이 130km, 폭 0.5km 정도의 일련의 평행한 균열(협곡)들을 발견한 것이었다. 카시니 팀은 이것을 '호랑이 줄무늬'라고 이름 붙였는데, 크레이터가 없는 남극 쪽에 집중적으로 나타나 있었다.

적외선 분광계는 이 협곡들 내부에서 가장 높은 온도를 측정했다. 그곳에서 검출된 얼음 결정들은 수십 년보다 더 오래될 수 없었다. 덧붙여, 얼음과 먼지 분출물들이 이 지역에서 가장 높았다. 2005년 11월 배경조명을 받은 사진은 마침내 호랑이 줄무늬와 일치하는 열두 개 정도의 분출하는 기둥들(plumes)을 보여주었다. 물은 이들 기둥들로부터 실질적인 힘을 갖고 옐로스톤 국립공원의 간헐천처럼 분출되고 있는 중이었다. 분출 후 즉시로 얼어붙으면서, 그것의 일부는 엔셀라두스를 탈출하여 토성의 E-고리에 들어가는 것이었다.

이러한 발견은 2006년 3월 10일 사이언스 지에서 특집으로 보고되었다. 그리고 과학자들이 그 관측을 태양계의 추정 나이인 46억 년과 어떻게 조화시켜야 하는지에 대해서 의문을 가지기까지 그리 오래 걸리지 않았다. 현재의 분출률이라면, 엔셀라두스는 그 기간 동안 위성 질량의 1/6을 분출했을 것이었고, 전체 질량을 재순환시 켰을 것이었다. 그러나 그러한 활동을 유지시키기에 충분한 어떠한 방사능이나 조석유동도 보이지 않는다. 엔셀라두스는 매우 활발한 것이 명백하다. E-고리의 거대한 동요는 2004년 초부터 관찰되었다. 이러한 분출이 드문 사건이어서, 카시니호가 이러한 분출이 있을 때 에 단지 우연히 도착하게 되었다고 보는 것은 맞을 것 같지 않다.

행성과학자들은 이러한 놀라운 관측을 고려하여 그들의 모델을 활발하게 고쳐 쓰고 있는 중이다. 그러나 엔셀라두스가 젊을지도 모 른다는 매우 간단한 설명은 그들의 생각에서 고려 대상도 되지 않는 것처럼 보인다. 관측이 얼마나 비정상적이든지 간에, 어떠한 관측도 자신들의 이론에 도전하지 못한다는 사실은, 수십억 년의 오래된 연 대가 하나의 교리가 되었다는 확실한 신호인 것이다. 수십억 년이 라는 태양계의 추정 나이는 이제 생각을 가두는 하나의 감옥이 되었 다. 그러나 그러한 개념에 갇혀 있지 않은 창조과학자들은 계속 전 진할 것이고, 젊은 샘들은 계속 발견될 것이다.

⟨David F. Coppedge, http://www.creation.or.kr/library/itemview.asp?no=3703⟩

2005년에 토성의 한 작은(직경 약 480km) 위성인 엔셀라두스가 남극 부근에서 분출하고 있는 것이 발견된 이후, 과학자들은 어떻게 그것이 가능할 수 있는지를 설명해 보려고 노력해 왔다. 그들은 수십억 년이 흘러 차갑게 식었어야 할 이 작은 위성의 간헐천에 동력을 제공한 에너지 근원을 모든 곳에서 찾아보았다. 그러나 아직까지 그 어떠한 답도 찾지 못했으며, 앞으로도 찾지 못할 것으로 보인다.

최근 Space.com의 한 글에서 이 작은 위성은 얼어붙은 고체이어야만 한다는 것이다. 그들은 엔셀라두스의 분출 활동이 가능했을 시간은 최대 3천만 년이었을 것으로 말했다. 그 기간은 태양계의 추정하는 나이인 46억 년의 1%도 안 되는 기간이다. 간헐천들은 5.8 기가와트의 열을 내고 있었다. 어떤 조석가열(tidal heating)이나 방사성붕괴도, 엔셀라두스의 크기나 궤도 특성을 고려할 때, 이러한 방출되는 에너지를 만들기에 충분하지 못하다.

한 연구자는 한탄하고 있었다. "얼음 지각 아래 열적으로 안정적인 바다를 허락하는 어떠한 가능성 있는 매개 변수도 없다." 이 작은 위성이 뜨거운 상태를 수십억 년 동안 유지했다고 믿어야 하는 연구자들은 이전에는 편심적 궤도를 돌았다고 상상하는 것과 같은 임시변통의 시나리오에 호소하려고 하고 있었다. 그러나 이웃 위성들은 크기가 더 큼에도(미마스와 같은 위성은 엔셀라두스보다 더 큰 조석 압력을 받았을 것임에도) 그러한 분출 활동을 하지 않는지에 대하여는 설명을 하지 않고 있었다.

⟨CEH. 2008. 6. 19. http://www.creation.or.kr/library/itemview.asp?no=4327⟩

_03
태양계의 다른 위성들도
수십억 년의 나이를 거부한다

수십억 년의 나이를 가졌다고 말해지는 태양계의 외곽에 위치한 천체들은 태양빛이 너무도 약해 극도로 추운 곳에 있음에도 불구하고 젊고 활동적인 모습들을 보여주고 있었다. 여기에 가스형 거대 행성들 주변의 일부 위성들이 수십억 년의 나이에서 예상되는 것보다 훨씬 활발한 지질학적 활동들을 하고 있음을 보여주는 최근의 보도들이 있다.

1. 목성의 유로파   이카루스(Icarus, 2007. 12. 1) 지에 실린 목성의 위성 유로파에 대한 한 논문은 목성과의 자기적 상호작용에 주로 초점을 맞추고 있었지만, 위성들이 젊다는 잘 알려진 증거들을 반복하고 있었다 :

유로파의 중력장과 모델링에 대한 갈릴레오의 측정은 유로파가 금속성 중심부, 규산염 맨틀, 얼음물의 외각으로 구성되어 있는 구별된 위성임을 보여주고 있다. 얼음물로 된 외각의 최소 두께는 대략 80km이다. 고체영상시스템으로 얻어진 고해상도 데이터는 젊고, 얇으며, 갈라지고, 파열된 얼음 외각에 대한 증거들을 보여주고 있다. 지질학적 관측은 따뜻하고 대류하는 물질이 최근 지질학적 변형 시기에 지표면 아래 얕은 깊이에 존재했었음을 의미한다.

2. 토성의 테티스와 디오네   카시니 우주선은 이들 토성의 두 위성들이 비록 적은 스케일이지만, 엔셀라두스와 타이탄처럼 활동적이라는 것을 발견했다. 카시니 과학자들은 카시니 플라즈마 분광기를 가지고 플라즈마 장에 대한 연구를 수행한 결과, 이들 위성들로부터 외부로 발산되는 입자들의 영향을 발견했다. 이 결과는 엔셀라두스와 레아 사이에 놓여 있는 2개의 얼음 위성들에서 지표면 활동(심지어 화산활동)이 있음을 가리키는 것이다. Space.com은 다음과 같이 보도하고 있다 :

토성 주위를 돌고 있는 뜨거운 가스 흐름은 지질학적으로 사망한 것으로 생각되었던 두 얼음 위성으로부터 기인된 것으로 밝혀졌다. Nature(2007. 6. 14) 지에 상세히 보고된 이 발견은 토성의 위성인 테티스와 디오네가 결국 활발한 화산활동을 하고 있다는 것을 가리키는 것이다. 이 발견 이전에 토성의 위성 중에서는 오직 타이탄과 엔셀라두스만이 활동적인 것으로 알려져 있었다. "이 새로운 결과는 타이탄과 엔셀라두스와 마찬가지로 테티스와 디오네도 활발하게 활동을 하고 있음을 강력하게 가리키는 것처럼 보인다."

3. 토성의 타이탄   토성의 가장 큰 위성인 타이탄에 있는 산맥들은 2005년 레이더 이미지에 의해서 발견되었다. 이카루스(2007. 12.

1) 지의 보도에 의하면, 카시니 과학자들은 위성의 나머지 대부분의 부드러운 지형에 비해 눈에 띄는 이 모습을 분석했다. 지구의 애팔래치아 산맥과 같이 "수백 미터보다 더 높은 많은 지형들이 형성되는 것을 방해하기 위해서는 침식이 매우 빠르게 일어난 것처럼(또는 산맥이 매우 천천히 형성된 것처럼) 보인다"고 그들은 말했다. 그들은 그 산맥의 나이를 타이탄의 추정 나이의 1/40보다도 적은 2천만 년에서 최대 1억 년으로 평가했다.

4. 토성의 이아페투스　"토성의 오래된 위성 이아페투스는 젊은 모습을 가지고 있었다." JPL 보도 자료는 "이아페투스는 30억 년 이상 운동해온 젊은 모습과 부풀어 오른 허리선을 보유하고 있었다"고 주장하고 있었다. 이것은 그 위성이 왜 그러한 모습을 가지고 있는지에 대한 대답할 수 없는 의문을 남겨 놓고 있는 것이다. "태양계의 다른 어느 위성과도 같지 않게, 이아페투스는 태양계의 젊었을 시기를 잘 보존하고 있는 유물처럼, 단지 수백만 년 정도의 나이로 보이는 모습과 똑같은 모습들을 가지고 있었다."

5. 해왕성의 트리톤　사람들은 태양으로부터 멀리 나가면 나갈수록 점점 더 추워지고, 따라서 천체들의 지질학적 활동들은 조용할 것이라고 생각할 것이다. 그러나 그러한 생각은 해왕성에서는 확실히 틀렸다. 그곳은 강력한 바람을 가지고 있고, 해왕성의 위성인 트리톤은 젊은 지형으로 보이는 새로운 부분들을 가지고 있었다고, 이카루스(2007. 12. 1) 지의 한 논문은 말하고 있었다 : "트리톤의 지질학적 복잡성은 유로파와 타이탄과 어깨를 나란히 한다." 그러면서 "위성 트리톤은 무시할 수 있을 정도의 매우 적은 표면 나이를 가지

고 있다"고 주장했다. 트리톤의 모든 충돌 분화구들은 한쪽 반구에 밀집되어 있다. 이것은 해왕성 주변의 공전 궤도상에 있는 물체들에 의해 두들겨 맞았음을 가리키는 것이다. 크레이터들 중의 어느 것도 태양계 외부에서 날아온 것으로 보이지 않는다. 저자들은 많은 충돌 분화구들이 있는 반구는 최대 5천만 년 되었으며, 1989년 보이저 2호에 의해서 관측된 해왕성을 향하는 면인 '멜론 지대'는 최대 6백만 년 정도 된 것으로 보았다. 이 6백만 년이라는 연대는 태양계의 추정 나이의 0.1% 정도밖에 되지 않는 정말로 무시할 수 있는 연대인 것이다.

6. 명왕성의 카론 카론은 너무도 매끄러웠다. 명왕성(행성 지위를 잃었지만)은 카론이라는 위성을 가지고 있다. 이 위성은 내부로부터 아름다운 크림을 명백히 누출시키고 있었다. Astrophysical Journal(2007. 7. 10)은 카론의 스펙트럼에 대한 연구를 게재하였다. 그 스펙트럼은 얼음화산 분출에 의해 카론의 지표가 다시 재포장되고 있음을 가리키고 있었다. 연구자들은 보통 훨씬 짧은 기간만 무정형으로 있는 얼음 결정들을 발견했다. 그 논문은 물의 누출이 달팽이의 보행처럼 느리게 표면을 재코팅하고 있는 중이라고 주장하고 있지만, 태양계로부터 극히 멀리 떨어져 있는 추운 외곽 지역의 이 작은 위성이 아직도 활발하게 활동을 하고 있다는 것은 매우 놀라운 일이다.

〈CEH, 2007. 6. 16. http://www.creation.or.kr/library/itemview.asp?no=3955
〈CEH, 2007. 12. 3. http://www.creation.or.kr/library/itemview.asp?no=4179
〈CEH, 2007. 7. 18. http://www.creation.or.kr/library/itemview.asp?no=3972〉

_04
카이퍼 벨트의 소행성들은 아직도 내부 열을 가지고 있다

'엔셀라두스 열(Enceladus fever)'이라고 부를 수도 있는 한 행성적 증상은 명백히 전염성이다. 이제 그 열병은 해왕성 궤도를 넘어 카이퍼 벨트 천체(Kuiper Belt Objects, KBOs)의 일부를 감염시켰다는 것이 발견되었다. 점점 더 많은 작은 천체들이 지표면 위로 발산되는 내부 열을 가지고 있음이 발견되고 있는 중이다. 이것은 매우 커다란 놀라움이다. 작은 천체들은 수십억 년이 지났다면 얼려진 고체로 존재해야만 한다.

미국 텍사스에서 2007년 3월 12~16일에 개최되었던 위성과 행성 과학회의에서 논의되었던 것을 리처드 케르는 Science 지(2007. 3. 30)에 보고했다. 여기에 간단히 요약된 그 놀라움은 다음과 같다 :

"얼음 분출이라고 하더라도, 화산분출이 태양계에서 가장 추운 천체들에서 어떻게 일어날 수 있을까? -188°C 정도의 온도를 가지는 카이퍼 벨트 천체들은 태양계의 가장 끝인 지독히 춥고 어두운 지역에서 장구한 시간을 공전해 왔다. 그러나 최근에 천문학자들은 지질학적으로 얼마 전 과거에 카이퍼 벨트 천체에서 신선한 얼음들이 형성됐다는 징후들을 관측했다.”

“과학자들은 필요한 열이 어디에서 왔는지를 설명하는 데에 어려움을 겪고 있다. KBOs는 수십억 년 동안 냉각되어 오고 있었다. 그리고 이오나 엔셀라두스 같은 위성들과 같지 않게, 그들은 거대한 행성을 공전하고 있지 않다. 따라서 작은 천체 내부를 가열시켜 열을 절약할 수 있게 하는 조석에너지의 느린 흐름도 없는데 말이다.”

태양계의 나이(46억 년)에 대한 일치된 여론을 가지고 있는 과학자들은 그 나이가 너무 많을 수도 있다는 생각은 전혀 갖지 못한다. 따라서 그들은 한 작은 천체가 어떻게 46억 년 동안 그 원시의 열을 유지할 수 있었을지 그 모델을 찾고 있는 것이다.

오늘날 라이엘 극장의 모이보이(moyboy, millions of years boy, 수억 수천만 년의 연대를 아무렇게나 말하는 과학자)들은 수십억 년의 연대를 방어하기에 급급한 것처럼 보인다. 행성과 위성들은 각본을 따르지 않고 있다. 연극 ‘거짓말쟁이 왕(King Liar)’에서 고전적 복장을 해야 할 배우들이 최신의 현대적 의상을 입고 나와 마치 다른 연극처럼 연기를 하고 있는 것이다. 이것은 그러한 쇼의 고도 압축 버전인가? 아니면 우리는 다른 극장에 들어왔는가? 작은 마을의 청중들은 소동하기 시작했다. 이것은 단지 작은 소동이 아니다. 그것은 당신이 좋아하는 것처럼 대소동이다. 라이엘의 수고는 이제 헛수고가 되고 있다. 측정을 위한 측정들, 그리고 좋은 게 좋은 것이라는 생각들….

그러나 이것은 오류들의 코미디처럼 보인다. 상황은 걷잡을 수 없이 악화되고 있다. 도로 건너편에서 상영되고 있는 초대형 블록버스터에는 수많은 군중들이 관람하고 있다. 그 제목은 "창조"이다.

<CEH, 2007. 3. 31. http://www.creation.or.kr/library/itemview.asp?no=3903>

* 현무암질의 소행성

태양계에 존재하는 작은 천체들은 어떻게 용암이 녹을 정도로 뜨거워질 수 있었을까? 유럽우주국은 화성과 목성 사이에 있는 소행성들에서 현무암(basalt)의 증거를 발견하고 당황해하고 있다고 Science Daily 지(2007. 8. 25)는 보도했다. 충분히 커서 내부 열을 유지할 수 있을 것으로 간주됐던 베스타 소행성에서 현무암이 관측된 것이다. 2007. 9. 26일 발사된 돈 우주탐사선(Dawn Spacecraft)이 2011년 소행성 베스타의 궤도와 2015년 세레스의 궤도에 도착할 때, 소행성대에서 더 많은 사실들이 발견될 수 있을 것이다.

<CEH, 2007. 8. 28. http://www.creation.or.kr/library/itemview.asp?no=4015>

_05
짧은 수명의 토성 고리

진화론자들은 토성의 나이가 46억 년이라고 주장하는 데 반하여, 오랫동안 창조론자들은 토성의 고리는 1백만 년도 되지 않았다고 주장해 왔었다. 토성의 고리들은 바위와 얼음의 조각들로 구성되어 있으며, 토성의 중력에 의해 토성 표면으로 점점 떨어지고 있다.

천문학자들은 200km 정도 되는 위성이나 혜성이 토성 가까이에서 충돌하여 부서진 파편들이 모여 토성의 고리가 형성되었다고 오랫동안 믿어 왔다. 이러한 충돌은 1억 년을 넘지 않았다고 제안되었다.

1852년 오토는 성 피터스버그 과학원 회지에서 토성 고리의 폭이 변했으며, 짝지어 있는 고리 A의 폭에 비하여, 고리 B의 안쪽과 토성 사이의 간격이 꾸준히 감소하였음을 보고하였다. 옛 관측 자료와 설명(Huygens 1657, Huygens and Cassini 1695, Bradley 1719, Herschel 1799, Struve 1826)들이 접근비율을 계산하는 데 사용되었는데, 최외곽 고리(고리 A)의 바깥쪽 테두리는 거의 변하지 않은 데 비해, 토성 고리의 안쪽 테두리는 빠르게 토성 쪽으로 접근한 것을 알 수 있었다.

최근에 일단의 과학자들이 허블망원경을 사용하여 가장 안쪽의 고리들이 상대적으로 빨리 얼음물을 잃어버린다는 것을 발견했다.

얼음물이 너무나 빨리 없어져서, 그들은 고리들이 대략 3천만 년보다 오래 됐다면 모든 고리들이 사라졌을 것이라고 믿고 있었다.

토성 고리들의 젊은 모습은 오랫동안 하나의 미스터리였다. NASA의 행성과학자인 제프 쿠지는 2002년에 "오늘날까지도 우리는 토성 고리의 기원에 대해 확신하지 못하고 있다… 토성의 고리들은 그렇게 오래될 수 없다는 인식이 늘어나고 있다"라고 말했었다. "토성의 고리들이 젊다고 믿는 이유엔 두 가지가 있다. 첫째로, 고리들은 새로운 어떤 것처럼 밝게 빛나고 있다. 이것은 농담이 아니다. 정말로 장구한 시간이 흘렀다면, 얼음 고리들은 우주 먼지들에 의해서 지금은 숯과 같은 검은색으로 착색되어 있어야만 한다. 둘째로, 단지 수백만 년만 지났다 하더라도 고리들 사이에 묻혀 있는 작은 위성들은 멀리 날아가 버렸어야만 한다. 이것은 젊은 역동적인 게이다."

2006년에 나사의 한 보고는 '연대 문제'에 대한 또 다른 면을 보여주었다. 고리는 팽창하고 있는 중이며, 팽창률은 토성에 부여된 진화론적 나이와 적합하지 않다는 것이었다. 그 보고는 또한 토성의 위성들이 짧은 수명을 가질 것임을 보여주었는데, 그것은 위성들이 강하게 교반되어서 파편으로 잘게 부서지고 있었는데, 그 속도가 너무 빨라서 그들의 존재는 진화론적 연대 틀로 보았을 때 하나의 미스터리라는 것이다.

카시니 우주선이 보내온 사진들과 자료들이 드러내고 있는 토성의 고리들과 위성들이 보여주는 젊은 모습들은 진화론자들에게는 미스터리일지 몰라도 우리 창조론자들에게는 전혀 문제가 되지 않는 것이다.

〈ICR News, 2009. 5. 7. http://www.creation.or.kr/library/itemview.asp?no=4622〉

NASA의 제트추진연구소(JPL)의 보도 자료(2008. 3. 6)에 의하면, 토성의 위성 레아도 고리를 가지고 있을지도 모른다는 것이다. 이것은 한 행성의 위성에서 고리가 발견된 최초의 경우이다. 1m 정도 크기까지의 입자들로 구성된 고리들은 시각적으로는 발견되지 않았으나, 카시니 호의 탐사장비에 의해서 검출된 전자기 영향으로부터 추정되었다. 전자 밀도의 하락이 레아의 양쪽 측면에서 보여졌는데, 이것은 고리들의 존재를 가리킨다는 것이다.

레아의 공전 궤도에 있는 파편들은 과거 위성에 한 혜성의 충돌로 인해 원인되었을 수 있었다. 그러나 가장 미스터리한 것은 파편들이 수천만 년 또는 수억 년 동안 어떻게 그곳에 남아 있을 수 있었겠는가 하는 것이었다. Science(2008. 3. 7) 지의 원 논문은 입자들이 7000만 년 동안 궤도에 있었을 것이라고 말했다. 그러나 그것은 태양계 추정 나이의 단지 1/64에 불과하다. 리처드 케르는 이렇게 말했다. "그러한 종류의 충돌은 얼음 위성을 벗어나거나 궤도 안쪽으로 물질들이 떨어지도록 할 것이다. 그 다음 고리 입자들은 토성의 조석 인력에 의해서 잡아당겨지고, 그리고 작은 충돌들에 의한 침식에 의해서 먼지로 부서지면서 1백만 년도 존재할 수 없었을 것이다."

〈CEH, 2008. 3. 10. http://www.creation.or.kr/library/itemview.asp?no=4216〉

_06

연성 소행성 :
오래된 연대에 대한 무서운 도전

한 팀의 행성 과학자들은 Science(2002. 5. 24) 지에서 많은 수의 소행성들이 그들의 궤도에 동료를 가지고 있다는 특이한 사실에 대해 논의했다. 연구된 지구 근처의 소행성들의 약 16% 정도가 동행하는 소행성들을 가지고 있으며, 모체 소행성은 구형의 모습을 가지고 있어 그들이 단순히 쪼개져 나와 분리되지 않았음을 가리키고 있다는 것이다. 가장 가능성 있는 메커니즘은 충돌과 포획으로, 저자들은 소행성이 근처 행성과 가까워지는 동안 인력으로부터 헐거워진 부스러기들이 집합하게 되었다는 가설을 주장했다. 문제는 이 메커니즘에서 쌍을 이룬 연성들은 단지 1천만 년(태양계의 추정하는 나이의 1/460보다도 적은 연대)을 넘도록 함께 있을 수 없다는 것이다. 그런데 왜 46억 년이나 되었다는 태양계에 연성 소행성(binary asteroids, 쌍소행성)들이 아직도 그렇게 흔하게 발견되는가?

단지 암석 조각들만 발견되던 소행성대에서 서로가 서로를 돌고 있는 두 개의 소행성이 발견되었는데, 그들은 중력에 의해서 서로 느슨하게 붙들고 있는 암석들로 구성되어 있다고 Science Daily 지 (2007. 3. 30)는 보도하고 있었다.

파리의 천문관측소 IMCCE의 천문학자인 데스캄프는 말한다.

"이 집중적인 연구에도 불구하고, 이 독특한 이중 소행성의 기원은 아직도 신비로 남아 있다. 그러한 커다란 이중 시스템의 형성은 불가능해 보이는 사건이고, 이론에 대한 무서운 도전이 되고 있다. 모 소행성이 회전하여 스핀업(자전 각속도의 증대)이 클 경우, 이들은 흩어져 떨어져 나가게 된다. 그러나 지구 근처 소행성들과 같지 않게, 주 벨트에 있는 소행성들에서 이것은 매우 일어나기 어려운 것이다."

한쪽으로 기울어진 충돌체계에서, 두 느슨한 천체의 그러한 정교한 균형이 그렇게 오랜 기간 유지되어왔을 것이라고 말하는 것은 매우 설득력이 없어 보인다. 이것은 수십억 년의 연대를 가정함으로서 생겨나게 된 수많은 문제들 중에 단지 하나에 불과하다. 수억 수천만 년의 연대를 무책임하게 말하는 것은 받아들일 수 없다.

사람들은 이와 같은 이례적인 사실이 태양계가 매우 젊음을 가리키고 있다는 것을 생각하지 못한다. 왜냐하면 항상 어떤 제안되는 설명이 있기 때문이다. 그러나 짧은 수명을 가지는 다른 수많은 현상들이 발견될 때 (예를 들면 해왕성 둘레에 고리 아크의 존재, 토성 둘레에 아직도 존재하는 젊은 고리들, 오랜 기간 존재할 수 없는 타이탄의 대기, 젊은 유성들과 젊은 달의 크레이터, 작은 위성에서 아직도 존재하는 뜨겁고 맹렬한 화산활동, 태양풍에 존재하는 짧은 반감기의 방사성 동위원소, 얼음 위성 칼리스토에 젊게 보이는 구조들, 너무 많은 열을 가진 작은 위성들, 이

전의 생각보다 매우 적은 혜성공급처의 발견에도 불구하고 아직도 타고 있는 혜성들, 그리고 믿기 어려운 모습을 가지고 있는 화성 … 등등), 이러한 관측들은 모두 태양계가 46억 년이 되었다고 강요하듯이 주장하는 이야기가 (태양계가 처음에 어떻게 형성되었는지 아직도 설명하지 못하면서) 매우 의심스러운 이야기일 수 있음을 생각해 보도록 한다.

그러한 장구한 수십억 년의 연대는 방사성 동위원소 연대측정에만 오로지 기초하고 있다. 그러나 그것들에 대한 다른 설명이 있다면 어떻게 될까? 이러한 젊은 연대를 나타내는 지표와 증거들이 태양계의 연대결정에 어떠한 역할도 하지 못하는 이유는 무엇인가? 오래된 연대가 성역처럼 절대 건드려서는 안 되는 유일한 이유는, 진화론자들에게 지구에 생명이 우연히 만들어져서 각종 동식물로 진화하기에는 장구한 시간이 절대적으로 필요하기 때문인 것이다.

〈CEH, 2002. 5. 24. http://www.creation.or.kr/library/itemview.asp?no=1555,
http://www.creation.or.kr/library/itemview.asp?no=3904〉

07

수성의 자기장은 수십억 년의 태양계 나이를 거부한다

수성에서 자기장(magnetic field)이 발견되었을 때 진화론자들은 격렬한 동요를 받았다. 이것이 왜 문제를 일으키는지 이해하려면, 행성의 자성에 관한 진화론적 개념을 알아야 한다.

대부분의 태양계 행성들은 현저한 자기장을 갖고 있다. 이들 자기장은 어디서 오는가? 진화론자들(및 오래된 연대를 믿는 창조론자들)은 '발전기(dynamo)' 이론에 매달리고 있는데, 그 이론은 자기장을 갖고 있는 행성은 녹아 있는 금속의 중심핵을 또한 갖고 있어야 한다. 복잡한 일련의 사건들을 통하여, 중심핵 내부에서의 유체운동이 자기장을 생성해 내는 것으로 추정하고 있는 것이다. 진화론자들이 이 개념을 믿는 이유는, 수십억 년 된 것으로 추정하는 행성들이 아직도 자기장을 갖고 있는 것에 대해, 그들이 제안할 수 있는 유일한 메커니즘이 그것이기 때문이다. 다른 모든 메커니즘들은 행성들이 매우 젊어야 함을 요구하고 있다.

불행하게도 오래된 연대 이론을 믿는 사람들에게, 행성들에 대한 더 많은 발견을 하면 할수록, 발전기 모델은 사실일 수 없음을 더욱 알게 된다는 것이다. 그러나 이것이 우리를 정말로 놀라게 할 수는 없다. 왜냐하면 발전기 모델이 처음에 지구의 자기장을 설명하기 위해 고안된 것임에도 불구하고, 그 모델은 심지어 지구 자체에 대해서도 커다란 문제를 야기시킨다는 것을 많은 오래된 연대 주장자들도 인정하고 있기 때문이다.

수성이 수십억 년이 되었으면서도 여전히 자기장을 가지고 있으려면, 수성의 중심핵에는 유체 운동이 있어야만 한다. 그러므로 중심핵 자체는 녹아 있어야 한다. 한 진화론자는 이렇게 말했었다. "수성은 매우 작아서 일반적 견해로 볼 때, 그 행성(즉, 그것의 중심핵)은 오래 전에 고체로 굳어졌다. 그러므로 중심핵은 녹아 있을 수 없으며, 따라서 진화론적 결론은 수성은 자기장을 가질 수 없다"라는 것이었다. 그런데 수성은 자기장을 가지고 있었다!

어떤 진화론자들은 수성의 중심핵은 철(오래 전에 굳어졌을 고체)이 아니라, 그 대신 황화철(오랜 기간 동안에도 고체화되지 않을 수 있는)일지도 모른다고 추측한다. 그러나 수성에 대한 문제를 푸는 동안 훨씬 더 큰 문제가 생겨난다. 태양계가 어떻게 형성되었는지를 설명하는 성운설의 근본 원리에 의하면, 이처럼 태양 가까이에는 황과 같은 휘발성 원소가 있을 수 없다. 그러므로 수성에는 황화철이 있을 수 없다. 따라서 수성의 나이가 수십억 년이 되었다고 주장하는 과정에서, 진화론자들은 태양계의 형성에 관한 자기들 이론의 바로 그 근본을 손상시키고 있는 것이다.

창조론자들은 수성의 자기장뿐 아니라, 다른 어떤 행성의 자기장을 설명하는 데 아무런 문제가 없다. 행성들이 젊다면, 아직도 자기장을 갖고 있다는 것은 여러 방법으로 설명될 수 있다. 그런데 진화론자들은 젊은 연대를 거부하기 때문에 행성의 자기장을 설명할 수 없다. 한 진화론자는 이렇게 말한다. "1600년에 윌리암 길버트가 지자기의 고전 저서 「자성, 자기체, 그리고 거대한 자석 지구」를 썼을 때도 그랬던 것처럼, 지금도 자성이라는 것은 거의 수수께끼의 수준이다."

크리스천들이 태양계를 조사해 보면 볼수록, 창조주께서 행성들을 특별하게 설계하셔서 그것을 창조 이외의 것으로 설명해보려는 사람들을 난처하게 만들고 계시다는 것에 감탄하게 된다. 다시 말하지만, 새로운 발견이 있을수록, 그것은 자연주의자들의 개념과 모순된다. 수성의 경우에 있어서는 진화론자들마저도 어쩔 수 없이 이것을 인정하고 있다. 자기들의 진화론적 모델에 수성을 포함시키려고 하는 어떠한 시도도 그 모델을 실패로 이끈다는 것을 그들도 인정하고 있는 것이다. 수성은 진화론자들을 곤혹스럽게 만드는 덫이고, 태양계의 자연주의적 모델을 만드는 사람들에게는 치명적인 독을 갖고 있다고 그들은 말한다.

우리는 이 작고 그리 중요하지 않은 것처럼 보이는 행성이 창조주를 부정하고 싶은 사람들에게는 커다란 장애물을 만들어내는 것을 보게 된다. 진정으로, "하나님께서 세상의 미련한 것들을 택하사 지혜 있는 자들을 부끄럽게 하려 하시고 세상의 약한 것들을 택하사 강한 것들을 부끄럽게 하려" 하신다 (고전 1:27).

〈Spike Psarris, http://www.creation.or.kr/library/itemview.asp?no=2629〉

* 태양계 행성들의 자기장

태양계 행성들의 자기장들은 서로 매우 다양하기 때문에 놀랍다. 수성은 약하지만 전 행성적 자기장을 가지고 있다. 금성은 본래 자기장을 가지고 있지 않다. 거대한 가스상 행성들은 모두 자기장들을 가지고 있다. 그러나 천왕성과 해왕성의 자기장은 극도로 기울어졌고, 중심에서 벗어나 있다. 반면에 토성의 자기장은 거의 완벽하게 회전축과 정렬되어 있다. 진화론에 의하면 이러한 다양성은 일어날 수 없다.

지구는 뜻밖에도 우주광선과 태양 플레어로부터 지구에 서식하는 생물들을 방어하기 위한 완벽한 자기장을 가지고 있다. 그러나 그 자기력은 빠르게 감소되고 있다. 지구 자기장의 세기가 지난 150년 동안 10% 이상 감소되었다고 2003년 12월 Space.Com은 보고하였다. 오늘날과 같은 행성 탐사의 황금시대에 우리는 이러한 신비로운 현상들을 설명하기 위한 더 많은 자료들을 곧 모을 수 있게 될 것이다.

〈CEH. 2004. 2. 13. http://www.creation.or.kr/library/itemview.asp?no=1881〉

* 줄어들고 있는 수성의 자기장은 창조 모델과 조화된다

1974년과 1975년에 마리너 10호 우주선은 탑재된 자기탐지계로 수성의 자기장 강도를 측정하고, 지구로 그 데이터를 전송했다. 당시의 그 데이터를 분석한 천문학들은 평균 자기장 강도가 4.8×10^{22} gauss cm^{3}임을 발견했다. 이것은 '지구 자기장의 1% 정도 되는 강도'였다.

십여 년이 지난 후에, 창조 물리학자인 러셀 험프리는 성경 기록에 기초한 자기장 모델을 발표했다. 그는 각 행성의 크기와 동일한 크기의 물 분자 덩어리를 사용하여, 창조시에 자기장 강도를 계산하였다. 그런 다음, 그는 창조 이후 대략 6천 년 동안 감소해 왔을 자기장의 붕괴율을 추론하였다. 그러한 계산에 기초한 모델은 줄어들고 있는 수성 자기장 강도뿐만 아니라, 천왕성과 해왕성의 자기장 강도를 정확하게 예측했다.

험프리는 "단지 33년 동안에 4%나 감소한다는 나의 예측은 행성의 자기장에 대한 진화 이론과 매우 조화되기 어려운 것이다. 그러나 더 큰 감소가 있다면, 그 이론은 더욱 힘들어질 것이다"라고 썼었다. 그는 2011년에 메신저호가 더 정확한 측정 자료를 보내올 것을 기대했었고, 그 데이터가 Science 지(2011. 9. 30)에 게재되었다.

수성의 자기장이 수십억 년 동안 지속되어 왔다면, 그것은 장구한 기간을 거치면서 매우 안정적이 되어야만 한다. 그러나 메신저호가 보내온 자기장 데이터는 사람의 수명보다 짧은 기간에도 그 붕괴 정도를 측정할 수 있음을 보여주고 있었다.

Science 지에서 연구자들은 수성의 자기장 강도는 "마리너 10호가 수성을 근접 비행하며 평가했던 크기보다 ~27% 더 감소했다"는 것이다. 이것은 수성의 자기장이 빠르게 줄어들고 있음을 다시 한번 확인한 것이며, 창조 모델이 예측했던 것처럼, 수성의 자기장은 단지 수천 년밖에 되지 않았음을 증거하고 있는 것이다.

〈ICR News. 2011. 11. 1. http://www.creation.or.kr/library/itemview.asp?no=5188〉

_08
달은 정말로 오래 되었는가? :
달의 후퇴율로 추정해 본 달의 나이

만일 지구-달 시스템이 진화론자들이 말하는 것처럼 오래 되었다면, 우리는 오래 전에 우리의 달을 잃어버렸을 것이다. 지구와 달 사이에는 엄청난 중력이 작용하고 있다. 그 힘은 약 30,000 조(30 다음에 0이 15개) 톤이나 된다.

중력의 힘은 질량뿐만 아니라, 거리에도 의존하기 때문에, 지구와 달의 가까운 쪽은 먼 쪽보다 중력의 힘이 더 크게 작용한다. 이것은 땅과 (특별히) 바다 표면이 부풀어 오르는 원인이 되고, 밀물과 썰물로서 우리에게 분명히 보여진다.

지구의 어떤 부분 위로 달의 존재가 즉각적으로 부풀어 오르는 반응을 초래하는 것은 아니기 때문에, 이것은 달을 앞쪽으로 지속적으로 잡아당기는 결과를 초래하여 달이 나선형으로 천천히 바깥쪽으로 멀어지려는 것을 약간 지연시킨다. 지구-달 거리는 현재 증가하고 있는 데, 1년에 약 4cm 정도 멀어지는 것으로 측정되었다. 멀어지는 율은 과거에는 더 컸을 것이다.

이것은 대부분의 진화론자들이 주장하는 것처럼, 지구-달 시스템이 정말로 46억 년이 될 수 있었는지에 대한 의문을 즉각적으로 불러일으키고 있다. 오래 전에 달을 잃어버려야 했던 것은 아닌가? 적절한 미분방정식(중력은 거리에 따라 변한다는 사실을 고려하여)을 사용하여, 드영 박사는 지구-달 시스템은 최대 14억 년 이상 될 수 없음을 보여주었다.

즉, 거꾸로 역산하면, 달은 약 14억 년 전에는 지구의 표면과 접촉하고 있어야 한다는 것이다. 그러나 달은 로슈 한계(Roche Limit, 위성이 모행성의 기조력에 의해 부서지지 않고 접근할 수 있는 한계거리)로 알려진 18,400km보다는 더 가까웠을 수 없었는데, 그 이유는 지구의 조석력이 (즉 달의 다른 부분에 미치는 다른 중력의 결과) 달을 분쇄했을 것이기 때문이다. 그러므로 14억 년도 분명히 달의 나이가 아니다. 그러나 가장 유리한 진화론적 가정들을 사용하고서도 최대의 상한선이 되는 것이다. 분명히 창조 시나리오에서, 달은 지구 표면에서부터 시작하지 않았고, 천천히 나선형으로 멀어질 필요도 없다 (달은 아마도 현재의 거리 가까운 근처에서 창조되었다. 1만 년이 지났다고 해도, 달의 후퇴율은 1km 미만으로 계산된다). 진화 천문학자들은 아직도 이것에 대한 만족할 만한 대답을 하지 못하고 있고, 달이 과거 46억 년 동안 극적으로 물러났다는 지질학적 증거도 가지고 있지 않다. 만약 그들의 수십억 년의 시간 틀이 맞는 것이라면, 그러한 증거들은 있어야만 하는 것이다.

〈Don DeYoung, http://www.creation.or.kr/library/itemview.asp?no=3430〉

우리의 달이 최근에 지질활동을 했었다는 증거가 네이처 지(2006. 11. 9일)에서 보고되었다. 그리고 달이 가스를 내뿜고 있다는 증거(lunar transient, 일시적으로 월면의 빛 색깔이 변화함)들도 계속 제시되어 왔었다. Scientific American(2007. 6. 26) 지는 수 세기 동안 보고되어 왔던 달 표면에서의 섬광들에 관한 한 논문을 게재하였다. 연구자는 관측된 라돈 가스(radon gas)는 "화산성 분출 기원에 의해 떠오른 먼지"들로부터 생겨날 수 있다고 쓰고 있었다. 자주 그것은 관측자들에게 UFO와 같은 인공적 물체로 의심하게 만들었고, 일부 천문학자들은 그것을 매우 심각하게 받아들였었다. 달은 30억 년 전부터 냉각되어 왔고, 지질학적으로 사망한 상태였다고 사람들은 말해왔다. 이제 그 이야기는 잘못된 것임이 밝혀졌다. 달은 살아 있었다!

〈CEH, 2007. 7. 12.http://www.creation.or.kr/library/itemview.asp?no=4014〉

09

한결같은 태양 : 수십억 년의 연대에 있어서 하나의 문제

지구에 사는 모든 생물들은 그 에너지를 궁극적으로 태양으로부터 얻는다. 바람과 물의 순환도 여기에 의존한다. 그리고 태양은 핵융합 반응으로 에너지를 생산한다. 이론적으로, 태양은 핵연료를 사용함으로써 점점 수축될 것이다. 그리고 이것은 핵반응이 좀 더 쉽게 일어날 수 있도록 했을 것이다. 그러므로 태양은 세월이 흐를수록 더 밝아졌을 것이다.

그 사실을 구체적으로 살펴보면 다음과 같다. 별들은 그들의 에너지를 핵융합으로부터 얻는다. 핵융합은 몇 개의 작고 극도로 빠르게 움직이는 원자핵들이 하나의 큰 핵을 형성하기 위해 연합하는 과정이다. 이 과정에서 일부 질량을 잃어버리면서, 아인슈타인의 유명한 공식 $E = mc^2$ 에 따라 엄청난 양의 에너지로 변환된다. 태양에서 매초마다 4백만 톤의 물질들이 에너지로 변환된다. 이것은 막대한 양이지만, 태양의 거대한 질량인 1.99×10^{27}톤에 비하면 소홀히 취급될 수 있다.

별에서의 융합은 일반적으로 4개의 수소 핵이 하나의 헬륨 핵으로 합해지면서 일어난다. 따라서 태양은 하나의 거대한 수소폭탄과 같다. 융합은 중성미자(neutrinos)라고 불리는 극도로 작은 질량의 입자를 막대한 양으로 만들어낸다. 헬륨과 같은 하나의 크고 무거운 핵은 수소와 같은 4개의 작은 핵들보다 훨씬 적은 공간을 차지한다. 따라서 일정한 부피 내에서는 더 많은 질량을 가진다(즉 밀도가 커진다). 따라서 태양 중심부에서는 수소들이 타면서(융합되면서) 수축된다. 압력과 온도가 높아질수록 융합은 더 쉽게 일어난다. 그래서 중심부는 더 뜨거울 것이다.

그러므로 만약 태양의 나이가 수십억 년이라면, 태양은 과거에 훨씬 희미했으며, 오늘날은 과거보다 훨씬 더 밝아졌다는 것을 의미한다. 그러나 지구의 역사 그 어느 시기에도 태양이 희미했었다는 증거가 없다. 천문학자들은 이것을 '희미한 젊은 태양의 역설(faint young sun paradox)'이라 부른다. 그러나 만약 태양이 성경에서 말하는 것과 같이 오래되지 않았다면, 그것은 전혀 역설이 아니다.

진화론자들과 오래된 연대를 믿는 사람들은, 지구에 생명체가 38억 년 전쯤에 출현했다고 믿고 있다. 그러나 그러한 시간 척도가 사실이라면, 그 당시의 태양은 오늘날보다 25%는 더 어두웠을 것이다. 그리고 이것은 그 당시 지구의 평균 기온이 -3℃ 정도로 얼어붙어 있었다는 것을 의미하는 것이다. 그러나 모든 고생물 학자들은 어찌됐든 과거에도 지구는 따뜻했었을 것으로 믿고 있다. 이러한 믿음을 가지기 위한 유일한 방법은, 과거에는 오늘날보다 대기 중 CO_2가 1,000배 정도 높아 온실효과가 매우 컸을 것이라는 임의적이고 비현실적인 가정들을 하는 것이다.

과학적 증거들은 성경을 기록된 그대로 읽을 때 기대되는 나이를 태양이 가지고 있다는 것과 일치한다. 대략 6,000여 년 정도의 기간 동안, 태양의 에너지는 그렇게 증가하지 않았을 것이다. 이것은 단지 '오래된 연대'를 믿는 사람들에게만 하나의 문제인 것이다.

〈Jonathan Sarfati, http://www.creation.or.kr/library/itemview.asp?no=2327〉

_10
혜성들 : 불길한 징조인가,
젊은 우주의 지표인가?

혜성(Comets)들은 오래 전부터 인류를 매료시켜(자주 공포스럽게) 왔었다. 그들은 어디로부터 왔는지 알지 못한 채 갑자기 나타났다가, 갑자기 사라지곤 했다. 그들의 꼬리는 하늘에 있는 다른 천체들을 난장이처럼 보이게 하였다. 사람들은 혜성은 재앙을 가져오는 것으로 생각했었다. AD 66년 로마에 저항한 유대인들의 반란이 있었던 시기에, AD 70년 예루살렘이 파괴되며 종말을 고했을 때에도, 그리고 1066년 헤스팅스 전투 직전에도 혜성은 나타났었다.

점성술적 미신에 대한 성서적 세계관의 승리

그러나 하늘의 천체들로부터 길흉을 점치려고(점성술) 노력하는 대신에, 그것들을 통해 하나님의 기록된 말씀인 성경으로부터 창조주에 대한 정보를 얻어야만 한다. 성경적 세계관은 혜성들을 설명했던 과학을 이끌어 내었다. 우주는 질서의 하나님(고전 14:33)에 의해서 창조되었고, 창조물들을 다스릴 권세를 인류에게 주셨음을(창 1:26~28) 성경은 가르치고 있다. 기독교인으로로부터 무신론자까지 과학사가들은 그들 자신의 종교적 신념과 관계없이, 현대적 실험과학의 발달에 있어서 기독교적 세계관이 매우 중요한 역할을 했음을 인정하고 있다.

예를 들어, 요하네스 케플러(1571~1630)는 행성운동의 법칙들을 공식화하였다. 케플러는 창조의 시점을 BC 3992년으로 계산하였는데, 이것은 그와 동시대 사람이었던 제임스 어서 주교(1581~1656)가 계산한 유명한 지구연대인 BC 4004년보다도 젊다. 그리고 모든 시대에 걸쳐서 가장 위대한 과학자로 여겨지는 아이작 뉴턴(1643~1727)은 운동의 법칙, 중력의 법칙, 미적분 등을 개발했다. 그러나 뉴턴은 성경의 역사에 대해서 더 많은 기록을 남겼고, 열렬히 어서 주교의 지구 연대를 방어했다.

뉴턴의 친구였던 에드먼드 핼리(1656~1742)는 대략 25개의 관측된 혜성들에 이 법칙을 적용했고, 혜성들이 예측할 수 있는 경로를 따라 움직이는 것을 보여주었다. 특별히 그는 1682년에 관측했던 혜성이 1531년과 1607년에 나타났던 혜성의 경로를 매우 유사하게 뒤따르는 것에 주목했다. 그래서 그는 그 혜성은 평균 76년의 간격을 가지고 나타나는 같은 혜성이라는 것을 깨달았다. 이것은 또한 AD 1066년, AD 66년, 그리고 예수님이 탄생하시기 얼마 전인 BC 12년에 나타났던 혜성이었다. 핼리가 그 혜성이 특별한 해(그의 죽음 이후)에 나타날 것을 성공적으로 예측했을 때, 이것은 뉴턴의 이론에 대한 위대한 승리로서 보였고, 그 혜성은 핼리의 이름을 따서 '핼리 혜성'으로 명명되었다.

혜성들의 기원

신비로움을 없애고 과학의 발달을 이끌었던 혜성들을 창조하신 창조주는 말씀으로 혜성들은 언제 만드셨는지를 우리에게 말씀해주고 계신다. 창세기 1:14~19에서, 하나님은 태양, 달, 별들을 창조 제4일째에 만드셨다고 말씀하고 있다. 이때는 케플러와 뉴턴이 깨달았던 것처럼 대략 BC 4000년경이다. 별에 대한 히브리어 단어인 '코가브(kokab)'는 하늘에서 밝게 빛나는 물체들에 해당하므로, 거기에는 아마도 혜성들도 포함되었을 것이다.

혜성의 특징들은 성서적 시간척도와 완벽하게 일치한다. 그러나 진화론이 주장하는 수십억 년의 연대에서는 하나의 거대한 문제가 된다. 모든 연대추정 지표들은 가정들하에서 이루어지기 때문에, 여기서의 논의도 젊은 태양계의 '증거'로서 주장될 수는 없다. 성경은 신뢰할 수 있는 창조주께서 목격하신 설명이기 때문에, 젊은 연대가 받아들여지는 것이다.

혜성은 무엇인가?

혜성은 타원형의 궤도를 가지고 태양 주위를 돌고 있는 더러운 눈덩이, 또는 더러운 빙산들이다. 그들은 보통 직경이 수 km 정도이지만, 핼리 혜성의 경우는 대략 10km 정도이다. 1997년에 나타났던 헤일-밥 혜성은 직경이 40km 정도로 알려진 가장 큰 혜성 중의 하나이다. 그들은 먼지와 얼음을 포함하고 있다. 얼음은 단지 얼어 있는 물만 있는 것이 아니라, 얼어 있는 암모니아, 메탄, 이산화탄소를 함유하고 있다.

혜성들이 빛나는 방법 – 오래된 연대의 한 문제점

혜성들이 태양 근처를 지나갈 때, 얼음의 일부가 증발하고, 폭 1만 ~10만 km(드물게 100만 km까지)에 이르는 코마(coma, 혜성 핵을 둘러싼 구름 모양의 대기)를 형성한다. 또한, 태양풍(태양에서 방사된 전하를 가진 입자들)은 이온의 꼬리를 태양으로부터 멀리로 직접 밀어낸다. 태양복사열은 먼지 입자들을 밀어내어 태양으로부터 뒤쪽 멀리로 부드럽게 휘어지는 곡선을 이루는 두 번째 꼬리를 만든다.

코마와 꼬리는 매우 낮은 밀도를 가지고 있다. 심지어 실험실에서 만들어진 최고의 진공도 이들보다 더 밀도가 높다. 1910년에 지구는 핼리 혜성의 꼬리를 통과하여 지나갔으나, 거의 인지되지 않았다. 그러나 혜성은 태양의 빛을 매우 강하게 반사하기 때문에, 혜성이 지구와 태양에 같이 가까이에 왔을 때, 혜성을 매우 장엄하게 만든다. 머리털을 가진 별과 같은 모습은 그리스어로 'komhth comete(long-haired)'라는, 'comet(혜성)'이라는 명칭을 낳게 했다.

이것은 혜성이 태양 근처에 다가올 때마다 천천히 파괴되고 있음을 의미한다. 사실 많은 혜성들은 이전에 관측되었을 때보다 훨씬 더 희미하게 관측된다. 심지어 핼리 혜성도 과거에는 훨씬 더 밝았었다. 또한 혜성들은 1994년에 목성에

2006년 5월 60여 개 조각으로 나뉘어져서 붕괴되고 있는 슈바스만–바흐만 3(SW3) 혜성.

충돌한 슈메이커-레비 혜성처럼 행성들에 의해서 포획되거나, 태양계로부터 추방당해질 위험에 처해 있다. 이들 혜성들이 지구에 직접 충돌할 것 같지는 않다. 그러나 이들의 거대한 운동에너지 때문에 충돌이 일어난다면 그것은 재앙이 될 수 있을 것이다. 진화론자들에게 있어서 문제는, 관측되는 손실률과 최대 존재 기간으로 볼 때, 혜성들은 주장되는 수십억 년 동안 태양을 돌고 있을 수 없다는 것이다.

두 그룹의 혜성들

혜성들은 두 그룹으로 즉, 핼리 혜성과 같은 단주기 혜성(200년 이하의 공전주기)과, 장주기 혜성(200년 이상의 공전주기)으로 나누어진다. 그러나 두 그룹의 혜성들은 본질적으로 크기와 구성에 있어서 같은 것으로 여겨진다. 단주기 혜성들은 통상적으로 행성들과 같은 방향, 그리고 거의 같은 평면(ecliptic, 황도)에서 궤도를 돈다. 장주기 혜성들은 궤도면에 어떤 각도를 가지기도 하고, 다른 방향으로 궤도를 공전할 수 있다. 하나의 예외가 핼리 혜성이다. 핼리 혜성은 역방향으로 궤도를 돌며, 매우 경사진 공전 궤도를 가진다. 일부 천문학자들은 핼리 혜성은 한때 장주기를 가졌었는데, 한 행성의 강한 중력에 의해서 극적으로 그 궤도가 줄어들어서 현 주기를 갖게 되었다고 주장한다. 그래서 장주기 혜성들과 핼리형 혜성들을 함께 그룹으로 분류하며, 그들을 ‘NICs(nearly isotropic comets)’라고 부른다.

만약 최대 가능한 원일점(태양에서 가장 먼 공전궤도)이 50,000 AU(지구에서 태양의 거리가 1AU)라고 한다면, 가장 긴 공전주기는 대략 400만 년 정도가 될 것이다. 이것은 가장 가까운 항성까지의 거리의 20%이다. 따라서 다른 별들이 태양의 인력으로부터 혜성들을 떠나게 할 수 있는 기회를 제공할 수 있을 것이다.

그러나 이러한 긴 궤도를 가지는 혜성이라도 만약 태양계의 나이가 46억 살이라면, 태양 주위에 1,200번을 돌아야만 했다. 그렇다면 혜성은 오래 전에 사라졌어야만 한다. 단주기 혜성들에서 문제는 더욱 심각해진다.

공허한 진화론자들의 설명

진화론자들의 유일한 해결책은 혜성들을 계속 공급하는 공급처를 가정하는 것이었다.

1) 오르트 구름

가장 잘 알려진 가설적인 근원은 네덜란드의 천문학자인 잔 핸드릭 오르트(1900~1992)가 1950년에 제안한 것으로, 그의 이름을 따라 명명된 오르트 구름(Oort cloud)이다. 이것은 태양으로부터 3광년 정도의 먼 곳까지 펼쳐져 있는 구형의 혜성들의 구름으로서, 장주기 혜성들의 공급처로서 제안되었다. 지나가는 항성들, 가스구름, 은하 조류들은 혜성들과 충돌하여 혜성들이 오르트 구름으로부터 태양계의 공전 궤도 안으로 들어오게 했다고 가정하는 것이다. 그러나 여기에는 몇 가지 문제점들이 있다.

▶ 이것을 지지하는 어떠한 관측도 없다. 그러므로 오르트 구름이 과학적 이론으로 간주되어야 하는 것조차 의심스럽다. 그것은 정말

로 수십억 년이라는 진화론적 교리에 문제가 되는 장주기 혜성들의 존재를 설명하기 위해서 만들어진 임시변통의 고안인 것이다.

▶ 충돌은 혜성들을 대부분 파괴했을 것이다. 고전적인 오르트 구름은 태양계의 진화론적 기원(성운 가설)으로부터 남겨진 혜성 핵들로 구성되었는데, 이들의 총 질량은 지구의 40배 정도 되는 것으로 가정하고 있다. 그러나 새로운 연구에 의하면 충돌들은 지구 하나 정도의 질량(의심스러운 몇몇 가정들을 채택했을 때 3.5개의 지구 질량)에 해당하는 혜성들의 질량만을 남긴 채 이것들의 대부분을 파괴하는 것을 보여주었다.

▶ 소멸 문제. 모델들은 실제로 관측되는 것보다 약 100배나 더 많은 NICs 혜성들을 예측하고 있다. 그래서 진화론적 천문학자들은 '임의적 소멸 기능'을 가정하고 있다. 최근의 한 제안은 우리들이 혜성들을 볼 수 있는 기회를 가지기 전에, 혜성들은 붕괴되어야만 한다는 것이다. 진화론에서 주장하고 있는 수십억 년이라는 장구한 기간 동안 끊임없이 혜성들을 공급해야 하는 관측되지 않는 공급처에 대한 제안은 절망적인 것처럼 보인다.

2) 카이퍼 벨트

카이퍼 벨트(Kuiper Belt)는 30~50AU(해왕성의 궤도 너머) 거리에 있는 도넛 형태의 혜성들의 저장소가 되는 것으로 가정되고 있다. 그것은 네덜란드의 천문학자 제럴드 카이퍼(1905~1973)의 이름을 따라 명명되었다. 그는 간혹 현대 행성과학의 아버지로 간주되고 있는데, 그는 이것을 1951년에 제안했다. 진화론적 딜레마를 제거하기 위해서, 그는 수십억 개의 혜성 핵들이 카이퍼 벨트에 있음에 틀림없다고 제안했다. 그러나 그곳 근처 어디에도 이처럼 많은 혜성 핵들은 발견되지 않았다. 2003년 1월에 단지 651개만이 발견되었을 뿐이다. 더군다나 그렇게 발견된 카이퍼 벨트 천체(KBOs)들은 혜성들보다 훨씬 컸다. 전형적인 혜성의 직경은 약 10km인 것에 비하여, 최근에 발견된 KBOs들은 100km 이상의 직경을 가지고 있는 것으로 평가되었다. 발견된 것 중에서 가장 큰 것은 '콰오아'(Quaoar, 2002 LM60)로 직경 1,300km이며, 거의 원형 궤도로 태양을 공전하고 있었다. 혜성에 비해 10배의 직경을 가지는 KBO는 대략 1,000배의 질량을 가지게 된다는 것에 주목하라.

따라서 사실 가설적인 카이퍼 벨트 지역에서 혜성들 그 자체의 발견은 없었다. 그래서 그것은 대답이 되지 않는 것이다. 그러므로 많은 천문학자들이 그 물체들을 '해왕성 너머의 행성체'들로서 간주하고 있으며, 이것은 그 물체들이 카이퍼가 원했던 혜성 공급처와 관계가 없는 해왕성 너머에 위치한 물체로서 객관적으로 기술하고 있는 것이다.

3) 혜성들의 성간 기원

혜성들이 태양계 밖으로부터 온다는 생각은 거의 보편적으로 포기되었다. 오래된 지구연대를 믿는 창조론자인 휴 로스는 붕괴되어가고 있는 혜성 문제를 해결하기 위해서 혜성들은 성간기원(interstellar origin)을 가지고 있다고 주장하였다. 그러나 오늘날 어떠한 천문학자도 그러한 견해를 받아들이지 않는다. 왜냐하면, 그러한 혜성들은 쌍곡선 궤도를 가져야만 하며, 태양 탈출속도보다 빠른 속도를 가지고 있어야 하기 때문이다. 그리고 이것은 관측되지 않았다. 만약 혜성들이 성간기원을 가진다면, 오르트 구름이나 카이퍼 벨트 같은 가설들이 왜 필요하단 말인가?

결 론

혜성들은 운명을 나타내는 징후가 아니라, 하나님이 넷째 날에 창조하신 물체이다. 혜성의 출현에 대한 성공적인 예측은 성경적 세계관에 의해서 고무된 현대과학의 초기 승리였다. 혜성들은 매번 많은 질량들을 잃어버리며 빛을 내고 있다. 따라서 그것들은 수십억 년이 될 수 없다. 진화론자들은 혜성들의 재공급을 위해서 여러 가지 공급처(근원)들을 제안했다. 그러나 실제 관측된 증거는 없으며, 수많은 풀리지 않는 이론적 문제점들을 남기고 있다. 그러므로 혜성들은 성경적 시간척도에 훨씬 더 적합한 것이다.

〈Jonathan Sarfati, http://www.creation.or.kr/library/itemview.asp?no=2870〉

＊저장소에 충분하지 않은 혜성들

혜성들이 부족하다. 허블망원경이 카이퍼 벨트(Kuiper Belt, 혜성들의 근원으로 알려져 있는)를 자세히 관측하였는데, 그곳은 거의 비어있는(예상 공급량의 단지 4%) 것으로 발견되었다. 천문학자들은 현재 태양계에 존재하는 단주기 혜성들의 수를 설명하기 위해서는 큰 저장장소가 필요했다. 카이퍼 벨트는 해왕성 너머의 작은 얼음체들을 가지고 있는 지역으로, 200년 보다 적은 궤도 주기를 갖는 혜성들의 주근원처가 되는 것으로 추정해 왔었다. 그러나 Astrophysical Journal에 보고된 새로운 측정치들은 관측되고 있는 혜성들의 수와 크게 다르게 나타났다. 그 저장소에서 85개의 해왕성 너머의 물체들을 발견할 것으로 천문학자들이 예상했으나, 단지 3개만이 발견되었다는 것이다.

⟨CEH, 2003. 9. 3. http://www.creation.or.kr/library/itemview.asp?no=1393⟩

＊스타더스트 호는 혜성 먼지에서 불에 탄 암석을 발견하였다.

혜성탐사선 스타더스트 호가 보내온 결과는 과학자들을 당황스럽게 했다. 사이언스(2006. 12. 15) 지에 게재된 혜성 와일드 2로부터의 혜성 먼지입자에 대한 상세한 분석에 의하면, 혜성에서 엉뚱한 물질들이 발견되었다는 것이다. 과학자들은 태양계 밖에서 오게 된 물체에서 기대되는 차가운 휘발성물질들 대신에, 매우 높은 온도에서 형성되는 것으로 알려진 광물인 감람석, 휘석, 오스보나이트 등을 발견했다는 것이다. EurekAlert의 한 기사에서 스타더스트 팀의 책임자인 브래들리는 오스보나이트는 단지 3,000° K에서 형성된다고 말했다. "만약 그 광물이 혜성에서 발견되었다면, 그것은 어떻게 지옥으로부터 나오게 되었는가?" 그는 묻고 있었다.
수십 년 동안 그들은 우리에게 혜성들은 초기 태양계의 비밀을 간직하고 있다고 말해왔다. 태양계 밖의 어둡고 추운 외계 영역을 표류하면서, 혜성들은 분자 구름의 최초 먼지와 얼음으로부터 천천히 부착되어 왔다고 추정해왔다. 혜성들은 지나가는 항성에 의해서 궤도가 틀어져 태양에 가까이 접근하게 되었고, 태양계 안으로 들어오게 되었다는 것이었다. 이러한 생각은 1700년대 말의 라플라스의 성운설에 그 기원을 가지고 있다. 이러한 뉴스는 지금까지의 주장과는 완전히 180도 다른 방향 전환인 것이다. 이제 우리는 생생한 혜성으로부터 실제 물질들을 가지게 되었다. 적어도 혜성 물질의 일부는 너무도 뜨거워서 그것이 빛을 내며 밝게 탔음을 보여주고 있다. 그 물질들의 일부는 암석질의 불덩어리 행성에서 태어난 것처럼 보인다. 스타더스트가 발견했던 것은 교과서들을 다시 쓰도록 할 것이며, 많은 TV 다큐멘터리들을 폐기시킬 것이다. 몇 그램의 실제 데이터는 1톤의 추측성 데이터보다 가치가 있다.

〈CEH, 2006. 3. 14. http://www.creation.or.kr/library/itemview.asp?no=3222〉

_11
나선은하는 우주론적으로 짧은 시간 안에 흐릿해지도록 감겨지고 있다

우리 은하의 별들은 은하계의 중심에 대해 서로 다른 속력으로 회전한다. 안쪽에 있는 별들은 바깥쪽에 있는 별들보다 더 빨리 회전하고 있다. 관찰된 회전 속력은 너무나 빠르므로, 만약 우리의 은하가 수억 년 이상이라면, 현재처럼 나선형 모양이 아니라 모양 없는 원반형이 되었을 것이다. 그럼에도 불구하고 우리 은하는 적어도 100억 년은 된 것으로 추정되고 있다. 진화론자들은 이것을 '감겨지는 딜레마'라고 부르고 있는데, 그들은 이것을 약 50년 전부터 알고 있었다. 진화론자들은 이것을 설명하기 위해 많은 이론들을 고안했다. 그러나 각각의 시도들은 잠깐 동안 인기를 누렸다가는 곧 실패하였다. '감겨지는 딜레마'는 다른 은하계에도 적용된다. 지난 수십 년 동안 이 수수께끼를 해결하기 위한 인기있는 시도는 '밀도파이론(density-wave theory)'이라고 불리는 복잡한 이론이었다.

Sky and Telescope 지(2005. 12. 19)는 왕립천문학회에서 메리필드 등이 발표한 내용을 보도했다. 그들은 나선은하 M77에서 가스들의 속도를 측정했는데, 예상했던 것처럼 은하 중심부 쪽의 가스들은 은하 바깥쪽의 가스들보다 훨씬 더 빠르게 궤도를 회전하고 있다는 것을 발견했다. 수십억 년의 우주론은 은하의 나선형 구조가 단순한 기계적 회전에 의해서가 아니라, 다른 어떤 것에 의해서 원인되었을 것을 요구한다. 그렇지 않다면, 나선은 우주론적으로 짧은 시간 안에 나선 형태를 잃어버리고 흐릿해졌을 것이다.

"메리필드와 그의 동료들은 새로운 공식들을 도출하였고, 그것들을 M77의 일산화탄소 끈이 달린 가스구름의 측정에 적용하였다(일산화탄소 분자는 미세하게 동조된 라디오파를 방출한다. 이것은 천문학자들에게 성간물질들의 시선속도와 그 위치를 정확하게 측정할 수 있도록 한다). 은하 중심으로부터 3,000 광년 떨어져 있는 나선 형태의 물결 패턴은 6,000 광년 떨어져 있는 것에 비해 3배는 더 빠르게 중심부 주변을 선회하고 있었다. 이것은 은하의 밝은 안쪽 바람개비가 형태가 없는 원반으로 자체가 감겨질 운명이라는 것을 보증하는 것이다 라고 연구팀은 말한다. "만약 이 결과가 다른 은하들에게도 일반적으로 적용되는 것이 입증된다면, 미래의 은하 여행자들은 자기의 고향 은하를 나선구조의 형태로 확인하는 방법은 사용할 수 없을 것으로 보인다"고 그 과학자는 말했다.

메리필드와 그의 동료들은 나선은하가 보이는 것처럼 정확하게 감겨지고 있다는 것을 경험적인 증거들을 통해 보여주었다. 즉, 우주론적으로 짧은 시간 안에 그들의 나선 구조가 완전히 지워질 정도로 빠르게 감겨지면서 회전하고 있다는 것이다. 우주의 나이가 무슨 수를 써서라도 137억 년이라는 것을 지지해야만 하는 오래된 우주 연대를 믿는 천문학자들에게는 이것은 저주였다.

이 문제가 처음으로 부상했을 때인 1930년대 이후, 천문학자들은 나선은하의 나선형 구조가 수십억 년 동안 남아 있을 수 있는 방법을 설명하기 위해서 공상적인 설명들을 제안해야만 했었다. 밀도파는 현재 유행하고 있는 설명이다. 우리들이 보고 있는 나선은하의 팔들은 은하를 통과하여 나선형 패턴으로 전달된 단지 높은 밀도의 물결들이라는 것이다. 그리고 그것들이 진행되면서 새로운 별이 만들어진다는 것이다. 이 이론에 대한 컴퓨터 모델링은 도전을 받아오고 있는 중이다. 그 모델은 관측된 나선 구조를 만들기 위해서 인위적으로 조율된 것이다.

〈CEH, 2006. 3. 4. http://www.creation.or.kr/library/itemview.asp?no=3235〉

✽ 나선은하 이론의 뒤집힘

나선 팔의 형성에 대한 밀도파 이론은 거의 반 세기 동안 은하천문학에서 채택되어 왔다. 밀도파 모델은 부분적으로 선호됐었다. 왜냐하면, 나선은하의 '감겨지는 문제'에 대해 답하고 있었기 때문이다. 왕립천문학회(2011. 4. 20)에 게재된 한 연구는 기존의 오래된 이론을 뒤엎고 새로운 이론을 제안했다. 왕립천문학회의 언론 보도는 말한다. "우리의 은하수와 같은 은하들에서 발견되는 나선 패턴에 대한 한 연구는 나선 팔들의 모습이 어떻게 형성되고 어떻게 진화되었는지에 관한 기존 이론을 뒤엎어 버렸다." 로버트 그랜드 밀도파 모델을 사용하여 시뮬레이션을 실시한 결과, 나선 팔이 재현되는 것이 불가능하다는 것을 발견했다는 것이다.

〈CEH, 2011. 5. 4. http://www.creation.or.kr/library/itemview.asp?no=5096〉

12

초신성 잔해들은 모두 어디로 갔는가?

항성(stars, 별)들은 지구보다 수백만 배 커다란, 주로 압축된 가스로 이루어진 구체들이다. 우리 우주에 있는 모든 것처럼, 그들은 결국 닳아 없어질 것이다. 매우 커다란 항성들의 어떤 시점에, 그것은 하나의 전 은하가 생산하는 것을 초과하는 엄청난 에너지를 방출하며 안쪽으로 붕괴된다. 이러한 별인 초신성(supernova)은 너무도 치밀해서 더 이상 붕괴될 수 없는 한 중심부를 만들고, 별의 나머지 파편들은 바깥쪽으로 퍼져나간다.

이들 초신성 잔해들(supernova remnants, SNRs, 붕괴된 중심부와 퍼져나가는 파편들)은 폭발된 후에도 오랜 기간 동안 탐지될 수 있다. 현재 항성들에 관해 발견된 사실들에 기초하여, 과학자들은 우리 은하 크기 정도의 은하는 대략적으로 25년마다 하나의 초신성을 가지는 것으로 평가했다. 이것은 지난 2,000년 동안의 역사적 관측에 근거한 것이다. 만약 우리 은하의 나이가 137억 년이 되었다면, 수많은 초신성 잔해들이 실제로 관측되어야만 한다.

이론적인 모델들에 의하면, 한 초신성으로부터 퍼져나가는 파편들은 물질과 에너지의 분산처럼 여러 단계를 거쳐 퍼져나가는 것으로 제안되었다. 폭발 후 처음 수백 년 동안, 물질들은 초당 수천 km로 바깥쪽으로 빠르게 돌진해 나간다. 후에 하나의 폭풍파가 형성되고, 강력한 라디오파가 1만 년 이상 동안 방출된다. 마지막 단계에서 물질들은 너무도 확산되어 단지 열에너지만 검출된다.

비록 매우 다양한 의견들이 있지만, 과학자들은 얼마나 많은 초신성들이 진행되어가는 각 단계에서 보여질 수 있는지를 대략적으로 평가했다. 초신성 잔해들이 평균적으로 불과 55,000년 동안 지속된다 할지라도, 우리의 은하에서는 과거에 폭발했던 수많은 초신성 잔해들을 발견할 수 있어야만 한다.

대부분의 전문가들은 우리 은하 정도 크기의 은하들은 25년마다 하나의 초신성이 생겨난다는 것에 동의하고 있다. 그러므로 우리 은하의 나이가 100,000년 이상이라면, 그리고 초신성 잔해들이 평균 55,000년 이상 지속된다면, 우리의 은하에는 적어도 2,200(=55,000÷25)여 개의 초신성 잔해들이 남아 있어야만 한다. 만약 이 잔해들의 단지 1/2만 발견될 수 있다 하더라도, 1,100개 정도는 발견되어야 한다. 그러나 우리 은하에서 초신성 잔해들은 단지 200여 개가 발견되었다.

이것은 지구와 우주의 나이가 진화론에서 가정하고 있는 나이보다 훨씬 젊다는 것을 가리키고 있는 무수한 증거들 중에 단지 하나일 뿐이다. 정말로, 방사성 동위원소 연대측정법을 제외한 거의 대부분의 연대측정 시계들은 상당히 젊은 지구를 가리키고 있는 것이다.

⟨CSE, http://www.creation.or.kr/library/itemview.asp?no=3362⟩

_13
젊은 청색별이 우리 은하에서 발견되었다

　행성들을 탐색하도록 프로그램된 허블 우주망원경이 우리 은하에서 42개의 괴짜 청색별들(blue stars)을 발견했다. 이들 별들은 너무도 밝게 타고 있어서 다른 별들보다 훨씬 더 빨리 그들의 연료를 소비하고 있었다. 그러한 별들은 먼 은하에서는 풍부하게 발견되고 있지만, 근처에서 푸른 청색별의 발견은 장구한 연대를 주장하는 표준 우주론에서 하나의 특별한 문제를 야기시키는 것이다.

　청색별들은 137억 년의 우주에서는 존재해서는 안 된다. 왜냐하면 그들은 수십억 년 전에 다 타서 사라졌어야만 하기 때문이다. 사우스 캐롤라이나 대학의 천문학자 대니 폴크너는 최근에 "사실 가장 뜨거운 청색별들은 기껏해야 단지 몇백만 년만 지속될 수 있다. 창조론자나 진화론자나 양측 모두 이 사실에 대해서는 인정하고 있다"라고 지적했다. 따라서 진화론자들은 이러한 청색별들은 오랜 시간 동안에 지속적으로 발생되었다고 제안해왔다. 하지만 그것은 청색별이 지금도 형성되어야 한다는 것을 의미한다. "그러나 천문학자들의 부지런한 탐색에도 불구하고, 이들 별(또는 다른 어떤 별)이 단 하나라도 형성되는 것을 관측하지 못했다"라고 폴크너는 썼다.

진화론적 별 형성 이야기(성운설)가 말하고 있는, 흩어졌던 가스들이 별을 형성하는 데에는 물리적 장벽이 존재한다. 왜냐하면, 가스 구름이 짙어질수록 그 입자들은 더 맹렬하게 서로에 대해 반발하기(밀어내기) 때문이다. 따라서 오래된 연대 진영의 천문학자들은 청색별은 먼 과거에 알려지지 않고 관측되지 않는 어떤 과정에 의해서 형성되었다라고 하는 마술과 구별할 수 없는 비합리적 설명에 호소하고 있는 것이다. 허블망원경의 발견을 보도하고 있는 NASA의 뉴스는 "이들 청색 낙오자들이 어떻게 형성되었는지는 명확하지 않다"라고 인정했다.

그 별들은 '낙오자(stragglers)'로서 간주되고 있었다. 왜냐하면 그 별들은 나이가 들어 보이는 붉은 색의 동료 별들보다 노화 과정을 밟지 않고 뒤에 꾸물거리고 남겨졌기 때문이다. 또한 보도 자료에 의하면, 42개의 천체들 중 일부는 청색별이 아니고 앞에 있는 천체와 겹쳤을 수도 있지만 18~37개는 확실히 낙오자인 청색별이라는 것이다. 망원경은 별과 가스들이 더 밀집된 은하 중심부를 들여다보고 있었다.

수 년 동안 천문학자들은 멀리 떨어져 있는(그러므로 장구한 시간이 흘렀다는) 많은 청색별들을 관측해왔다. 따라서 이들 짧은 수명의 청색별들이 '알려지지 않은 과정'에 의해서 자연적으로 생겨났다는 진화론에 기초한 주장은 거리라는 가리개 뒤에서 숨겨질 수 있었다. 만약 어떤 사건이 수십억 년 전에 발생했었다면, 알려지지 않은 과정이라는 주장은 그렇게 미친 소리처럼 들리지 않게 되는 것이다.

하지만 새로 발견된 이들 청색별들은 단지 26,000 광년 거리에 있는 것이다. 이들 별들이 하나님에 의해서 창조된 것이 아니고, 자연적으로 생겨난 것이라면, 어떻게 그 별들이 형성되었을지에 대한 합리적인 자연주의적 설명이 있어야만 한다. 하지만 그러한 설명은 없다. 젊고 뜨거운 청색별들은 먼 곳뿐만 아니라 매우 가까이에도 있었다. 따라서 그들의 기원에 대한 어떠한 합리적인 자연주의적 설명이 없다는 것은 먼 거리 뒤에서 더 이상 숨겨질 수 없는 것이다. 반면에, 우주와 별들의 나이가 단지 수천 년에 불과하다면, 청색별에 대한 특별한 설명은 불필요한 것이다.

성경도 분명히 말하고 있었지만, 과학적 증거도 청색별은 최근에 어떤 목적을 가지고 그곳에 위치하고 있음을 분명히 보여주고 있는 것이다.

"묘성과 삼성을 만드시며 사망의 그늘을 아침으로 바꾸시고 낮을 어두운 밤으로 바꾸시며 바닷물을 불러 지면에 쏟으시는 이를 찾으라 그의 이름은 여호와시니라" (아모스 5:8)

〈ICR News, 2011. 6. 9. http://www.creation.or.kr/library/itemview.asp?no=5078〉

_14
운석공에 의한 연대측정의 위기 :
충돌 크레이터들은 대부분 이차성이었다

연대측정 방법은 인간 피라미드와 같다. 그것은 결국 맨 아래에서 버티고 있는 사람에 의해서 좌우된다. 만약 맨 아래에서 버티고 있는 사람이 무게를 못 이기고 쓰러진다면, 곡예 단원들은 빠르게 무너져 내릴 것이다. 행성들의 표면 나이를 평가하는 데에 널리 사용되어 왔던 한 방법이 비슷한 위험에 처해 있다. 수십 년 동안 어떠한 의문도 제기되지 않았던, 한 방법의 기초가 되는 가정에 심각한 결점이 있는 것으로 밝혀졌기 때문이다.

운석 충돌 크레이터(운석공)들의 수에 의한 연대측정은 완전히 논리적인 것처럼 보였다. 더

많은 수의 충돌 크레이터들을 가지고 있는 지형은 더 오래되었다는 것이다. 그러나 그 연대측정 방법은 충돌체들이 대략 일정한 비율로 떨어지고, 하나의 충돌체가 하나의 운석공을 만든다는 가정하에 성립하는 것이다. 대기 밀도, 중력, 지질 활동 등과 같은 여러 복잡한 요인들

을 보정한 후에, 과학자들은 최근까지 자신만만하게 그들의 연대표를 확신하고 있었다. 그런데 '이차성 크레이터들(secondary craters)'이라는 새로운 개념은 행성 연대측정의 기초를 완전히 뒤흔들어 붕괴시키고 있다.

이차성 크레이터들은 최초 충돌에 의한 파편으로부터 만들어지는 크레이터들이다. 만일 충분히 커다란 충돌체가 행성 또는 위성과 충돌한다면, 위로 튀겨 올라가는 파편 구름에는 많은 커다란 파편 조각들이 포함되게 되고, 이들은 다시 재낙하하여 많은 이차성 크레이터들을 만드는 것이다. 행성학자들이 이차성 크레이터들을 몰랐던 것은 아니다. 그러나 최근까지 그 중요성은 과소평가되었다. 이제 그들은 막대한 수의 크레이터들이 이차성으로 만들어졌을 가능성을 발견하고 있는 중이다. Nature 지(2005. 10. 20)에서 한 연구자는, 화성에 있었던 단 한 번의 커다란 충돌은 약 1천만 개의 이차성 크레이터들을 만들었다고 평가했다. 그리고 목성의 위성 유로파에 나 있는 작은 크레이터들의 95%는 재낙하한 파편들로 형성되었을 것으로 평가했다. 이것은 단지 소수의 충돌체만으로도 전체가 빠르게 크레이터들로 뒤덮일 수 있음을 의미한다. 그것은 또한 크레이터들의 수를 가지고 표면의 나이를 추정하는 것은 신뢰할 수 없는 폐기해야 하는 기술이라는 것을 의미한다.

이차성 크레이터들에 대한 확실한 검증 없이, 행성 표면의 역사에 대한 단지 주관적인 추론만이 있어 왔던 것이다. 이차성 크레이터들은 한 커다란 충돌 크레이터와의 근접성 여부, 또는 유사한 침식 정도, 또는 우주에서의 풍화작용 등에 의해서 확인될 수 있을 것으로 생각할 수 있다. 그러나 그것은 그렇게 간단하지가 않다. 충돌 후 튀겨나간 일부 파편들은 공전 궤도로 들어가서 수 세기 후에 떨어질 수도 있고, 다른 조각들은 우주로 탈출하여 결국 다른 천체에 충돌할 수도 있다. 재낙하되는 파편들은 원래 크레이터 위로 먼지를 흩뿌리어 그 관계를 애매하게 만들 수도 있으며, 심지어 추가적인 충돌을 만들 수 있는 많은 파편들을 또다시 튀겨 올릴 수도 있다.

지구-달 시스템이 수십억 년 되었음을 알고 있다고 믿고 있었던, 그리고 그것의 지질학적 역사를 알고 있다고 믿고 있었던 과학자들은, 달의 나이와 월면에 있는 충돌 크레이터들의 밀도를 가지고 하나의 식을 만들었다. 그리고 그들은 그 식을 가지고 화성, 다른 행성들, 그리고 위성들에 적용했다. 이들 천체들의 나이는 시간에 따른 달 충돌의 빈도를 표준으로 하여 계산될 수 있었다. 따라서 하나의 피라미드가 흔들리는 가정 위에 세워졌던 것이다. 이제 단 하나의 충돌이 수많은 이차성 크레이터들을 만든다는 사실은 인간 피라미드의 맨 아래에 위치한 사람이 주저앉은 것과 같다. 그 피라미드는 곧바로 무너져 내릴 것이다. 심각한 문제점이 밝혀진 크레이터 수에 의한 연대측정 방법을 어떻게 적용시킬 것인지에 대해서, 2006년 3월에 모인 125명의 행성과학자들은 벽에 부딪치게 되었다고 사이언스 지(2006. 5. 26)는 보도했다. 이제 운석 충돌 크레이터들부터 추정되었던 지질학적 연대는 수십 수천 배 크기로 틀렸을 가능성이 있게 되었다. 여기에서 과학을 사랑하는 우리들이 배울 수 있는 중요한 교훈이 하나 있다. 그것은 "가정들(assumptions)을 의심해 보라"는 것이다.

〈David F. Coppedge, http://www.creation.or.kr/library/itemview.asp?no=3765〉

_15
잘못 평가되었던 초신성들의 연대

그들은 우리에게 한 특별한 초신성이 1만 년 전에 폭발했다고 말했었다. 그런데 어떻게 AD 185년에 중국인이 그것을 보았을까? 그에 대한 대답은 과학적 추론이 얼마나 잘못될 수 있는지를 보여주는 한 사례 연구가 되고 있다.

초신성잔해(supernova remnants, SNRs)는 항성의 폭발로 바깥쪽으로 팽창해가는 물질들의 껍질이다. 팽창하는 껍질의 속도를 측정함으로써, 그리고 그것을 과거로 외삽함으로써 사람들은 별이 얼마나 오래 전에 폭발했는지를 추정했다. 켄타우루스 자리에 있는 RCW 86의 경우, 계산된 폭발 시기는 1만 년 전이었다. Space.com (2006. 9. 26)에 따르면, 이제 천문학자들은 그것이 1821년 전에 중국 천문학자들에 의해서 관측됐었다는 것을 깨닫게 되었다. 이것은 초기의 연대평가가 80%나 잘못되었다는 것을 의미한다. 무슨 일이 일어났던 것일까?

찬드라 관측소의 X-선 자료에 의하면, 이제 그들은 팽창하고 있는 껍질들이 성간물질들과 부딪쳐서 느려지면서 더미로 쌓여지고 있다고 믿고 있었다. 따라서 현재의 속도를 직선적으로 과거로 동일하게 외삽했던 것은 하나의 잘못된 가정에 기초했던 것이다.

북쪽 하늘에서 가장 넓게 퍼져나가고 있는 초신성잔해 중 하나도 이것과 비슷한 이야기를 전해주고 있다. 면사포성운은 백조자리에서 넓은 지역에 걸쳐서 우아한 고리 모양으로 활처럼 펼쳐져 있다. 이 성운에 대한 초기의 연대평가는 수만 년 전이었다. 그러나 2001년에 Sky & Telescope 지는 놀라운 보고를 했다. 천문학자들은 1953년에 허블이 촬영한 사진과 비교하여, 그것의 연대를 5,000년 전으로 재계산하였다.

천문학자들은 초신성들을 나이와 거리의 지표(indicators)로서 사용한다. 실제 나이에 비해 4배나 틀린 나이를 발표하는 전문가들을 신뢰하기는 어렵다. 이러한 부정확한 평가율이 다른 과학 분야에서도 허용될 수 있을까? 그러나 천문학 분야에서 이러한 뒤집힘은 흔하다.

한 맥동성(pulsar)이 2001년 찬드라 망원경에 의해서 촬영되었고, 24,000년 되었다고 추정됐었다. 후에 천문학자들은 그것이 AD 386년에 중국인들에 의해서 관측됐었던 한 초신성과 일치한다는 것을 깨달았다. 이것은 초기에 평가된 연대가 단지 7%의 정확도밖에 되지 않음을 의미한다. 햄릿이 그들보다 더 지혜를 가지고 있었을지도 모른다. "호레이쇼, 이 천지간에는 자네의 철학으로 상상할 수 있는 것들보다 더 많은 것들이 있다네."

〈David F. Coppedge, http://www.creation.or.kr/library/itemview.asp?no=3910〉

2007년 1월 JPL의 스피처 우주망원경 팀의 보도에 의하면, '창조의 기둥'이라는 유명한 독수리 성운은 빠르게 파괴되고 있는 중이라고 한다. 1,000~2,000년 전에 폭발했을 한 초신성이 그 기둥들에 폭풍파를 내보내고 있는 중이며, 6,000년 전쯤에 발생했을지도 모르는 더 초기의 초신성이 아마도 그들을 흩어버리고 있었다는 것이다. 2002년에 Space.com에서 한 진화론자는 "이 기둥들은 1백만 년 정도 지속될 것이다"라고 언급했었다. 그러나 그렇지 않았다. 1백만 년이 아니라, 1백만 년의 0.1%인 1천년 정도면 완전히 사라질 것이라는 것이다.

좌 : 1995년 허블망원경이 촬영한 독수리 성운의 창조의 기둥.
우 : 2007년 창조의 기둥에 대한 적외선 영상. 1995년 이후 10여 년 만에 빠르게 파괴되고 있었다. 먼지 뒤쪽의 별들이 나타나 보인다.

〈CEH, 2007. 1. 23. http://www.creation.or.kr/library/itemview.asp?no=3792〉

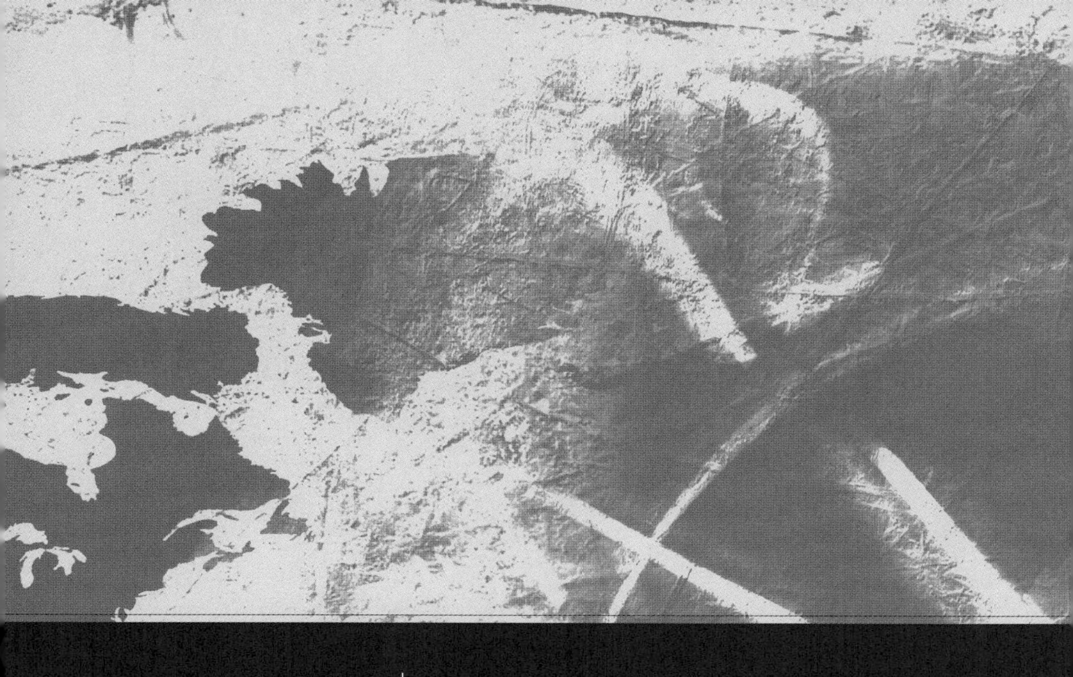

VI

빅뱅설과 별빛 문제

_01
세속 과학자들도 빅뱅설을 거부하고 있다

'빅뱅설'(Big Bang Theory, 대폭발설)은 우주 탄생 초기에는 모든 은하들이 한 점으로 모여 있었고, 온도와 밀도가 무한대인 상태에서 대폭발이 일어나 팽창하여 오늘날의 우주가 만들어졌다는 이론이다. 많은 기독교 지도자들이 빅뱅설에 대하여 단순히 묵인하는 정도가 아니라, 그것을 진심으로 신봉하고 있는 것을 볼 때 놀라움을 금치 못한다. 그들의 말을 들어보면, 믿는 자들은 신앙을 방어하기 위한 주요한 버팀목으로 빅뱅설을 받아들여야 한다는 것이다.

그러나 세속적인 유혹에 굴복한 대가는(적어도 물리학과 천문학 분야에 있어서) 너무도 컸다. 빅뱅설을 기독교 사상에 도입하는 것은 트로이 성안으로 목마를 들여 놓은 것과 같다. 왜냐하면 그것은 다음과 같은 이유 때문이다 :

◀ 빅뱅설은 성경과 절대로 양립할 수 없는 일련의 연속적인 일들을 받아들이도록 강요하고 있다(예로, 태양 이전의 지구 대신에 태양 이후에 생겨난 지구).

◀ 빅뱅설이 주장하고 있는 137억 년 동안의 천문학적 진화는 자연주의적인 가정들에 기초할 뿐만이 아니라, 인간은 오랜 시간에 걸친 진화의 산물이라고 주장한다. 이는 창조시부터 사람이 있었다는 예수님의 말씀(막 10:6)과 모순된다.

◀ 빅뱅설은 별, 은하, 태양계, 행성(지구 포함)들의 점진적인 진화를 주장하고 있기 때문에, '빅뱅설을 받아들이는 크리스천'들은 항상 '지질학적 진화'를 받아들이도록 (지구에서 퇴적 지층들은 수억 수천만 년에 걸쳐 퇴적되었다는 것을 받아들이도록) 질질 끌려가게 되어 있다. 그래서 그들은 전 지구적인 대홍수를 부인하게 되고, 아담 이전에 피흘림, 질병, 죽음이 있었다는 주장을 받아들이면서 끝을 맺게 된다. 이것은 창조 이후에 '타락과 저주'가 현실 세계에 어떤 영향을 끼치게 되었는지를 배제하는 것이고, 또한 크리스천들이 항상 가져왔던 고통과 죄악의 문제에 대한 성경적 해답을 제거하는 것이다(하나님은 이 세상을 완전하게 창조하셨고, 죄로 인해 파멸되었다).

◀ 누군가 신학과 오늘날의 세속적 과학을 결혼시킨다면, 그것은 미래에 과부로 남겨질 것이다.

사실 이러한 일들이 일어나고 있다는 징조는 매우 강하다. 그리고 빅뱅 이론을 반박할 수 없는 과학적 사실이라고 받아들였던 사람들은 이제 사기 물건을 구입했음을 깨닫고 있는 중이다. 33명의 지도자급 과학자들에 의해서 '과학사회에 보내는 공개서한'이라는 폭탄선언이 2004년 5월 인터넷상(http://www.cosmologystatement.org/)과 New Scientist(2004. 5. 22) 저널에 발표되었다

인터넷상에서 발표된 한 논문에서 "우주의 역사에 대한 우리의 생각은 빅뱅설에 의해 지배되어 왔었다. 그러나 에릭 러너 및 수학자인 미가엘 이비손(Earthtech.org 운영)과 전 세계 수십 명의 과학자들에 의하면, 사실 그러한 지배는 과학적 방법보다는 연구자금의 책정 및 조달과 더 관련이 있었다"는 것이다.

공개서한은 다음과 같은 내용을 담고 있다 :

◀ 오늘날의 빅뱅설은 점점 늘어나는 다수의 가설적 개념들에 의존하고 있다. 즉, 이제껏 결코 관측된 적이 없는 급팽창, 암흑물질, 암흑에너지 등과 같은 것들이 가장 두드러진 예들이다. 이러한 것들이 없다면, 천문학자들에 의해서 관측되는 것과, 빅뱅설에 의해서 예측되는 것 사이에 치명적인 모순이 존재하게 된다.

◀ 그러나 빅뱅설은 이들 속임수 요소들 없이는 존재할 수 없다. 가설적인 급팽창이 없다면, 빅뱅설은 관측되는 평탄하고 등방성의 우주배경복사를 예측해 낼 수 없다. 왜냐하면 우주에서 멀리 떨어져서 같은 온도를 보이며, 같은 양의 마이크로파 복사선을 방출하는 우주의 어떤 부분도 없게 되기 때문이다. 급팽창은 빅뱅설이 주장하는 빛 요소의 기원에 대한 설명인 핵합성에 의해 추정되는 것보다 20배나 더 큰 밀도를 필요로 한다.

◀ 물리학의 어떤 분야에서도 관측과 이론 사이의 간격을 메워주기 위해서 새로운 가설적 물체들을 계속 만들어내는 분야는 없다. 그것은 기초가 되는 이론의 정당성에 심각한 의문을 제기하게 하는 것이다.

◀ 게다가 빅뱅설은 관측에 의해서 결과적으로 증명된 양적인 예측들을 보여주지 못한다. 빅뱅설의 지지자들에 의해 주장되는 성공은 조정 가능한 매개변수들을 꾸준히 증가시킴으로써 관측한 것들을 소급하여 (거꾸로) 적합시키는 능력으로 이루어진 것이다. 이것은 과거 프톨레마이오스의 천동설이 주전원의 층에 또 층을 더하는 식과 같다고 할 수 있다.

빅뱅 이론을 반대하는 사람들은 우주론에 대한 성공적인 예측을 할 수 있는 다른 설명들이 있다고 주장한다. 그러나 그러한 모델들도 난점들에 대한 해답을 모두 가지고 있지는 못하다. 그러나 그들은 "그것은 놀라운 일이 아니다. 그러한 모델들의 개발은 연구자금의 부족으로 심각한 어려움을 겪고 있다. 정말로 이와 같은 의문점들과 대안들은 자유롭게 논의되거나 조사되지 못하고 있다"고 말한다.

크리스천들에게 빅뱅설을 '과학적 사실'로 받아들이도록 설득하고 있는 사람들은 과학사회에서 빅뱅설이 거의 보편적으로 받아들여지고 있기 때문이라고 말한다. 그러나 33인의 과학자들은 많은 창조과학자들이 겪고 있는 비슷한 상황을 묘사하고 있었다.

"대부분의 주요한 학술회의에서 빅뱅설에 대한 공개적인 논쟁은 거의 이루어지지 않는다. … 의심과 반대는 용납되지 않으며, 젊은 과학자들은 권위 있는 빅뱅모델에 대한 부정적인 의견이 있더라도 침묵을 지키도록 배운다. 빅뱅 이론에 대해 의심을 품는 사람들은 자신들의 재정적인(연구비) 문제 때문에 입을 다물게 된다."

진화론자이자 과학사가인 에블린 리차드는 경쟁관계에 있는 진화

이론들 간에도 주류 패러다임에 대해 도전하는 이론들은 무시된다는 것을 지적해 왔었다. 이것은 성경적 창조론자들이 직면하는 어려움을 알 수 있게 해준다.

그러나 우리는 심지어 일간신문에서도 오로지 빅뱅설을 지지하는 것처럼 보이는 많은 '관측'들에 관해서 읽게 되지 않는가? 그러나 사실 유명한 세속적 과학자도 다음과 같이 말하고 있다.

"관측 결과들은 이러한 편견의 필터를 통해서만 해석되고, 그 관측 결과가 빅뱅 이론을 지지하는 것인지 아닌지에 따라 옳고 그름이 판단되는 것이다. 그래서 적색편이와 조화되지 않는 데이터, 리튬과 헬륨의 풍부함, 은하계의 분포, 다른 주제들 사이에서 빅뱅 이론과 일치하지 않는 데이터들은 무시되거나 조롱거리가 되는 것이다."

과학은 훌륭한 인간의 도구이다. 그러나 과학은 이해되어야 하는 것이지 숭배의 대상이 되어서는 안 된다. 과학에는 오류가 있고, 과학은 변하는 것이며, 과학이 결정지을 수 있는 것과 없는 것에는 한계가 있다. 빅뱅설은 과학적 개념이 아니라, 인본주의라는 종교에 기초한 교리적인 종교적 개념이 되어 버렸다. 이들 빅뱅 반대자들은 다음과 같이 지적하고 있다.

"단지 빅뱅 체제를 지지하는 연구들만 지원되는 것은 과학적 방법론(관측과 반대되는 이론인지를 계속적으로 시험하는)의 근간을 뒤흔드는 것이다. 이러한 제한은 편견 없는 토의와 연구를 불가능하게 한다."

게다가 많은 지식인들의 순수한 발표와는 다르게, 어떤 의미에서 그것은 망원경을 들여다보거나 몇십억 년 전의 빅뱅을 보기 위한 문제가 아니다. 항상 그래 왔듯이, 관측이란 것은 세계관이라는 렌즈를 통해서 해석되어 왔고 여과되어 왔다. 빅뱅설을 발전시켰던 사람들은 이제 임금님이 벌거벗음을 깨닫고 멋쩍어하는 사람들처럼, 세속적 세계관에 의해서 안내되고 여과되었던 것이다. 그들은 스스로 저절로 만들어진 우주를 원했다. 이에 반대하는 사람들은 영원히 만들어지지 않는 우주를 원한다. 기독교인의 시각으로 그 두 생각 모두 정말로 무엇이 일어났는지에 대한 창조주의 설명에 공공연하게 도전하는 것이다.

진화론이 번성하면서, 영혼을 훔치려는 사탄은 성경의 권위를 무너뜨리는 은밀하고 치명적인 방법을 통해서 믿는 자들을 넘어뜨리고 있다. 빅뱅설을 철저히 믿고 있는 기독교인들과 수십억 년의 지구 연대를 믿고 있는 점진론적 창조론자들이 복음주의 사회 내에서 판을 칠 때, 진화론자들과 무신론자들은 그들이 승리했다고 생각했음에 틀림없다.

〈Carl Wieland, http://www.creation.or.kr/library/itemview.asp?no=2607〉

_02

바이-바이 빅뱅? : 진화 천문학에서 풀리지 않는 수수께끼인 적색편이

매우 큰 적색편이(redshift, 별빛의 스펙트럼이 긴 파장 쪽인 붉은 색으로 이동하는 현상)를 보이는 한 퀘이사(quasar, 준성체)가 그보다 훨씬 작은 적색편이를 보이는 근처의 나선은하 속에 묻혀 있는 것이 발견되었다. 이것은 우주에 대한 전체 견해를 뒤바꿀 수 있는 발견이다. 이것은 빅뱅 천문학의 근간을 뒤흔들고 있는 것이다. 그 이유는 무엇인가?

변덕스런 퀘이사들

거대한 적색편이를 가지는 퀘이사라고 불려지는 어떤 별들이 있다. 표준 적색편이 해석에 의하면, 퀘이사들은 매우 큰 적색편이를 가지고 있기 때문에 가시적 우주의 맨 가장자리에 위치하는 것으로 추정되어 왔다. 그러한 막대한 거리에 있는 별이 그렇게 밝게 보여지기 위해서, 그들은 우리 태양보다 1백만 배 또는 1억 배의 질량을

가지는, 물질들의 원반으로 둘러싸여진 극도로 밝은 블랙홀들인 것
으로 추정되고 있다. 물질들의 일부가 블랙홀로 떨어져 들어가며 거
대한 양의 에너지를 방출한다는 것이다.

근처 은하 속에 묻혀 있는 퀘이사

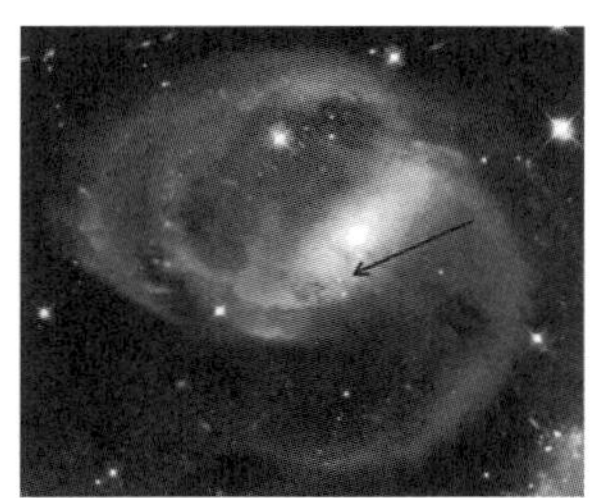

그림 1. 나선 은하 NGC 7319 중심부 근처에서 매우 큰 적색편이의 퀘이사 (화살표)가 발견되었다. (사진 NASA)

버비즈와 아프를 포함한 한 천문학 연구팀은 2004년 9월 Astrophysical Journal에 한 퀘이사의 발견을 보고했다. 이 퀘이사는 수수께끼처럼 NGC 7319 은하의 중심에서 매우 가깝게 묻혀 있었다(그림1을 보라). "먼 거리의 퀘이사가 근처의 한 은하 안에 놓여 있을 수 있을까?" 이 발견을 보도한 캘리포니아 대학의 웹 페이지는 묻고 있었다. 그 천체는 매우 큰 X-선을 방출하고 있기 때문에 ULX(ultra-luminous X-ray objects) 부류에 속한다. 이 경우에서 퀘이사는 그것의 X선 방출로부터 발견되었고, 광학적으로 허블 우주망원경으로 확인되었다. ULX들은 은하들 안과 근처에서 오랫동안 발견되어 왔었다. 그러나 최근에 버비즈와 아프는 그들이 퀘이사들이라고 제안했다.

허블의 법칙에 의하면 0.022의 적색편이를 가지고 있는 NGC 7319 은하는 지구로부터 약 3억6천만 광년 떨어져 있다. 그러나 퀘이사는 이 은하 적색편이의 100배 정도의 적색편이를 가지고 있기 때문에, 그것은 100배 정도 더 빠르게 후퇴하고 있고, 30배는 더 멀

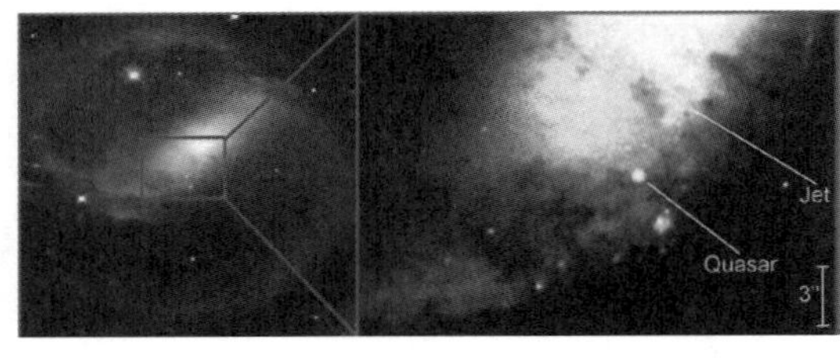

그림 2. 방출된 퀘이사 뒤쪽으로 끌려가고 있는 V-shaped jet가 분명히 보인다.

리 떨어져 있음에 틀림없는 것으로 추정된다. 그러므로 이것이 사실이라면, 이들 천체는 물리적으로 서로 연결되어 있을 수 없다.

빅뱅 이론가들은 퀘이사가 수십억 광년 뒤에 있는 것이지만, 은하의 시야와 우연히 같은 선상에서 일치하여 단지 그 천체들이 서로 가깝게 있는 것처럼 보이는 것이라고 주장한다. 그러나 아프는 활발한 은하들과 가깝게 놓여 있는 퀘이사들은 물리적으로 그들의 은하들과 관계를 맺고 있다는 매우 강력한 증거를 제시했다.

새로 발견된 ULX 퀘이사는 시야상으로 같은 선상에 우연히 정렬된 것이 아니다. 왜냐하면 그 퀘이사는 모은하의 가스상 물질들과 상호작용을 하고 있는 것으로 보이기 때문이다. 배출된 퀘이사가 운반하는 물질들과 일치하는 매우 강력한 가스 흐름이 검출되었다. 그리고 그 흐름은 관측자 쪽으로 내뿜어져 있었다(그림2를 보라).

파산되는 빅뱅

그러면 왜 빅뱅 이론가들은 퀘이사들이 은하들로부터 분출되었다는 관측에 기초한 아프의 해석을 그토록 맹렬하게 거부하는가? 왜냐하면 아프의 해석은 빅뱅으로 최초의 물질들이 어떻게 형성됐을지에 관한 그들의 핵심적 가정을 완전히 파괴하고 있기 때문이다. 또한 아프의 해석은 퀘이사의 적색편이에 의해서 결정된 별들의 거리에 심각한 의문을 불러일으키기 때문이다.

조셉 실크 교수는 그의 책 '빅뱅의 대안들'에서 "우주의 거리 지표로서 퀘이사 적색편이들의 해석에 대한 논박을 통해서만 이 결론을 피할 수 있을 것이다"라며 그 문제를 인정하고 있다. 사실 아프의 관측은 매우 날카로운 공격인 것이다. 그들은 우주에서 은하들의 분포와 빅뱅 팽창모델의 해석에 있어서 엄청난 의문을 던져 놓은 것이다.

그러나 이 관측은 하늘 천체들의 기원에 관한 최근의 창조론적 모델과 적합하다. 이 모델에서, 퀘이사들은 장엄한 창조 과정에서 활발한 은하들로부터 방출되었다. 그리고 오늘날 우리는 고배율의 망원경을 통하여, 창조 4일째의 창조 과정을 보고 있는 것이다. 이 모델은 적색편이에 대한 통상적인 해석을 뒤집어엎는 것이다. 즉, 퀘이사의 적색편이 거리는 우주론적인(우주가 엄청난 거리에서 후퇴됨으로써 원인된) 것이 아니라, 대신 본래 갖고 있던(퀘이사 자체 안에 어떤 것에 의해서 원인된) 것이라는 것이다.

새로운 모델에서, 창조 넷째 날은 지구 시계로는 단지 24시간이 지속되었다 할지라도, 우주론적 시계로 측정되었을 때는 오래된 연대가 되어 버릴 수 있는 것이다. 그것은 시간은 다른 위치와 시간에 있는 다른 관측자들에게 서로 다르게 흘러간다는 아인슈타인의 상대성 이론과 같은 하나의 불가사의한 사실이다. 그러므로 우주는 창조주간 넷째 날에 단지 24시간 내에 창조되었다. 따라서 우리는 망원경을 통하여 창조 4일째에 발생했던 과거의 사건들을 보고 있는 것이다.

오늘날 빅뱅 이론은 결코 관측된 적이 없는 점점 더 많은 가설적 실체들에 의존하고 있다. 급팽창, 암흑물질, 암흑에너지들이 가장 대표적인 예들이다. 이들이 없다면, 천문학적 관측들은 빅뱅이론의 '예측'들과 심각하게 모순된다. 그러한 이론과 관측 사이에 간격을 메우기 위한 새로운 임시변통의 요인들의 지속적인 출현은 물리학의 다른 가지들을 더 이상 견딜 수 없도록 만들고 있다. 오히려 물리학자들은 기초에 깔려 있는 빅뱅 이론에 의문을 제기해야 하는 것이다.

결 론

이것이 주는 교훈이 있다. 대다수의 사람들이 믿고 있기 때문에, 만약 당신이 빅뱅설에 당신의 신학적 믿음을 맡겨두었다면, 그 이론이 붕괴될 때 당신은 당황해할 것이라는 것이다. 이 퀘이사는 오늘날 지배적 패러다임을 믿고 있는 사람들에게는 아픈 가시들 중의 하나가 되고 있다. 많은 전문가들은 수많은 비정상적인 관측들이 계속 이루어진다 하더라도 진화론적 패러다임이 완전히 침몰하리라고는 보지 않는다(어떻게 해서든지 그러한 비정상적 관측들에 대한 변명을 만들어낼 것이다). 대신에 이 우주를 창조하신 하나님을 신뢰하자. 하나님의 말씀은 영이요 생명이다. 그리고 우리는 결코 부끄러움을 당하지 아니할 것이다. (요 1:1~3, 6:63) (눅 9:26)

〈John Hartnett, http://www.creation.or.kr/library/itemview.asp?no=3933〉

천문학자들은 은하 NGC 4319와 퀘이사 Markarian 205(그림 1)의 이상한 '연결'에 대하여 수십 년 전부터 알고 있었다. 그러나 지금까지 그 어떠한 설명도 하지 못한 채 아직까지도 당황하고 있으며, 그 이유를 찾으려고 애쓰고 있다. 이 이미지는 분명히 두 천체들을 연결하는 밝은 '다리(bridge)'를 보여주고 있다. 그 다리는 어떤 사진상의 얼룩과 같은 화소의 흐려짐과 뚜렷이 구별되고 있다.

그러면 이 은하와 명백히 가까운 이웃으로 보이는 퀘이사가 서로 연결되어 있는 것에, 천문학자들은 왜 그렇게도 당황하고 있는 것일까? 그 근본적인 문제는 은하와 퀘이사가 서로 다른 적색편이들을 가지고 있기 때문이다. 표준(도플러) 적색편이 해석에 따르면, 은하 NGC 4319는 1800km/sec의 속도로 후퇴하고 있으나, 이에 반해 퀘이사는 21,000km/sec로 후퇴하고 있다. 따라서 허블법칙에 따르면, 그 은하는 1억7백만 광년 멀리 떨어져 있고, 그 퀘이사는 12배나 더 먼 12억 광년 거리에 떨어져 있는 것이 되기 때문이다! 명백히 이것은 있을 수 없는 일이다. 왜냐하면 그 은하와 퀘이사는 다리(아마도 밝은 가스 필라멘트)로서 분명히 함께 연결되어 있기 때문이다. 그것은 그들이 함께 존재하고 있음을 나타내고 있는 것이다.

이 우주론적 '비정상'을 무시하고 피할 수는 없는 것이다. 아마도 적색편이는 별들의 후퇴속도와 관련이 없을지도 모른다. 그렇다면 결국 적

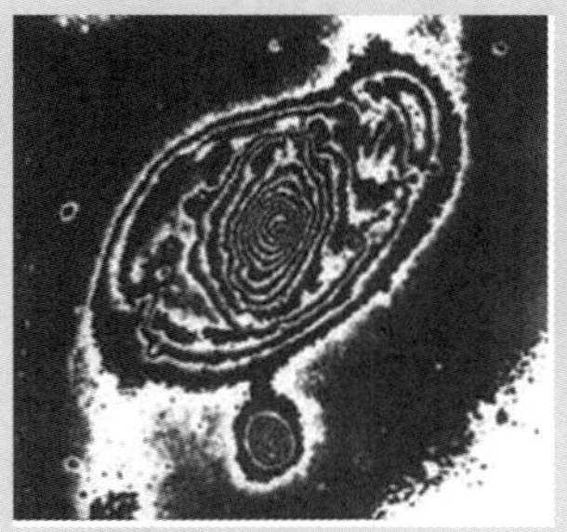

그림 1. 200인치 팔로마 망원경을 사용하여 할톤 아프가 촬영한 다수의 사진판들을 중첩하여 얻은 은하 NGC 4319(위쪽)와 퀘이사 Markarian 205(아래쪽)의 등광도선 이미지.

색편이들은 팽창하는 우주에 대한 신뢰할 수 있는 거리 지표로서 자격을 잃을지도 모른다. 이것은 우주에 대한 우리들의 이해에 있어서 근간을 뒤흔드는 심각한 질문이 되고 있는 것이다. 천문학자 윌리암 카프만은 이렇게 말했다 :

"만약 아프가 옳다면, 그의 관측이 확실하다면, 이것은 현대 천문학의 근본을 완전히 뒤흔드는 것이 될 것이다. 만약 아프의 관측이 정확한 것이라면, 코페르니쿠스가 태양계의 중심이 지구가 아니라 태양이라고 감히 제안했던 이후, 현대 천문학과 우주론의 기둥 중 하나는 미증유의 혼돈을 일으키며 무너져버릴 것이다."

〈Andrew A. Snelling, http://www.creation.or.kr/library/itemview.asp?no=3941〉

_03
출생시부터 성숙한 은하 :
우주는 진화론을 거부한다

젊은 지구 창조론을 비판하는 사람들은, 그렇게 광대하고, 다양한 현상들을 가지고 있는, 다양한 속도로 달리고 있는 우주를 단지 수천 년 안으로 적합시킬 수 있다는 믿음을 조롱하고 있다. 그러면서 그들은 오래된 진화론적 우주가 가지고 있는 수많은 그리고 심각한 문제들에 대해서는 잘 인정하려고 하지 않는다. 이러한 문제들 중 일부는 최근 몇 년 내에 더욱 커지고 있다.

2005. 10. 8. Science News 지의 표지. 어른별이 아기별들이 누워 있는 요람에 누워 있다.

이상한 만화 그림이 2005년 10월 8일 Science News 지의 표지를 장식했다. 그 그림은 오늘날 진화 천문학자들이 가지고 있는 많은 문제들 중 하나를 상징적으로 보여주고 있었다. 그 그림은 신생아 별들 사이에 늙은 별이 요람에 누워 있는 그림이었다. 그 제목은 "우주의 위기? : 은하형성 이론이 위험에 놓여 있다"이었다. 그 기사는 천문학에서 최근 문제점으로서, 가장 먼 곳의 은하와 별들이 이미 성숙한 상태로 나타나는 현상을 다루고 있었다.

"유리창으로 신생아실을 들여다보고 있는데, 쌔근쌔근 잠자고 있는 아기들 사이에 몇몇 어른들이 누워 있는 것을 보게 되었다고 상상해 보십시요." 론 코웬은 비꼬며 말했다. "그것은 놀라운 상황입니다. 천문학자들이 우주의 가장 깊은 곳을, 그래서 새로운 은하들이 태어나는 우주의 초기 시점으로까지 거슬러 올라가서 보게 되었을 때, 말문이 막혀버리게 되었습니다."

이러한 발견들은 2002년 1월 8일 NASA가 허블망원경의 조사에 기초하여, 별들과 은하의 진화에 있어서 "웅장한 마지막(늙은 은하)이 처음(아기 은하)이 되었다"라는 그 당시에 놀라운 보도를 했던 것을 뒷받침해주고 있는 것이다. 우주망원경이 볼 수 있는 가장 오래전 우주로 거슬러 올라갔을 때, 진화가 아니라 성숙한 창조를 보게 되었던 것이다.

이 문제는 진화론적 우주론이 가지는 다른 많은 문제들에 추가되게 되었다. 별들의 형성 이론, 은하들의 형성 이론, 행성들의 형성 이론, 구상성단의 나이, 우주 팽창, 그리고 천문학에서 잘 확립되었다는 일부 이론들을 포함하여 많은 이론들이 등장했다가 뒤집어지기를 계속해 왔었다.

어느 의미로, 이것이 과학이 작동되는 방법이다. 과학세계에서 새로운 발견으로부터 절대적으로 보호되는, 도전되어서는 안 되는 이론은 없다. 이것이 우리에게 가르쳐주고 있는 것은, 뽐내며 자랑하던 이론이 틀릴 수도 있다는 것이다. 젊은 지구 창조론을 비판하는 사람들은 먼저 돌부터 던져서는 안 될 것이다.

　인간은 하나님의 창조하신 방법을 모두 이해할 수 없을 것이라고 크리스천들은 생각한다. 하나님의 창조는 제한된 공간과 시간 속에서 살아가는 인간의 지각으로는 알 수 없는 독특한 과정들이 포함됐을 것이기 때문이다. 어떠한 과학 분야에서도 인간의 오류 가능성을 인정해야만 한다. 특히 기원들을 다루는 역사과학(historical sciences)에 있어서, 합리적인 접근을 위해서는 그것을 목격하신 분의 말씀으로부터 시작해야 할 것이다.

〈David F. Coppedge, http://www.creation.or.kr/library/itemview.asp?no=3697〉

＊우주의 시작 초기에 늙은 은하가 발견되었다

자연주의적 빅뱅 우주론이 맞는다면, 빅뱅 직후에 만들어진 매우 멀리 떨어져 있는 천체들은 무작위적이고, 퍼져 있으며, '미성숙'한 상태로 보여야만 한다. 그러나 천문학자들은 우주 외곽의 아주 먼 구역에서 완전히 성숙한 은하를 발견하고 있는 것이다. Astronomy Now Online(2011. 4. 13)에 의하면, 새로운 별은 빅뱅 후 단지 2억년 지나 형성된 것이다. 왕립천문협회의 월간 소식에서 그 은하를 보고한 요한 리차드에 따르면, "이것은 우주의 시작 초기에 은하들이 얼마나 빠르게 형성되었고 진화되었는지에 관한 이론들에 도전하는 것이다"라고 논평했다.

〈ICR News, 2011. 5. 24. http://www.creation.or.kr/library/itemview.asp?no=5079〉

_04

과학은 암흑에너지에 대해 아직도 암흑이다 : 우리 은하는 우주의 중심에 위치하는가?

진화 천문학자들은 하나의 문제를 가지고 있다. 우주는 줄곧 증가하는 율로 팽창하고 있다. 그러나 만약 일반상대성이론이 정확한 우주 모델이라면, 그리고 우주가 직접적으로 탐지될 수 있는(원자와 빛처럼) 물질과 에너지들로 구성되어 있다면, 그 팽창은 느려져야만 할 것이다. 천문학자들은 "우주에 존재하는 에너지 밀도의 75%는 암흑에너지로서 존재한다"라는 이론을 제시함으로써 이 문제를 정리하였다. 이 탐지할 수 없는 암흑에너지는 사람이 만들어낸 모델을 천문학적 관측들과 적합하도록 해주었다.

그러나 과학자들은 암흑에너지는 그 자체가 문제를 가지고 있다는 것을 알고 있다 : "암흑에너지는 근본적인 입자들로 설명될 수 없다. … 그것은 직접적으로 측정될 수 없는 어떤 것이다. … 그것은 우리가 일찍이 보아왔던 그 어떤 것과도 같지 않은 성질들을 가지고 있다. … 간단히 말해서 우리는 암흑에너지에 대해서 아직도 암흑이다." 주류 우주론자들의 요구에 의해, 수백만 달러의 정부 예산이 암흑에너지를 탐지하고 특성을 발견하기 위하여 쓰여지고 있다. 추정되는 암흑에너지는 단지 표준 우주모델이 작동되도록 요구되는 가정들 때문에 존재하는 것이다.

이들 가정들 중에 다른 하나는 '코페르니쿠스 원리'이다. 이 원리는 우주는 가장자리도 없고, 중심도 없다는 것이다. 그러므로 이 원리는 우주에서 특별한 위치는 없으며, 우리 은하와 지구의 위치는 특별하지 않다는 것이다. 그러나 이 원리가 거부된다면, 표준모델에서 사용되는 것과 같은 일반상대성 이론 방정식은 하나의 중심과 가장자리들을 가지는 우주를 설명할 수도 있을 것이다. 같은 천문학 방정식들에 이 경계를 가진 우주를 도입할 때, 암흑에너지는 더 이상 필요하지 않게 되는 것이다. 그러나 이 해결책을 받아들이는 것은 지구가 우주 전체에서 매우 특별한 곳에 위치한다는, 그래서 매우 독특한 위치에 있을 수 있다는 가능성을 인정하는 것이 된다.

진화 과학자들에게 이 개념은 저주이다. "사실 우리의 지구가 우주에서 특별한 장소에 위치할 수 있다는 개념을 받아들이는 것은 많은 진화 과학자들에게 생각할 수 없는 일이다. 그럼에도 불구하고, 최근 전 세계의 몇몇 소수 물리학자들은 이 개념을 고려하고 있는 중이다." 흥미롭게도 창조 물리학자인 러셀 험프리는 1994년에 이렇게 말했었다 : "만약 우리가 우주의 중심에 가까운 어떤 위치에 존재한다면, 그러한 위치에 우연히 있게 되었을 것 같지는 않다. 그것은 분명한 목적을 갖고 위치하는 것일 것이고, 따라서 무작위적이고 무목적성의 지배를 받는 우주를 믿기 선호하는 오늘날 대부분의 이론가들에게는 불쾌한 일이다." 우주의 팽창을 수학적 식으로 나타낸 (허블의 법칙으로 유명한) 에드윈 허블 자신도 "독특한 위치라는 공포를 피하기 위해" 방정식에 한 용어를 추가했다고 표현하였다.

2009년 4월 Scientific American 지에 게재된 한 논문은 우주가 중심을 가지고 있을 수 있다는 견해를 지지하는 증거를 제시하였다. 저자들은 지구가 특별한 텅빈 우주 공동(cosmic void) 안에 있는 것처럼 보임을 인정하였다. 또한 은하 성단들의 양자화된 적색편이들로부터 은하들은 "우리 은하 둘레에 고르게 간격을 유지하는 구형 껍질에" 존재한다는 강력한 증거가 있으며, 지구는 우주의 중심으로로부터 10만 광년 이내에 존재하는 것으로 나타난다는 것이다. 이 위치에 지구가 우연히 존재할 확률은 1/1,000,000,000,000 정도로 극히 작다. 만약 우리가 텅빈 공동의 중심에 위치한다면, 그리고 만약 이 공간이 우주의 중심이라면, 신화적인 암흑에너지의 필요는 사라져 버리는 것이다.

한 선도적인 세속 과학자는 경계를 가지는 우주의 중심 근처에 지구가 존재한다는 것을 가리키는 데이터들을 따라가고 있는 중이다. 창조 우주론자들은 이미 그렇게 해오고 있었지만 말이다. Scientific American 지도 온라인 비디오에서 "우리의 우주를 자세히 들여다보면 볼수록, 점점 더 기묘한 것처럼 보인다"는 것을 인정하였다.

그러한 '기묘함'들은 진화론적 견해로는 도저히 설명할 수 없다. 하나의 질문이 남는다. 그것은 하나님이 원하셨던 특별한 곳에 지구를 위치시키시고, 하늘을 펴셨던 하나님의 말씀과 일치되는 모든 관측 데이터들을 과학자들은 이제 받아들이고 따를 것인가? 라는 것이다.

〈ICR News, 2009. 4. 28. http://www.creation.or.kr/library/itemview.asp?no=4614〉

우주론자들이 코페르니쿠스 원리(Copernican Principle, 지구가 우주에서 특별한 위치에 있지 않다는 생각)를 기꺼이 내던져 버린다면, 그들의 최악의 평가할 수 없는 물질인 암흑에너지(dark energy)에 대한 무거운 짐을 벗어버릴 수 있다. Science Daily 지(2008. 9. 29)는 명백한 우주의 가속은 우리의 바라보는 위치에서의 인위적 결과라는 옥스퍼드대학 물리학자들로 이루어진 한 연구팀의 견해를 보도했다. 지구가 특별한 위치에 있지 않다는 가정을 던져버리고(지구가 특별한 위치에 있다는 가정을 하고) 먼 거리의 은하들을 바라본다면, 암흑에너지는 불필요하다는 것이다. 이 제안은 얼마나 급진적인가? 그것은 한 과격한 믿음을 더 과격한 다른 믿음으로 대체하는 것이다.

"비록 암흑에너지가 어떤 사람들에 의해서 다소 고안된 것처럼 보이지만, 옥스퍼드의 이론가들은 더 과격한 대안을 제시하고 있다."

그 기사는 말했다.

"그들은 우리가 우주에서 매우 특별한 장소에 살고 있을 가능성을 지적하고 있다. 특별히 우리는 물질의 밀도가 매우 낮은 한 거대한 텅빈 공간에 위치한다는 것이다. 그 제안은 물리학에서 가장 유용하고 널리 알려져 있는 신조중 하나인 코페르니쿠스 원리에 도전하는 것이다."

〈CEH, 2008. 10. 5. http://www.creation.or.kr/library/itemview.asp?no=4427〉

_05 물리학은 6일 창조가 가능함을 보여준다

출애굽기 20:11절은 성경 기록 중에서 가장 믿어지기 힘든 구절 중의 하나이다. "이는 엿새 동안에 나 여호와가 하늘과 땅과 바다와 그 가운데 모든 것을 만들고 일곱째 날에 쉬었음이라 … " 하나님이 전 우주를 창조하시는 데에 얼마나 걸리셨는지를 말씀하고 있는 이 구절보다 더 명백히 표현할 수 있는 구절을 생각하기란 어렵다. 그러나 이 단순한 구절은 크리스천들에게는 풀리지 않는 수수께끼를 제공하고 있는 것처럼 보인다. 현대 우주론은 우주가 형성되는 데에 수십억 년이 걸렸다고 가르치고 있다. 만약 성경의 이 명백하고 직설적인 말씀이 말하고자 하는 의미를 신뢰할 수 없다면, 어떻게 성경의 다른 말씀들이 말하고자 하는 의미를 신뢰할 수 있단 말인가?

이것은 러셀 험프리 박사에게도 수수께끼였다. 그는 성경이 우주의 형성에 대해서 말했던 것을 연구함으로써 이 문제를 풀어보려고 하였다. 대부분의 사람들은 우주는 '빅뱅(Big Bang)'이라고 불리는 거대한 폭발의 결과라고 배워왔다. 이 폭발에 의한 팽창 동안, 우주의 모든 물질들은 작은 것에서부터 바깥쪽으로 팽창되고 있다고 추정하고 있다. 현대의 모든 우주론 모델들은 우주는 중심도 가지고 있지 않고, 가장자리도 가지고 있지 않다는 가정에서 출발하고 있다. 이 가정들이 아인슈타인의 일반상대성 이론과 연결될 때, 그 결과는 모든 위치에서 수십억 년 된 팽창하고 있는 우주이다.

험프리 박사는 이러한 임의적인 가정(중심도 없고 가장자리도 없는)들로부터 출발하기보다는 오히려 성경이 말하고 있는 가장 분명한 의미로부터 시작하기로 결정하였다. 그리고 그는 어떤 우주 모델을 발전시켜야 하는지를 알게 되었다. 성경에 기록되어 있는 것처럼, 성경은 하나님의 영감에 의해서 쓰여진 책이기 때문에, 왜곡되어서는 안 되며, 이해가 안 된다고 필요에 따라 다르게 해석되어서도 안 된다.

성경은 하나님이 우주를 만드신 것에 대해서 세 가지 사실을 가리키고 있다. 첫째, 지구는 우주에서 하나님의 관심이 집중되고 있는 장소라는 것이다. 함축적으로, 지구는 아마도 우주의 중심 부근에 위치할 수 있고, 따라서 사람은 모든 방향으로 하나님의 창조의 영광을 볼 수 있을 것이다. 둘째, 우주(물질과 공간 둘 다)는 '펴지고(stretched out or spread out)' 있어 왔다(사 42:5, 사 45:12, 사 51:13, 렘 10:12). 셋째, 우주는 경계를 가지고 있다. 그러므로 우주는 하나의 중심을 가지고 있음에 틀림없다. 만약 이 세 가정들이 현재 물리학에서 인정되고 있는 법칙들과 연결된다면, 그리고 수학적 연산들이 행해진다면, 우리들은 위치에 따라서 다른 속도로 시간이 흘러가는 우주에서 살게 될 수 있다.

게다가 우주가 초기부터 팽창하고 있는 중이므로, 시간의 확장 효과는 엄청나게 확대되었을 것이다. 우주가 팽창됨으로써, 시간이 바깥 가장자리에서는 매우 빠르게 흘러가고, 중심 부근에서는 거의 멈쳐 있던 지점이 있었다. 우주가 팽창되는 이 지점에서, 중심부 근처는 단지 수 일이 지나갔지만 하늘에서는 수십억 년이 흐르게 될 수 있다. 이것은 현재의 물리학 지식에 기초한, 그리고 임의적인 가정들이 아닌 성경적 가정들에서 출발한 피할 수 없는 결론이다.

아인슈타인은 성경이 문자 그대로 사실일 수 있다는 생각을 거부했다. 그는 다음과 같이 썼다. "대중적인 과학책들을 읽는 것을 통하여, 나는 성경에 기록된 많은 이야기들이 사실일 수 없다는 신념에 곧 도달했다." 가장 조롱을 받고 있는 성경 이야기(최근의 문자 그대로의 우주의 6일 창조)가 정확하게 아인슈타인의 연구를 통해 전적으로 가능할 수 있음이 밝혀진 이야기라는 것이 얼마나 아이러니인가!

〈CSE, http://www.creation.or.kr/library/itemview.asp?no=3363〉

_06
수십억 광년의 별빛은 우주가 오래되었음을 증명하는가?

성경적 창조론에 대한 비평가들은 가끔 젊은 우주에 대항하는 논거로서 멀리 있는 별빛을 사용한다. 그 논거는 다음과 같다 : 1) 아주 멀리 떨어져 있는 은하들이 있다. 그 은하들의 별빛이 여기까지 도달하는 데 수십억 년이 걸렸을 것이다. 2) 우리는 이러한 은하들을 볼 수 있다. 그래서 그 별빛은 이미 이곳에 도착한 것이다. 그래서 3) 우주는 성경이 가리키고 있는 6000년 정도의 연대보다 훨씬 오래되었고, 최소한 수십억 년 이상은 되었음에 틀림없다.

많은 빅뱅(Big Bang) 이론 지지자들은 이것이 성경적 시간 틀을 반박하는 뛰어난 논거라고 가정한다. 그러나 우리가 이 논거를 주의 깊게 검토해보면, 그것이 유효하지 않다는 것을 알게 된다. 우주는 매우 크고 아주 멀리 떨어져 있는 은하들을 보유하고 있지만, 그것이 우주가 수십억 년의 나이임을 의미하지는 않는다.

빛의 여행 시간의 논의에 있어서 가정들

어떤 것의 연대를 과학적으로 예측하는 어떠한 시도라도 반드시 많은 가정들을 포함하고 있다. 이러한 가정들은 초기 조건, 속도의 지속성, 시스템의 오염, 그리고 다른 많은 것들에 관한 것들이 될 수 있다. 만약 이러한 가정들 중의 하나라도 잘못된다면, 연대 추정도 잘못된다. 가끔 사람들은 잘못된 세계관에 의해 잘못된 가정들을 할 때가 있다. 멀리 있는 별빛에 관한 논의는 의심스러운 몇 개의 가정(논의를 불합리하게 만드는 어떤 것)들을 포함하고 있다. 이러한 몇 개의 가정들을 고찰해 보고자 한다.

빛의 속도의 불변성

보통 빛의 속도는 과거나 현재나 시간에 따라 항상 일정했다고 가정된다. 빛은 현재의 속도로(진공에서) 6조 마일의 거리를 여행하는데 약 1년이 소요된다. 그러나 이것이 항상 그런가? 어떤 사람들은 빛의 속도가 과거에 훨씬 더 빨랐다고 제안했다. 만약 그렇다면, 빛은 오늘날 걸리는 시간의 일부만으로도 우주를 횡단할 수 있었을 것이다. 어떤 창조과학자들은 이것이 젊은 우주에서 멀리 있는 별빛 문제에 대한 답이라고 믿고 있다.

그러나 빛의 속도는 '임의적인' 변수가 아니다. 다른 말로 말하면 빛의 속도를 바꾸는 것은 또한 어떤 계에서 질량에 대한 에너지의 비율과 같은 것들을 바꾸게 하는 원인이 될 것이다. 어떤 사람들은 빛의 속도는 자연의 다른 상수들과 밀접하게 연관되어 있기 때문에 현재의 것과 결코 크게 다를 수 없었을 것이라고 주장한다. 다른 말로 말하면, 빛의 속도가 조금이라도 달라진다면 생명체는 가능하지 않을 수도 있다는 것이다.

이것은 정당한 관심사이다. 우주의 상수들이 연결되어 있는 방법은 단지 부분적으로만 이해되고 있을 뿐이다. 그래서 우주에서 빛의 속도의 변화가 지구 생명체에 어떠한 충격을 줄 수 있을 것인지는 충분히 알려져 있지 않다. 어떤 창조과학자들은 빛의 속도에 관한 문제들을 활발히 연구하고 있다. 다른 어떤 창조과학자들은 빛의 속도가 불변했다는 가정은 아마도 합리적이고, 멀리 있는 별빛에 관한 해답은 다른 어딘가에 있다고 생각하고 있다.

시간의 고정성에 관한 가정

많은 사람들은 시간은 모든 상황들에서 같은 속도로 지나간다고 가정한다. 언뜻 보면 이것은 매우 합리적인 가설처럼 보인다. 그러나 사실상 이러한 가설은 맞지 않다. 그리고 시간의 변화하는 속성은 멀리 있는 별빛이 성경적 시간 틀 안에서 지구에 도달할 수 있게 하는 몇 가지 방법들이 있다.

아인슈타인은 시간의 흐르는 속도는 운동과 중력에 의해서 영향을 받는다는 것을 발견했다. 예를 들면 물체가 빛의 속도에 근접하여 매우 빠르게 움직일 때 시간은 느려진다. 이것을 '시간팽창(time-dilation)'이라 부른다. 그래서 만약 어떤 시계가 거의 빛의 속도로 움직인다면, 그 시계는 매우 천천히 갈 것이다. 만약 우리가 어떻게 해서 빛의 속도에 다다른다면, 그 시계는 완전히 멈출 것이다. 이것은 시계의 문제가 아니다. 그 효과는 시간 자체가 느려지기 때문에, 시계의 독특한 구조와 무관하게 일어날 것이다. 마찬가지로 중력은 시간의 흐름을 느리게 한다. 해수면에 있는 시계는 중력의 근원에 보다 가까이 있기 때문에, 산꼭대기에 있는 시계보다 더 천천히 갈 것이다.

속도나 중력이 시간의 흐름에 영향을 준다는 것은 우리의 일상 경험이 이를 감지할 수 없기 때문에 믿기가 어렵다. 결국 우리가 차를 타고 여행할 때 시간은 우리가 서 있을 때와 같은 속도로 흐르는 것처럼 보인다. 그러나 그것은 우리가 빛의 속도에 비해서 너무나 느리게 움직이기 때문이고, 지구의 중력이 너무 약해서 시간 팽창의 효과가 작기 때문이다. 하지만 시간 팽창의 효과는 정밀한 원자시계로 측정되었다.

관점에 따라 시간은 다른 속도로 흐를 수 있기 때문에, 어떤 한 사람에 의해서 측정되는 경우에 오랜 시간이 지난 사건이 다른 사람에 의해서 측정되는 경우에는 아주 짧은 시간이 지난 것일 수 있다. 이것은 또한 멀리 있는 별빛에도 적용된다. 지구에 도달하는 데 수십억 광년이 걸린(우주 깊은 곳에 있는 시계로 측정된) 빛은 지구에 있는 시계로 측정될 경우 단지 수천 년 만에 지구에 도달할 수 있다. 만약 지구가 아래에서 논의할 하나의 중력우물 안에 있다면, 이것은 자연스럽게 일어날 수 있을 것이다.

많은 세속적 천문학자들은 우주가 무한히 크고 무한히 많은 숫자의 은하들을 가지고 있다고 가정한다. 이것은 전혀 증명되지 않았으며, 또한 우리들로 하여금 자연스럽게 그러한 결론을 내리도록 이끄는 증거도 없다. 그래서 그것은 그들의 분야에서 맹목적인 믿음의 도약이다. 그러나 만약 우리가 대신에 다른 가정을 한다면, 그것은 매우 다른 결론으로 이끌어질 것이다. 우리의 태양계가 유한한 은하들의 분포 중에서 거의 중심에 위치해 있다고 가정해보는 것이다. 비록 이것은 현재 확실히 증명될 수는 없지만, 증거들과 완벽하게 일치한다. 그래서 그것은 합리적으로 하나의 가능성 있는 일이다.

그 경우에 지구는 하나의 중력우물 안에 있게 되는 것이다. 이 말은 우리의 위치에서 먼 우주로 멀어지는 무엇인가를 끌어당기는 어떤 에너지가 요구되고 있음을 의미한다. 이 중력우물 안에서 우리는 어떤 다른 특별한 중력을 느끼지 않을 것이고, 그럼에도 불구하고 우주의 다른 곳들에서보다 지구에서(또는 태양계의 어딘가에서) 시간은 더욱 천천히 흘러갈 것이다. 이 효과는 오늘날에 매우 작아졌을 것으로 생각된다. 그러나 과거에는 훨씬 더 강력했을 것이다. (만약 우주가 대부분의 천문학자들이 믿는 것처럼 팽창하고 있다면, 물리학은 우주가 초기에 더 작았을 때 그러한 효과들은 더욱 강력했을 것을 예측해준다). 지구의 시계들은 먼 우주의 시계들보다도 훨씬 더 천천히 흘러갈 것이다. 따라서 가장 먼 은하들로부터 오는 빛들도 지구 시계로 측정되는 경우 단지 수천 년 안에 지구에 도착할 수도 있을 것이다. 이 의견은 확실히 흥미롭다. 그리고 비록 해결해야 할 수많은 수학적인 세부사항들이 여전히 있으나, 논리적 근거는 확실히 합리적이다. 어떤 창조과학자들은 적극적으로 이 개념을 연구하고 있다.

시간 동시성의 가정들

시간의 상대성에 관한 또 다른 중요한 면은 동시성에 관한 것이다. 상대성이론은 동시성이 절대적이지 않다는 것을 보여 주었다.

말하자면, 어떤 한 사람이 동시가 된(시간이 같도록 맞추어진) 두 시계를 보고 있을 때, 다른 속도로 움직이고 있는 사람은 두 개의 시계가 반드시 동시로 보이지 않을 수도 있다는 것이다. 시간 팽창과 같이 이 효과는 우리가 경험하는 대부분의 일상에서 너무도 작아 측정하기 힘들기 때문에 반직관적이다. 거리가 떨어진 두 개의 시계가 절대적인 감각으로 동시가 될 수 있는 방법이 없기 때문에, 모든 관찰자들은 움직임에 상관없이 동의할 것이고, 동시화된 시계의 구성을 선택하는 방법에 있어서 약간의 유연성을 가지게 된다. 다음의 유추는 도움이 될 것이다.

한 비행기가 오후 4시에 2시간의 비행을 위해 어떤 도시를 출발했다고 상상해 보자. 그러나 비행기가 2시간의 비행 후 다른 도시에 착륙할 때 시간을 보니 여전히 4시였다. 비행기가 떠난 시간과 같은 시간에 도착했기 때문에 우리는 이것을 순간여행으로 부를지도 모른다. 어떻게 이러한 일이 가능할 수 있을까? 답은 시간대에 관계가 있다. 만약 비행기가 현지 시간으로 오후 4시에 켄터키를 출발했다면, 콜로라도에 현지 시간으로 오후 4시에 도착할 것이다. 물론 비행기에 있는 관찰자는 2시간의 여행을 경험할 것이다. 그래서 여행은 세계 표준시간으로 측정될 경우 2시간이 걸린다. 그러나 비행기가 서쪽으로 여행하는 한(또한 충분히 빠르게 여행한다고 고려한다면) 현지시간으로 측정될 경우 출발시간과 같은 시간에 자연스럽게 도착할 것이다.

우주에서도 현지시간 및 표준시간과 같은 것이 있다. 지구를 향하여 여행하는 빛은 서쪽으로 비행하는 비행기와 비슷하다. 그것은 항상 동일한 우주의 현지시간으로 있게 된다. 비록 오늘날 대부분의 천문학자들이 우주 표준시간(빛이 100광년을 여행하는 데 100년이 걸리는)을 주로 사용할지라도, 역사적으로 우주의 현지시간이 표준시간이 되어 왔다. 그리고 성경 또한 사건들을 기술할 때에는, 우주의 현지시간을 사용하는 것일지도 모른다.

하나님이 넷째 날에 별들을 만드신 이후, 별빛은 넷째 날에 별들을 출발했을 것이고, 우주의 현지시간으로 넷째 날에 지구에 도착했을 것이다. 모든 은하들로부터 오는 빛은 우리가 만약 우주의 현지시간으로 측정한다면 넷째 날에 지구에 도착했을 것이다. 어떤 사람은 빛 자체가 수십억 년을 경험한다고 하면서(비행기 승객들이 2시간의 여행을 경험한 것과 같이) 그것을 반대할지도 모른다. 그러나 아인슈타인의 상대성 이론에 의하면, 빛은 시간의 경과를 경험하지 않아서 여행은 순간적이다. 그래서 이 견해는 멀리 있는 별빛이 성경의 시간 틀 안에 지구에 도달할 수 있는 이유가 될지 안 될지는 모르나, 아직까지 누구도 성경이 우주의 현지시간을 사용하지 않는다고 증명할 수 없었다. 그래서 이것은 흥미를 자아내는 가능성 있는 일이다.

자연주의라는 가정

성경을 반대하는 주장들 중에서 가장 묵과하고 있는 가정들 중의 하나는 자연주의 가정이다. 자연주의란 "자연은 존재하는 모든 것이다(자연에 존재하지 않는 것은 없는 것이다)"라는 믿음이다. 자연주의 지지자들은 모든 현상들이 자연법칙들에 의해서 설명될 수 있다고 가정한다. 이것은 하나의 맹목적인 가정일 뿐만 아니라, 또한 확실히 반성경적이다. 성경은 하나님이 자연법칙(결국 하나님의 법칙들임)에 묶여 계시지 않고 초월하심을 명백히 하고 있다. 물론 하나님은 그의 뜻을 이루시기 위해 자연법칙을 사용하실 수는 있다. 그리고 그는 보통 그렇게 하신다. 사실 자연법칙들은 하나님이 통상적으로 우주를 관리하시는 방법에 대한 설명서로 생각될 수 있다. 그러나 하나님은 초자연적이며 자연법칙의 범위를 넘어서 행동하실 수 있다.

이것은 확실히 창조주간의 경우에 해당될 수 있다. 하나님은 우주를 초자연적으로 창조하셨다. 그분은 우주를 이전의 물질로부터가 아니라, 무에서부터 창조하셨다(히 11:3). 오늘날 우리는 새로운 별들 또는 새로운 종류의 창조물을 존재하라고 말씀하시는 하나님을 보지 못한다. 이것은 하나님께서 그의 창조 사역을 일곱 번째 날까지 끝내셨기 때문이다. 오늘날 하나님은 하나님께서 창조하셨던 방식과는 다른 방식으로 우주를 유지하고 계신다. 그러나 자연주의자들은 우주가 오늘날 작동되는 것과 동일한 방식으로 만들어졌을 것이라고 잘못 가정한다.

별들이 창조주간 동안에 창조되었고, 하나님이 지구에 빛을 비추시기 위해서 그것들을 만들었기 때문에, 멀리 있는 별빛이 지구에 도달하는 방법은 초자연적일 것이다. 과학은 하나님이 오늘날 우주를 유지하는 방법을 단지 탐지만 할 수 있기 때문에, 현재의 과학 기법으로 하나님이 이전에 행하셨던 일들이 반드시 이해될 수 있다고 가정할 수는 없는 것이다. 오늘날 관측되는 자연적 과정들에 의해서 설명될 수 없기 때문에, 초자연적인 일들은 사실일 수 없다고 말하는 것은 불합리하다.

우리가 다음과 같이 질문하는 것은 기꺼이 받아들일 수 있다. "하나님이 성경적 시간 규모 안에 별빛을 지구에 가져다 놓으시기 위해서 자연적 과정들을 사용하셨을까? 그리고 만약 그렇게 하셨다면,

그 원리는 무엇일까?” 그러나 어떠한 분명한 자연적 원리가 없다는 것이 초자연적 창조를 반박하는 증거로서 사용될 수는 없다. 그래서 어떤 무신론자가 멀리 있는 별빛은 성경적 시간 틀의 잘못을 증명하는 것이라고 주장하기 위해서 자연주의 가정을 사용할 때, 순환논법 (circular reasoning)이라는 형태에 빠지는 것이다.

결 론

　성경적 창조론의 비판가들이 젊은 우주를 반박하는 논거로서 사용하고 있는 멀리 있는 별빛들도 많은 가정들을 사용해야만 한다는 것을 살펴보았다. 그리고 이러한 많은 가정들은 매우 의심스러운 것들이다. 빛이 과거에도 항상 현재의 속도로 날아갔었는가? 아마도 이것은 합리적일 수 있지만, 절대적으로 확신할 수는 없다. 특별히 하나님이 초자연적인 방법으로 일을 하셨던 창조주간에는 더욱 그렇다. 우리는 성경이 일반적인 우주의 현지시간보다 우주의 표준시간을 사용하고 있었다고 확신할 수 있는가?

　우리들은 시간의 흐르는 속도가 변한다는 것을 알고 있다. 그리고 시간은 상대적이라는 것을 세속적 천문학자들도 잘 알고 있다. 그러나 비록 그들이 그러한 효과는 사소하다고 가정하지만, 정말 그렇게 사소하다고 확신할 수 있는가? 그리고 별들은 창조주간 동안에 하나님에 의해서 초자연적으로 창조되었다. 그런데 멀리 있는 별빛은 전적으로 자연적인 방법으로만 지구에 도착했다고 과연 확신할 수 있는가?

　창조과학자들이 멀리 있는 별빛 문제에 대한 가능한 해법을 연구하고 있는 만큼, 우리는 또한 젊은 우주와 일치하는 수많은 증거들을 기억해야만 할 것이다. 우리는 회전하는 나선은하들은 나선팔들의 감겨지는 속도가 다르기 때문에, 수십억 년 동안 나선팔들이 지속될 수 없음을 알고 있다. 우리는 심지어 세속적 천문학자들까지도 수십억 년 동안 지속될 수 없다는 것에 동의하는 다수의 뜨거운 청색별들을 본다. 우리는 태양계에서 수십억 년 동안 지속될 수 없는 붕괴하는 혜성들과 소멸하는 자기장들을 보고 있다. 그리고 또한 다른 외계 태양계들에서도 이러한 것들을 가지고 있다는 증거들이 있다. 물론 그러한 논거들은 과거에 대한 여러 가정들을 포함하고 있다. 그래서 근본적으로 과거를 확실히 알기 위한 유일한 길은 목격자에 의해서 쓰여진 신뢰할 만한 역사적 기록을 가지는 것이다. 그것은 정확히 우리가 가지고 있는 성경인 것이다.

〈Jason Lisle, http://www.creation.or.kr/library/itemview.asp?no=4428, 4429〉

VII 방사성 동위원소 연대측정의 문제점

방사성 동위원소 연대측정과 순환논법

순환논법(Circular Reasoning)은 논리적으로 잘못된 논리이다. 순환논법은 사실인지 아닌지를 알 수 없는 하나의 최초 가정을 하고서, 그 가정이 사실임을 입증하기 위한 결과를 도출하는 과정에 최초 가정을 다시 사용하는 것이다.

여러분은 지구의 나이가 극도로 오래되었다는 것을 증명하기 위해 사용되는 방사성 동위원소 연대측정 방법(Radioactive Isotope Dating)이 순환논법의 대표적인 예임을 보게 될 것이다. 그것은 종종 정확한 연대측정의 도구로서 인용되고 있으나, 많은 연대측정치들이 알 수 없는 오염으로 원인을 돌린 채 눈에 띄지 않게 버려지고 있다.

세속적 과학자들에 의해서 사용되는 연대측정의 과정은 다음과 같다 :

1) 성경의 앞부분은 문자 그대로 사실이 아니라고 가정한다.

2) 그러므로 실제로 하나님은 단지 6일 만에 세상과 그 피조물을 창조하지 않으셨다.

3) 따라서 초자연적 원인에 의지하지 않고 이 세계를 설명할 어떤 방법

을 찾기 위해 노력할 수 있다.

4) 세계는 오늘날 우리가 보고 있는 것들과 유사한 자연적 과정들에 의
해서, 매우 서서히 진행됐다고 가정한다. 이것은 동일과정설이라고
불려진다.

5) 이것은 매우 오랜 시간이 걸렸을 것임이 분명하다고 가정한다. 그러
나 그것이 얼마나 오래 걸렸는지를 어떻게 증명할 수 있는가?

6) 어떤 방사성 금속들은 극도로 긴 반감기(즉, 그것들은 매우 서서히 붕괴한
다)를 가지고 있다는 것을 알고 있다. 아마도 그것들은 지구가 매우
오래되었다는 것을 나타내기 위해 사용될 수 있을 것이다.

7) 이들 금속들은 붕괴하여 다른 종류의 금속으로 바뀐다. 예를 들면
우라늄-238은 납-206으로 바뀐다. 이 반응은 45억5천만 년의 반감
기를 가진다.

8) 따라서, 만일 어떤 광물이 우라늄-238과 납-206을 포함하고 있다면,
그리고 대부분의 납-206이 방사성 붕괴로 유래되었다고 가정한다
면, 이 두 가지 동위원소의 비율은 붕괴된 우라늄-238의 잔해로 추
정될 수 있을 것이다. 그리고 우라늄-238의 반감기를 알고 있으므
로, 이 과정이 일어나는 데 얼마나 오래 걸렸는지를 알아낼 수가 있
을 것이다.

9) 만약 이 단계들이 모두 옳다면, 많은 암석들은 오래된 연대를 보여
줄 수 있을 것이다. 그렇게 많은 암석들의 연대가 결정된 후에, 그것
들은 서로 일치하는 것처럼 보일 것이며, 지구의 나이는 그것들보다
훨씬 오래되었음에 틀림없다고 말할 수 있게 되고, 지구의 나이에
대한 어떤 추정치가 제안될 수 있을 것이다. 현재의 추정으로는 약
46억 년이다.

10) 이러한 계열의 논법은 지구가 매우 오래된 것을 입증하기 때문에,

대다수의 과학자들에 의해 하나님이 지구를 매우 짧은 시간 내에 창조하지 않았다는 증거로서 사용되고 있다.

이제 이 그림에서 무엇이 잘못됐다고 생각하는가? 만일 상기의 모든 단계 내의 가정들 모두가 사실이고 옳다면, 이것은 합리적으로 들린다. 그러나 성경에(창세기 앞부분뿐만 아니라 많은 곳에서) 기록되어 있듯이 하나님이 정말로 매우 짧은 시간 내에 세상을 창조했다고 가정해 보라. 그리고 자원소인 납-206이 방사능 붕괴에 의해서 생겨난 것이 아닌 다른 원인으로 거기에 있게 되었다고 가정해 보라. 거기에 앞의 가정들과 충분히 모순될 수 있는 어떤 것이 있는가? 전혀 없다!

실제의 어떤 과학적 증거들을 살펴보자. 그리고 그것들이 위의 논란에 어떻게 적용되는지 살펴보자. 방사성 동위원소 연대측정법은 고생물학자들이 화석들의 연대를 결정하는 데에 사용하는 주된 방법이 아니다. 방사성 동위원소 연대측정 방법은 언제나 사용될 수 있는 것이 아니다. 왜냐하면 화석을 둘러싸고 있는 암석들은 자주 적절한 동위원소를 포함하고 있지 않으며, 방사성 연대측정시에 화석을 파괴해야 하기 때문에, 화석 그 자체의 연대는 측정될 수 없다. 화석들은 보통 근처에 있는 다른 화석, 즉 표준화석(index fossils) 이라고 하는 것들에 의해서 연대가 결정된다. 표준화석들은 멸종되기 이전까지 지구 역사의 특정한 시기 동안에 살았던 생물화석이라고 추정하고 있는 것들이다. 그러나 이것도 또한 그들 생물들이 진화에 의해서 발전되었을 것이라는 가정들을 포함하여 여러 가정들을 포함하고 있다!

만약 방사성 동위원소 연대측정 결과와 층서학적 연대(즉, 표준화석으로 결정되는 연대) 사이에 차이가 있다면, 충서학적 연대에 찬성하기 위해 방사성 연대측정 결과는 버려지게 된다. 그리고 방사성 연대측정 결과와의 연대 차이는 광물 내의 어떤 오염으로 그 원인을 돌리곤 하는 것이다.

우드모라페는 54종의 저명한 지질연대학과 지질학 학술 저널들로부터 445편의 논문들을 광범위하게 조사하여 "재평가된 방사성 동위원소 지질연대학"이란 제목의 논문을 발표하였다(CRSQ, 1979. 9). 이 논문에는 방사성 연대측정에 의해서 측정된 350여 개 이상의 연대측정 결과들이 분석되었다. 그런데 그 수치들은 같은 지층에서 발견된 화석들의 연대와 심각한 차이가 있었다. 그들은 화석 연대에 비해 1백만 년에서 심지어 6억 년까지 차이를 보였다. 서로 차이가 나는 거의 모든 경우에서, 화석 연대가 우선적으로 받아들여졌고, 방사성 측정연대는 폐기되었다. 우드모라페는 한 연구원의 말을 인용하고 있었다.

"일반적으로, 예상 연대와 들어맞는 부분 내의 연대는 옳은 것으로 여겨져서 발표되지만, 예상 연대와 일치하지 않는 측정치들은 좀처럼 발표되지 않으며, 불일치도 충분히 설명되지 않는다."

방사성 동위원소 연대측정들은 크리스천들에게 어떤 영향을 미치고 있을까? 성경은 정확한 하나님의 말씀이며, 성경에 기록된 그대로 하나님이 6일 동안 이 세상을 창조하셨다고 믿고 있는 크리스천들에게 이것은 합리적일 수 있을까? 하나님께서 암석 내에 자원소인 납-206을 처음부터 창조하셨을까? 절대적으로 그렇다! 그것이야말로 하나님께서 우리가 믿기를 기대하는 방식이라고 생각한다.

이성적인 사람이 지구와 우주의 장구한 연대와 유물론적 기원을 믿도록 강요될 물리적 과학적 이유들은 전혀 존재하지 않는다. 크리스천들은 하나님의 말씀을 받아들이는 것이 훨씬 더 낫다. 그렇지 않고 우리가 하나님의 말씀을 일부분만 믿는다면, 하나님을 우리 삶의 한쪽 구석에만 계시도록 하는 것이 될 것이다.

〈Curt Sewell, http://www.creation.or.kr/library/itemview.asp?no=2367〉

*방사성 동위원소 연대측정법을 신뢰할 수 없는 이유들

1. 지구의 암석들은 닫힌 계(closed system)가 아니다. 그것들은 모두 오염될 수 있으며, 아마도 그랬을 것이다.
2. 붕괴율은 과거에 달랐을 수 있다. 현재에도 여러 다른 환경 아래에서 붕괴율이 달라진다는 증거들이 발견됐다.
3. 자원소들은 초기부터 쉽게 존재할 수 있었다. 자원소들이 처음부터 섞여 있다는 것은 자원소들을 측정함으로써 연대측정을 하려는 시도를 헛된 것으로 만드는 것이다.
4. 과거 환경이 어떠했는지 알 수 없다. 과거에도 오늘날과 비슷한 환경이었을 것이라는 가정은 틀릴 수 있다.
5. 방사성 물질에 가까이 있거나, 어떤 화학물질에 접촉한 고에너지의 입자들은 붕괴율이 심각하게 바뀔 수 있다.
6. 초기상태의 대기 변화는 붕괴율에 크게 영향을 줄 수 있다. 초기 지구의 대기가 오늘날의 것과 같았는지 같지 않았는지는 알 수 없다.
7. 붕괴 시계들은 그들 연쇄의 맨 처음부터 출발하지 않았을 수 있다.

8. 납은 우라늄과 토륨 속에 처음부터 섞여 있을 수 있다. 모든 납이 붕괴의 최종산물이라는 것은 가정에 불과하다.

9. 방사성 동위원소가 아닌 납(^{209}Pb)이 섞여 있을 수 있다. 이것은 연대측정에 심각한 영향을 줄 수 있다.

10. 누출은 과거에 쉽게 일어날 수 있었다. 흘러가는 용액들은 자원소들의 상당량을 멀리 운반할 수 있었을 것이다.

11. 납의 비율을 비교하는 것이 정확하게 이루어지지 않을 수 있다.

12. 과거에 일어났던 반알렌대(Van Allen belt)의 변화는 붕괴비율에 결정적으로 영향을 줄 수 있었을 것이다. 우리는 겨우 1959년부터 이 높은 압력대를 알고 있다.

13. 자유 중성자는 가까이 있는 ^{206}Pb으로부터 포획될 수 있다. 지구상 대부분의 방사성 납은 중성자 포획에 의해 만들어졌을 수 있다.

14. 지구가 처음엔 녹아 있었다면, 암석의 조성에 광범위한 편차가 발생했을 수 있다. 높은 열은 방사성 시계의 출발에 손상을 줄 수 있다.

15. 우라늄, 토륨 연대측정법과 다른 모든 연대측정법들이 항상 서로 일치하지 않는다. 이것은 다양한 동위원소 연대측정 방법들이 신뢰할 수 없다는 강력한 증거이다.

〈Encyclopedia, http://www.creation.or.kr/library/itemview.asp?no=313〉

_02
방사성 동위원소 연대측정에 관해 알려지지 않은 사실들

많은 사람들은 방사성 동위원소 연대측정이 지구가 수십억 년 되었다는 것을 증명했다고 생각하고 있다. 그것은 그 방법이 주는 여러 인상들 때문에 덮어놓고 믿게 되는 것이다. 심지어 보고되는 연대 표현방법(예를 들면, 200.4±3.2 million years)들은 이 방법이 정확하고 신뢰할 만하다는 인상을 주고 있다. 그러나 암석에 관한 많은 것들을 측정할 수 있다 하더라도, 그 나이를 직접적으로 측정할 수는 없다. 예를 들어 암석의 질량, 부피, 색깔, 포함된 광물, 크기, 조성 방식 등은 조사될 수 있다. 또한 암석을 부수어서 화학적 구성, 또는 포함된 방사성 원소를 알아낼 수는 있다. 하지만 암석의 연대를 직접 측정할 수 있는 기구는 없다.

우리가 암석에서 측정된 화학 성분으로부터 그 나이를 계산하기 전에, 암석이 처음 만들어졌을 때 포함되어 있었던 방사성 원소가 무엇이었는지를 반드시 가정해야만 한다. 그리고 전제된 가정에 따라, 우리는 원하는 어떤 날짜에라도 짜 맞출 수 있다. 진화론적 지질학자들이 자신들의 생각(즉, 이미 그들이 다른 지식 기반에서 믿고 있던 것)과 방사성 연대측정 결과가 맞지 않을 때, 그 결과를 받아들이지 않는다는 것을 알게 되는 것은, 매우 놀라운 일이 될 수 있다. 날짜를 계산하는 것은 하나의 과정에 불과하다. 그것이 무엇을 의미하는지를 이해하는 것은 또 다른 것이다. 그러면, 지질학자들은 그들의 방사성 연대측정 결과를 어떻게 해석하는가? 그리고 정확한(올바른) 연대는 무엇이 되어야 하는가?

지대 관계

지질학자들은 암석이 발견된 현장을 주의 깊게 연구해서 암석의 상대적 연대를 알아낸다. 소위 그들이 부르는 지대(地帶) 관계는 우선적으로 중요하고, 모든 방사성 연대측정은 그들과 비교되어 평가된다. 예를 들어, 지질학자가 그림 1에서 보이는 것 같은 암석의 절단면을 조사한다고 하자. 여기서 그는 약간 휘어진 퇴적암들이 암맥이라 불리는 화산 용암에 의해 관입되어 수직적으로 잘려진 것을 보게 될 것이다. 암맥이 지금의 위치로 관입되기 전에 퇴적암이 먼저 쌓였고, 습곡된 것이 명백하다.

그림 1. 퇴적층을 관입한 암맥

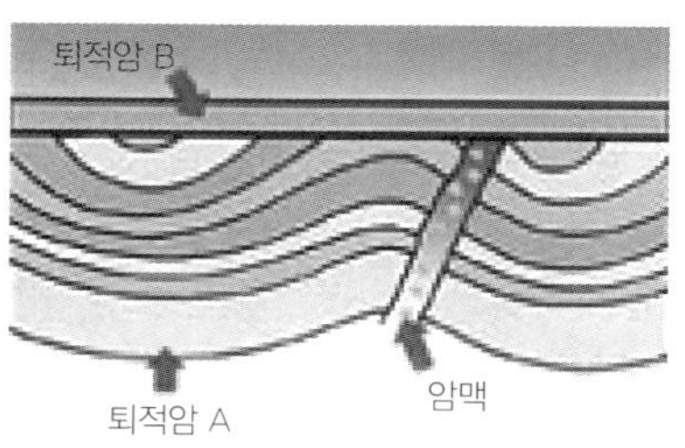

그림 2. 퇴적층 A 암맥 관입, 그 후 퇴적층 B가 쌓였다.

지질단면도가 그림 2와 같다고 하자. 분명히 퇴적암 A는 화산성 암맥이 관입되기 전에 퇴적되었고, 변형되었다. 이것은 그 다음에 침식되었고, 그 후에 퇴적암 B가 쌓였다. 지질학자는 퇴적암 A층에서 어떤 화석을 발견하고, 그 화석이 그 지역의 다른 지층암석에서 발견된 것과 유사하다는 것을 알게 될 수 있다. 따라서 그는 퇴적암 A가 이미 다른 지질학자에 의해 연대가 매겨진 그 지역의 다른 지층암석과 같은 연대라고 가정하게 된다.

같은 방식으로, 그는 확인된 화석들에 의해, 퇴적암 B도 다른 암석지층과 연관시킨다. 진화론적 지질학자는 이러한 조사로부터, 다른 지질학자들이 퇴적암 A는 2억 년이며, 퇴적암 B는 3천만 년이라고 믿고 있는 것을 따라가게 되는 것이다. 따라서 그는 화성암 암맥의 연대는 3천만 년 이상이며, 2억 년보다는 젊다는 것을 이미 '알게' 되는 것이다.

화산성 암맥에 대한 연대 범위를 이미 알고 있지만, 방사성 동위원소 연대측정을 위해 진화 지질학자는 주의 깊게 신선한 암석 표본을 수집한다. 그는 표본들을 실험실로 보내고, 몇 주 후에 실험실로부터 결과를 받게 된다. 실험실의 연구 결과가 1억5천만±280만 년이 나왔다고 상상해보자. 우리의 지질학자는 그 결과에 매우 만족해할 것이다. 그는 그 연대는 화산 용암이 식어서 고체화됐을 때를 나타낸다고 말할 수도 있다. 그런 해석은 그가 이미 그 연대에 대해 추정적으로 믿고 있는 연대 범위 내에 비교적 잘 들어가기 때문이다. 사실 그 연대가 2억 년보다 약간 작거나, 3천만 년보다 약간 컸더라면, 그는 꽤 기뻐했을 것이다. 그것들은 그가 관찰했고, 또 해석했던 지대 관계들과 모두 잘 일치했다. 그 지대 관계는 일반적으로 넓은 범위를 갖지만, 넓은 연대범위는 용암이 굳어지는 시간으로 해석하면 된다.

만약 실험실에서 나온 연대측정의 결과가 2억 년보다 큰, 3억5천만±430만 년으로 나왔다면, 우리의 지질학자는 어떤 생각을 했을까? 그는 퇴적지층에 대한 화석 연대가 잘못되었다고 결론내릴까? 그럴 리 없다. 그렇다면, 그는 방사성 동위원소 연대측정 방법에 결함이 있다고 생각했을까? 그것도 아니다. 그는 측정방법에 의문을 갖는 대신에, 방사성 연대가 암석이 굳어졌을 때를 기록하지 못했을 것이라고 말할 것이다. 그는 그 암석이 굳어지기 오래 전에 형성된 제노크리스트라 불리는 결정체를 포함하고 있었다고 제시할지도 모른다. 그리고 그 결정들로 인해 오래된 연대 결과를 가져왔을 수도 있다고 말할지도 모른다. 또한 용암들이 땅을 통과하면서, 다른 오래된 물질들로 오염되었기 때문이라고 제안할지도 모른다. 또는 암맥들은 오래된 연대로 보여지는 용암의 특성 때문에 그런 결과가 나왔을 것이라고 제안할지도 모른다.

만약 실험실의 결과가 3천만 년보다도 적게 나온다면, 예를 들어 1천만±180만 년의 결과가 나왔다면, 우리의 지질학자는 무엇을 생각할까? 연대측정 방법이나 퇴적암의 연대에 의문을 가질까? 아니다. 그는 다시 계산된 연대는 암석이 굳어질 때의 시기를 나타내지 않았다고 말할 것이다. 그는 암석에서의 몇몇 화학물질들은 지하수나 풍화작용에 의해서 방해되었을 것이라고 제안할 것이다. 또는 그 암석은 화학물질들을 불안하게 할 만큼 강한 국소적인 열에 의해서, 그러나 현장에서 어떤 영향을 받았을 것이라고 결정할 수도 있다.

방사성 동위원소 연대측정의 결과가 어떻든지 간에, 우리의 지질학자는 항상 그것을 '해석(interpret)'할 수 있다. 그는 그 결과를 설득력 있게 설명하기 위해서, 암석의 역사에 대한 그의 가정들을 쉽게 변화시키는 것이다. 1986년에 지구과학 분야에서 크라푸드 상을 받은 와서버그는 말했다. "나쁜 측정 도구는 없다. 다만 그 결과에 대한 나쁜 해석만이 있을 뿐이다." 사실 지질학자들은 방사성 동위원소 연대측정의 결과를 '해석'하는 데 사용하는 표준 설명들을 이미 전 범위에 걸쳐서 가지고 있다.

왜 그것을 사용하나?

어떤 사람들은 물을지도 모른다. "왜 지질학자들은 방사성 동위원소 연대측정 방법을 아직도 사용하고 있을까? 만약 그 방법이 그렇게 신뢰할 만하지 않다면, 그들은 왜 그 방법을 오래 전에 버리지 않았을까?" 그 이유는 계산된 결과가 진실된 연대가 아니라는 것이 단지 그 방법이 완전히 소용없다는 것을 뜻하지는 않기 때문이다. 계산된 연대는 암석의 동위원소의 구성에 기초하고 있다. 그리고 그 구성은 암석이 굳어지기 전의 녹아 있던 용암의 특성에 기인한다. 그러므로 비슷한 '연대'를 가진 같은 지역의 암석들은, '노아의 홍수' 동안 비슷한 시간에 같은 용암으로부터 형성되었을 것 같다. 따라서 비록 계산 뒤의 가정이 잘못되었고, 그 연대들이 정확하지 않더라도, 그 결과에서 온 패턴은 지질학자들이 한 지역의 화성암 사이의 관계를 이해하는 것을 도와줄 수 있다. 우리가 받고 있는 인상과는 반대로, 방사성 동위원소에 의한 연대 측정은 지구가 수억 수천만 년 되었다는 것을 증명하지 않는다. 그 엄청난 시간은 단지 가정들에 의한 것이다.

계산된 방사성 동위원소에 의한 '연대'들은 만들어진 가정들에 의존하는 것이다. 만약 결과가 이미 믿고 있는 것과 일치된다면, 그 결과는 그냥 받아들여지는 것이다. 어떤 것의 연대를 결정하는 유일하고 틀림없는 방법은, 목격자들이 쓴 보고서와 문서화된 기록에 근거하는 것이다. 성경은 그 두 가지 모두를 가지고 있다. 그것이 창조론자들이 지질학적 증거들을 해석하기 위해서 성경에 있는 역사적인 증거들을 사용하는 이유이다.

* 연대 측정시의 오차는 진정한 오차가 아니다.

연대측정의 일상적인 보고 형태(예로 200.4±3.2 million years)는 2억4십만 년으로 측정된 연대가 플러스, 마이너스 320만 년까지 정확하다는 것을 의미하고 있다. 다시 말해, 연대는 1억9720만 년과 2억360만 년 사이에 놓여 있다는 것이다. 그러나 이 오차는 연대에 관한 진정한 오차가 아니다. 그것은 단지 실험실에서 측정 장비의 정확성과 관계된 것이다.

심지어 같은 장소에서 수집된 암석 표본들의 연대가 서로 매우 큰 차이를 보여주곤 한다. 그리고 보고되는 오차에는 연대 계산 뒤에 가려져 있는 가정들의 거대한 불확실성이 무시되고 있다. 이 가정들에는 붕괴속도는 장구한 시간 동안 항상 동일했었다는 가정이 포함되어 있다. 사실 붕괴율은 어떤 요인들에 의해서 실험실 안에서 수십억 배가 증가되었다. 창조 물리학자들은 과거에 붕괴율이 매우 빨랐다는 몇몇 증거들을 지적하면서, 창조주간에 붕괴율의 가속화 가능성과 노아 홍수 동안에도 작은 변동 가능성이 있었음을 제안하고 있다.

〈Tas Walker, http://www.creation.or.kr/library/itemview.asp?no=2251〉

_03

과도한 아르곤 : 용암에 대한 K-Ar, Ar-Ar 연대측정에 있어서 아킬레스건

30년 이상 동안 암석들에 대한 칼륨-아르곤(K-Ar), 아르곤-아르곤 (Ar-Ar) 연대측정 결과는 진화론자들에게 지구의 연대를 수십억 년으로 늘리는 데에 결정적인 역할을 했다. 이 연대측정 방법에서 가장 중요한 가정은 암석(용암)이 형성될 때, 초기 용암에는 자원소인 어떠한 방사성 아르곤(^{40}Ar)도 존재하지 않는다고 가정하는 것이다. ^{40}Ar은 불활성 가스이기 때문에 열을 받았을 때 다른 원소와 화학적으로 반응을 일으키지 않고 암석으로부터 쉽게 빠져나가기 때문이라는 것이었다. 그리고 이것은 명백한 것으로 말해지고 있었다.

그러나 이러한 가정은 25년 동안 측정된 26번의 역사적으로 기록된 화산분출 용암들에 대한 연대측정에서 일치하지 않았다. 그들 측정결과의 20%에서 ^{40}Ar은 제로가 아니었으며, 어떤 것은 아르곤이 과도하게 많아 K-Ar 연대측정방법의 가장 기초적인 가정을 위반했던 것이다. 역사적으로 기록된 화산용암에 대한 연대측정결과는 표와 같았다.

최근에 폭발한 젊은 화산용암에서의 K-Ar 연대측정에서도 과도한

^{40}Ar이 존재하여 매우 오래된 연대로 측정결과가 나왔다는 보고들이 자주 쏟아져 나오고 있다. 다른 연구 보고서들도 용암속에 과도한 ^{40}Ar이 측정되었음을 보고하고 있다. 1954. 6. 30일에 폭발한 뉴질랜드의 느가후루호에 산의 용암에 대한 연대측정에서도 과도한 ^{40}Ar 때문에 350만 년(±20만 년)이라는 결과를 나타냈다. 1986년에 오스틴은 1980. 10. 26일 폭발한 세인트 헬렌산의 분화구의 용암들에 대한 K-Ar 시계로 연대측정을 실시한 결과, 과도한 아르곤 때문에 35만 년(±5만 년)의 결과가 나왔음을 보고했다.

연구자들은 또한 과도한 ^{40}Ar이 용암안의 광물 속에 포획되어 있는 것을 발견했다. 여러 예에서 K-Ar 시계에 의한 암석의 연대측정 결과 엄청나게 오래된 결과인 1~7백만 년으로 나타났고, 13,000년 이내의 최근 용암의 감람석에 대한 K-Ar 연대측정결과 1억1천만년 이상의 결과를 나타내었다. 실험실에서 인위적으로 만들어진 화산용암과 그 구성광물에 대한 아르곤의 용해도 실험에서 0.34ppm의 ^{40}Ar이 감람석에 함유된 것으로 나타났다. 이것은 광물안의 격자 공간에 아르곤이 처음부터 갇혀 있었다는 결론에 이르게 하였다.

화산 용암	실제(추정) 연대	측정 연대
하와이 악카 폭포	홍적세	3230 (±720) 만 년
하와이 킬라우에아 이키 현무암	1959	850 (±680) 만 년
이탈리아 스트롬볼리산 화산탄	1963. 9. 23	240 (±200) 만 년
시실리 에트나산 현무암	1964. 5	70 (±1) 만 년
캘리포니아 글래스산 메디슨 호수 고원의 흑요석	500년 이내	1260 (±450) 만 년

하와이 후알라라이 현무암	AD 1800~1801	2280 (±1650) 만 년
뉴질랜드 아욱랜드 랑지토토 현무암	800년 이내	15 (±47) 만 년
나이지리아 알칼라이 현무암	3천만 년 이내	9500 만 년
남극 빅토리아랜드 나단힐 올리바인 현무암	30만 년 이내	1800 (±70) 만 년
남극 에레부스산 화산탄 내의 아놀소클레이스	1984	64 (±3) 만 년
하와이 킬라우에아 현무암	200년 이내	2100 (±800) 만 년
하와이 킬라우에아 현무암	1,000년 이내	4290 (±420) 만 년, 3030 (±330) 만 년
동태평양 해팽 현무암	100만 년 이내	69000 (±700) 만 년
동태평양 해팽 근처, 해저산 현무암	250만 년 이내	8000(±1000) 만 년, 70000(±1억5천) 만 년
동태평양 해팽 현무암	60만 년 이내	2420 (±100) 만 년
하와이 후알라라이 현무암	AD 1800~1801	160(±16),141(±8) 만 년
시실리 에트나산 현무암	BC 122	25(±8) 만 년
시실리 에트나산 현무암	AD 1972	35(±14) 만 년
캘리포니아 라센산 사장석	AD 1915	11(±3) 만 년
애리조나 선셋 크레이터 현무암	AD 1064~1065	27(±9), 25(±15) 만 년

이제 대부분의 연구자들이 도달한 분명한 결론은 과도한 ^{40}Ar이 녹은 용암이 분출될 때부터 존재했고, 그들이 냉각될 때 기체화되어 완전히 빠져나가지 않고, 광물질 안에 포획되어 암석 조직에 존재한다는 것이다. 그러나 이러한 과도한 ^{40}Ar은 어디로부터 왔는가? ^{40}Ar

은 대기중의 아르곤으로부터도 아니고, ^{40}K의 방사성 붕괴에 의해서 온 것도 아니다. 한 연구팀이 1800~1801년 하와이에서 분출한 후 알라라이 현무암에서 과도한 ^{40}Ar이 액체와 가스상의 함유물로 감람석, 사장석, 휘석에서 존재하는 것을 발견했고, 용암의 연대는 260만 년에서 29억6천만 년의 결과를 나타내었다. 따라서 화산 마그마는 맨틀로부터 나왔기 때문에 과도한 아르곤은 맨틀에 초기부터 존재했고, 마그마로서 지표면으로 이동되어 암석에 존재하게 되었음에 틀림없었다.

이러한 증거들은 과도한 ^{40}Ar이 대부분의 화산암에 존재하고 있음을 분명히 보여주고 있으며, 과도한 ^{40}Ar은 맨틀 마그마로부터 유래되었음을 말해주고 있다.

결론적으로 모든 최초의 아르곤들이 지구 깊숙한 내부로부터 아직도 배출되지 않고 있다는 사실은 젊은 지구와 일치한다. 또한 화산암 샘플들에 대해 K-Ar, Ar-Ar 연대측정을 실시하였을 때, ^{40}Ar이 ^{40}K의 방사성붕괴에 의해서 생겨났는지, 마그마와 함께 맨틀에서 처음부터 존재했는지를 실제 확인할 수가 없다는 것이다. 또한 ^{40}Ar이 ^{40}K의 방사성붕괴로 만들어졌는지 처음부터 존재했던 것인지를 분석적으로도 구별할 수가 없기 때문에, 오래된 연대의 암석일 것이라는 외부적인 가정이 개입되지 않는 한 정확한 연대를 측정할 수가 없다는 것이다.

그러므로 화산암에 대한 모든 K-Ar과 Ar-Ar 연대측정 결과는 매우 의심스러운 것이며, 이들 연대에 의해 조정된 화석 연대 또한 의심스러운 것이다.

⟨Andrew A. Snelling, http://www.creation.or.kr/library/itemview.asp?no=422⟩

_04

RATE 프로젝트의 결과 보고 : ICR이 방사성동위원소 연대측정의 유효성에 도전하다

좌석을 가득 메운 2300여 명의 많은 사람들이 RATE (Radioisotopes and the Age of The Earth, 방사성 동위원소와 지구의 나이) 연구팀의 땅을 뒤흔드는 충격적인 발견들을 듣기 위해서 2005년 11월 5일 토요일에 샌디에이고에 있는 쉐도우 마운틴 지역 교회에 모였다. 학술회의는 8명의 RATE 과학자들(그들 모두 참가하였다) 중에서 가장 주목할 만한 발견들을 보고한 4명이 주연이 되었다. 이 프로젝트의 메니저인 래리 바디만 박사는 이 기념비적인 8년간의 연구프로젝트의 믿을 수 없는 결과들과 의미들을 요약하였다.

ICR(Institute for Creation Research, 창조과학연구소)의 설립자이며 명예 회장인 헨리 모리스 박사의 기도로 회의는 시작되었다. 이어서 창조과학의 역사적인 대약진에 관한 ICR의 회장인 존

모리스 박사의 축하와 격려사가 있었다. 모리스 박사는 이 RATE 프로젝트는 창조과학연구소(ICR)의 36년 역사에 있어서 가장 중요하고 가장 성공적인 연구프로젝트였으며, 이 위대한 승리를 허락하신 하나님에게 감사드린다고 하였다!

물리학 교수인 러셀 험프리 박사는 첫 번째로 그의 발견을 발표하였다. 그의 연구는 헬륨의 확산에 관한 것으로, 방사성 결정에서 헬륨의 농도는 지구의 나이가 단지 6,000년 정도밖에 되지 않음을 가리키고 있음을 보고하였다.

험프리 박사에 뒤이어, 지질학 교수인 앤드류 스넬링 박사는 방사성할로에 관한 그의 상세한 연구를 보고하였다. 그의 연구는 폴로늄 방사성할로들이 격변적인 상황 하에서 빠르게 형성됐어야만 했으며, 지구 역사의 다른 기간 동안에 가속 붕괴되어졌음을 나타내는 강력한 증거임을 보여주었다.

아마도 가장 놀랍고 획기적인 발견은 지구물리학 교수인 존 바움가드너 박사가 보고한 것이었다. 그는 석탄과 다이아몬드에서 많은 양의 방사성탄소(^{14}C)를 발견했는데, 이것은 젊은 지구와 노아의 홍수에 대한 성경적 설명을 지지하는 것이었다. 주발표내용들을 요약하면 다음과 같다.

헬륨의 잔류   4.8km 깊이에서 고온의 화강암체들이 추출됐는데, 흑운모 내에 지르콘으로부터 방사성 붕괴시에 생성되는 헬륨이 아직도 많은 양으로 존재했다. 일반적인 통념에 의하면, 빠져나가기 쉬운 헬륨 원자들은 오래 전에 빠져나갔을 것이 기대된다. 연구팀은 잔류하는 헬륨의 양이 젊은 지구 모델과 동일과정설적 모델 중에서 어느 것에 더 적합한지를 예측해 보았다. 그들은 온도에 따른 헬륨의 탈출률을 보정하였고, 그 결과를 그래프로 나타냈다. 데이터들은 6,000±2,000년의 젊은 지구 모델의 예측과 정확하게 일치하였다.

방사성할로 흔적　연구팀은 우라늄 붕괴 시에 알파 입자 분출에 의해서 화강암에 새겨진 열 흔적인 방사성할로들(radiohalos)에 대한 로버트 젠트리의 초기 작업들에 대한 후속 연구들을 실시하였다. 우라늄 할로들에 인접한 폴로늄 할로들(polonium halos)은 도처에 존재한다. 폴로늄은 상당히 짧은 반감기를 갖고 있기 때문에, 그들은 몇 달, 몇 분, 심지어 몇 밀리초(Po-214의 경우) 내에 형성되어야만 한다. 연구자들은 이것은 지르콘으로부터 이동되었으므로, 폴로늄 할로는 완전히 발달된 우라늄 할로와 같은 나이를 가져야 함을 의미한다는 것이다. 그러나 현재의 붕괴율로 측정한다면, 우라늄 할로는 수억 년을 보여주는 것으로 나타난다.

불일치하는 이소크론 연대　방사성 동위원소 연대측정 방법들이 완벽한지를 판정해 보기 위해서, 그랜드 캐년의 여러 장소로부터 화성암 표본들이 채취되었고, 우수한 방사성 동위원소 연대측정 실험실들로 분석을 위해 보내졌고, 다중 자료분석과 통계처리를 하는 4개의 독립적인 이소크론 방법(isochron methods)에 의해서 교차 점검되었다. 실험은 이중맹검으로 실시되었다. 즉, ICR은 분석에 대해 어떠한 조절도 하지 않았고, 실험실은 기대되는 연대에 대한 어떠한 지식도 가지지 못했다. 만약 이소크론 연대측정 방법이 신뢰할 수 있는 방법이라면, 모든 데이터들은 같은 연대를 나타내야 할 것이었다. 그러나 모든 측정연대들은 서로 매우 달랐는데, 일부는 같은 암석에서 200%, 300%의 차이를 나타냈다. 심지어 10억 년 이상의 차이를 나타내는 측정결과들도 있었다.

방사성탄소(^{14}C)　다양한 지역의 석탄층들로부터 수집된 시료들은 측정 가능할 만한 양의 방사성탄소를 함유하고 있었다. 일반 통념에 따르면, 그렇게 오래된 시료에서 방사성탄소가 존재한다는 것은 생각조차 할 수 없는 일이다. 왜냐하면 ^{14}C의 반감기는 5,730년 정도이므로, 단지 10만 년 정도만 되어도 검출될 수 없기 때문이다. 그러나 수억 년이 된 것으로 추정하고 있는 석탄 시료에 아직도 ^{14}C이 남아 있었다. 또한 연구팀은 10억 년 이상 전에 형성됐을 것으로 생각했던 다이아몬드들 내에서 완전한 ^{14}C을 발견했다.

창세기 1장　히브리어 성경에서 창세기 1장의 동사들에 대한 통계적 분석은, 그것이 시(poetry)의 형태가 아니라, 서술(narrative) 형태로 되어 있다는 것을 확고히 보여주었다. 그러므로 6일 창조를 설명하는 '날(day)'의 의미는 시적 또는 비유적 의미로 해석될 수 없다는 것이다. 이것은 창세기의 저자가 날이라는 단어를 오랜 기간이 아니라, 정상적인 날들을 나타내는 것으로 의도했음을 의미한다.

대기과학 교수인 래리 바디만 박사는 RATE 연구 프로젝트의 결과를 요약하여 그 의미를 보고하였다.

주요 요점들
1. 다량의 방사성 붕괴가 발생했다.
2. 종래의 방사성 동위원소 연대측정은 근본적으로 다른 수치를 나타내고 있었다.

3. 핵붕괴 과정은 지구 역사의 어떤 기간 동안 가속화되었다.

4. 헬륨의 확산, 그리고 다이아몬드 내에 ^{14}C의 존재는 젊은 지구를 나타내는 강력한 증거이다.

의 미

5. 창조와 노아 홍수는 실제로 있었던 역사적 사건이었다.

6. 성경은 과학적으로 신뢰할 수 있으며, 기록된 것을 정확하게 의미하고 있다.

회의는 오랫동안 기다려 왔었던 ICR의 "수십억 년이 아니라, 수천 년(Thousands…Not Billions)"이라는 제목의 새 영상물의 시사회에서 절정에 달했다. 이 영상물은 2년에 걸친 비디오 프로젝트로서, RATE 연구 프로젝트의 놀라운 이야기를 드라마, 과학자들의 간략한 보고, 에니메이션, 일러스트레이션 등으로 결합하여 전하고 있었다. 회의는 활발한 질의 및 응답 세션으로 끝을 맺었고, 책자에 사인을 해주는 시간도 가졌다. ICR은 이러한 믿음을 견고하게 해줄 수 있는 소식들을 가능한 많은 교회들에게 전달해 줌으로써, 협력하고 있는 목사님들과 기독교 지도자들에게 용기를 주고자 한다.

⟨ICR News, 2005. 11. 9. http://www.creation.or.kr/library/itemview.asp?no=2961⟩

_05

고대 석탄들과 다이아몬드 내의 방사성 탄소는 수십억 년의 연대를 거부한다

미국 창조과학연구소(ICR)가 8년간 실시했던 RATE(Radioisotopes and the Age of the Earth, 방사성 동위원소와 지구의 나이) 연구 프로젝트에서, 일부 연구들은 방사성탄소(radiocarbon, carbon-14) 연대측정 방법에 초점을 맞추었다. ^{14}C(C-14) 연대측정 방법은 여러 방사성동위원소 연대측정 방법들 중의 하나이다. 그러나 C-14는 비교적 빠르게 붕괴하기 때문에(오늘날의 붕괴율로 5,730년의 반감기), 그것은 단지 수만 년 이내의 연대측정에만 사용될 수 있다. 사실 C-14이 지구 크기만큼 있다 하더라도, 단지 1백만 년 안에 어떠한 C-14도 남아 있지 않을 것이다. 왜냐하면, 그것들은 오늘날 측정된 반감기에 기초하면, 모두 붕괴되어 사라졌을 것이기 때문이다. 그것이 이 C-14 연대측정 방법이 수백만 년 되었다는 암석들의 연대측정에 사용될 수 없는 이유이다.

RATE의 C-14 연구는 첫째로 고대의 석탄층에서 검출 가능한 상당 수준의 C-14이 존재하는지에 초점을 맞추었다. 미국 석탄층들로부터 수집된(석탄시료 은행에 보관되어 있던) 4천만 년~3억2천만 년 전 것으로 평가된 10개의 석탄 시료들에 대한 방사성탄소 분석 의뢰결과 4만8천 년~5만 년의 나이에 해당하는 C-14을 함유하고 있음이 밝혀졌다. 시료들은 실험실에서 반복하여 분석되었고, 고대 석탄에 남아 있는 이들 C-14이 어떠한 오염(원래 장소나 실험실에서)에 의한 것이 아니라는 것을 확인하였다. 물론 이들 4만8천 년~5만 년의 나이는 오늘날 C-14의 붕괴율과 생성률에 기초하여 계산된 연대이기 때문에, 이들 석탄층들의 진정한 연대가 될 수는 없을 것이다. 이들 모든 석탄층들이 서로 비슷한 C-14 연대들을 나타낸다는 사실은, 그들 모두가 한 번의 격변적인 사건에 의해서 동시에 형성됐다는 이론과 일치한다. 물론 이것은 홍수 이전의 식물들이 한 번의 거대한 전 지구적인 격변이었던 창세기 홍수 동안에 휩쓸려 파묻혔다는 것을 가리키는 것이다.

이러한 성공에 고무되어, RATE C-14 연구는 다음으로 다이아몬드 안의 C-14을 조사했다. 다이아몬드는 알려진 것들 중에서 가장 단단한 천연물질로서, 물리적 마모에 대한 저항성이 크다. 또한 다이아몬드 내의 탄소의 화학결합은 화학적 부식과 풍화작용에 고도로 저항할 수 있게 한다. 또한 다이아몬드는 그 표면에서 물의 부착을 배제하고 받아들이지도 않는다. 이것은 다이아몬드 내의 C-14이 오염될 그 어떠한 가능성도 배제하는 것이다. 10~20억 년 전으로 연대를 추정하는 다이아몬드들에서 C-14 측정이 실시되었고, 마찬가지로 다이아몬드들은 검출 가능한 상당량의 C-14(5만5천 년에 해당하는)을 함유하고 있었다. 다시 한번 실험실들에서 분석들은 반복 실시되었고, 이들 C-14들의 존재가 그 어떠한 오염(다이아몬드 안으로나 실험실에서)에 기인했을 가능성은 기각되었다. 10~20억 년 전으로 연대를 추정하고 있는 이들 다이아몬드들은 지구 내부 깊은 곳에서 형성되어서, 지구의 초기 역사와 관련 있는 것으로 간주되고 있다. 그러므로 이들 다이아몬드 내에 존재하는 C-14은 지구 자체가 매우 젊은 나이를 가지고 있음을 가리키는 것이다.

다이아몬드 내에 원래의 고유 방사성탄소가 존재한다는 사실은 이제 일반 논문들에서도 보고되고 있다. 캘리포니아-리버사이드 대학의 테일러는 캘리포니아-어바인 대학 켁 가속질량 분석실의 소우톤과 팀을 이뤄 브라질에서 채취한 9개의 천연 다이아몬드들을 분석했다. 통상적으로 9개 다이아몬드들 모두는 적어도 수억 년 전의 초기 고생대의 것들로 간주되는 다이아몬드들이다. 따라서 그것들의 나이가 정말로 그렇게 오래되었다면, 다이아몬드 안에는 그 어떠한 고유의 C-14도 없어야만 할 것이다. 그러나 8개의 다이아몬드에서 64,900~80,000년에 해당하는 C-14이 존재했다. 9번째 다이아몬드는 6개의 동일한 조각으로 잘려져서 각각이 분석되었다. 그들은 69,400~70,600년의 범위를 나타내어 근본적으로 동일한 C-14 연대를 나타내었다. 이것은 C-14이 다이아몬드 내에 균등하게 분포하고 있음을 가리키고 있는 것이다. 이것은 다이아몬드 안의 C-14들이 원래의 내부적인 것이며, 오염된 것이 아니라는 것을 다시 한번 확인하는 것이었다. 흥미롭게도 선캄브리아기 변성암(통상적으로 10억 년 전의 암석으로 추정하는)에서 채취한 실론흑연 시료들도 동시에 분석되었는데, 58,400~70,100년의 C-14 연대를 나타냈다.

RATE 그룹이 분석을 의뢰했던 실험실들과 다른 C-14 실험실들에서의 이와 같은 동일한 측정 결과는 천연다이아몬드 안에 고유의 C-14이 확실히 존재한다는 사실을 확증하는 것이다. 따라서 이들 다이아몬드들은 수억 년 또는 수십억 년이 될 수 없다. 그리고 이것 외에 다이아몬드 내에 C-14이 남아 있는 것을 설명할 그 어떠한 신뢰성 있는 설명도 존재하지 않는다. 일반 학술지에 보고된 이 연구에서, 다이아몬드내 C-14은 RATE 결과보다는 약간 적은 양으로(따라서 약간 더 오래된 연대로) 발견되었다. 이것은 다이아몬드들을 분석장치 안에서 직접 광선에 올려놓았기 때문이다. 그러나 RATE 연구에서 다이아몬드는 탄소를 이산화탄소로 변환시키기 위해 연소되었고, 흑연으로 변환되어 실험장치에서 분석되었다. 그 과정에서 미량의 C-14이 유입되었을 수도 있었을 것이다.

물론 캘리포니아 대학의 과학자들은 그들이 분석한 다이아몬드들 내에 존재하는 C-14이 젊은 지구를 가리키는 증거로서 결론내리지 않았다. 대신 그들은 이 64,900~80,000년을 나타내는 C-14을 분석장치의 '기계적 배경(machine background)'으로 해석했다. 그러나 이것은 많은 질문들을 야기시킨다. 그러면 왜 선캄브리아기의 흑연은 다이아몬드보다 평균적으로 더 젊은 연대(더 적은 C-14)를 나타내는가? 왜 각 다이아몬드는 분명히 다른 연대들을 가리키는 다른 C-14 양을 함유하고 있는가? 모든 다이아몬드와 흑연을 분석하는 데에 동일한 분석장치가 사용되었으므로, 그 결과들은 모두 같은 '기계적 배경'에 의해서 영향을 받아야 하는 것이 아닌가? 오히려 이 결과들은 지구의 초기 역사와 관련되어 있는 천연다이아몬드들이 단지 수천 넌밖에 되지 않았으며 지구의 나이가 매우 젊다는 것을 강력히 가리키고 있다는 RATE 프로젝트의 C-14 연구 결과를 확증하고 있는 것이다.

〈Andrew Snelling, http://www.creation.or.kr/library/itemview.asp?no=4074〉

＊다이아몬드가 며칠 만에!

많은 사람들에게 다이아몬드의 가치는 부분적으로 그것이 수백만 년이 되었을 것이라는 인식 때문이다. 그러나 라이프젬이라는 한 회사는 화장한 사람들의 유골에서 나온 탄소들을 사용하여 6개월 정도 짧은 기간 안에 다이아몬드를 제조하는 방법을 찾아냈다. 이제 당신의 애완동물도 푸르고 투명한 아름다운 다이아몬드로 바뀔 수 있게 되었다. 라이프젬 사는 섭씨 3,000도 이상의 온도로 가열된 화장된 유골에서 탄소들을 추출한다. 그리고 그 탄소들은 정제되고, 흑연으로 전환된다. "이제 인공 다이아몬드를 만들기 위해 이 흑연을 놀라운 자연의 힘, 즉 고도의 열과 압력을 재현하는 우리의 독특한 다이아몬드 압착기에 넣는다."

그들이 다이아몬드 생성시에 관여했다고 믿어지는 자연의 힘을 재현하는 시도에서 '수백만 년'이 포함되어 있지 않음에 주목하라. 그것은 다이아몬드를 만드는 데 수백만 년이 필요하지 않다는 것을 그들도 알고 있기 때문이다. 요약하자면, 탄소+열+압력+단지 몇 개월 = 다이아몬드가 되는 것이다. 실제로는 몇 달이 아니라 며칠 내에 다이아몬드를 합성하는 것이 가능하다. 심지어 단 몇 시간 안에도 가능하다. 예컨대, 이제 연구원들은 (다이아몬드 합성에 지금까지 알려진 최저 온도인) 섭씨 440도와 800기압의 가압로에서 금속염을 이산화탄소와 함께 반응시켜 다이아몬드를 만들어내고 있다. 그렇게 하는 데 단지 12시간이 걸린다.

〈Richard Fangrad, http://www.creation.or.kr/library/itemview.asp?no=4318〉

_06
방사성 붕괴 속도는 안정적이지 않다 : 캐비테이션은 토륨의 붕괴 속도를 1만 배 가속시켰다

1세기 동안 방사성 붕괴속도는 꾸준하고 안정적인 것으로서 오래된 암석의 연대를 측정하는 데에 신뢰할 수 있는 도구가 될 수 있는 것으로 선전되어 왔었다. 그래서 방사성 동위원소 연대측정은 수십억 년의 장구한 연대에 대한 지지 기반이 되어 왔으며, 커다란 도전 없이 사용되어 왔었다. 그러나 방사성 붕괴 속도는 몇몇 사람들이 희망하는 것처럼 그렇게 안정적이지 않았다.

수십 년 전에, 여러 방사성 붕괴 계열들에서 이상한 변동들이 관측되었다. 이들 계들은 그들이 안정될 때까지 여러 입자들과 방사선을 방출하는 불안정한 핵을 가지고 있었다. 이들 계절적 변동은 지구와 태양 사이의 거리에 상응하여 확립되었다. 지구가 태양에 가장 가까웠을 때, 태양의 중성미자는 명백히 핵붕괴를 가속화시켰다.

2009년 이탈리아 연구자들은 '캐비테이션(cavitation, 공동현상)'이라 불리는 과정이 토륨(thorium, ^{228}Th)의 핵붕괴를 가속화시킨다는 증거를 보여주었다. 특별히 캐비테이션은 90분 동안의 실험에서 토류의 방사성 붕괴를 10,000배나 가속시키는 원인이 되는 것으로 보인다는 것이다. 캐비테이션은 물이 빠르게 흘러가며 증기 기포들이 만들어질 때 발생될 수 있다. 이 기포들은 붕괴되면서 작은 크기에서도 매우 강력한 충격파를 만들어내는데, 이 충격파들은 선박의 프로펠러, 펌프의 부품들을 빠르게 파손시키며, 격변적으로 수로들을 침식시키거나, 섬광을 만드는 것으로 알려져 있다. 또한 캐비테이션은 심한 공명으로 인해 원자핵에 영향을 미칠 수도 있다.

방사성 붕괴속도의 불확실성은 몇몇 과학자들에게는 놀라운 일이 아니다. 최근 창조과학자들은 방사성 붕괴가 과거에 극적으로 가속화되었다는 명백한 증거들을 발견해 왔었다. 예를 들어, 몇몇 방사성 붕괴의 가속화 결과는 우라늄의 방사성 붕괴와 관련되어 지르콘 결정 내에 존재하는 헬륨 원자의 확산 원인이 되었음에 틀림없다.

캐비테이션, 중성미자, 또는 그 밖의 어떤 것이 과거 지구에서 핵 붕괴의 가속화 원인이 되었는지는 아직 알려져 있지 않다. 그러나 알려져 있는 것은 방사성 붕괴의 안정성은 매우 의심스럽다는 것이다. 따라서 방사성 동위원소 연대측정법에 기초한 수십억 년의 지구 연대는 그 기초가 무너지고 있는 것이다.

〈ICR News, 2009. 8. 5. http://www.creation.or.kr/library/itemview.asp?no=4693〉

진화론자들은 수십억 년의 지구 연대를 증거하는 것으로 암석에 대한 방사성 동위원소 연대측정을 내세운다. 우드모라페의 논문에 의하면, 방사성 붕괴속도가 수십억 배로 가속될 가능성이 있다는 것이다. 즉, 전자들이 존재하지 않는 플라스마와 같은 상태에서, 베타입자가 원자핵을 빠져 나오는 데 필요한 운동에너지는 보통의 경우보다 훨씬 적어서, 그 결과로 방사능 붕괴가 엄청난 비율로 가속될 수 있다는 것이다. 이러한 사실은 실제로 진화론자들의 실험실에서도 증명되었는데, 즉 ^{163}Dy의 방사능 붕괴가 위와 같은 조건에서 보통의 환경에서보다 수십억 배 빨라졌던 것이다.

태초에 하나님께서 모든 원소와 물질들을 무에서 유로 창조하셨을 때, 또는 노아 홍수 때에 이온이나 플라스마 상태와 비슷한 상태가 잠시라도 존재했었다고 가정한다면, 방사능 붕괴가 엄청난 속도로 진행되었을 것이다. 오늘날 동일과정설을 믿는 진화 과학자들의 눈에는 그것이 수십억 년 동안 아주 서서히 진행되어 온 것처럼 보일 것이다.

방사성 동위원소 연대측정법에 의한 오래된 지구 연대는 진화론자들에게 절대적으로 필요하다. 왜냐하면 그러한 장구한 지질학적 시간 없이는 진화가 불가능하기 때문이다.

〈http://www.creation.or.kr/library/itemview.asp?no=2310〉

＊태양이 방사성 동위원소의 붕괴 속도를 변화시킨다

2009년 New scientist 지는 미스터리하고 우연한 한 발견에 관한 내용을 게재하였다. 브룩헤이븐 국립연구소의 물리학자인 데이비드 알버거는 실리콘-32의 핵붕괴 속도가 계절에 따라서 바뀐다는 사실을 발견했다. 스탠포드 대학의 물리학자이며 태양 코어 전문가인 피터 스터록은 태양과 방사능 계들 사이의 이들 이상한 관계를 보여주었던 몇몇 학술 논문들을 재검토하였다. 그는 태양의 코어(중심핵)가 일정한 속도로 회전하고 있으며, 중성미자를 더 강렬하게 방출하는 '면(face)' 부분이 존재한다는 사실을 알았다. 코어의 면이 회전하면서 그 면이 지구를 향하게 될 때, 지구는 더 집중된 중성미자 폭풍을 받게 된다는 것이다.

스터록은 33일마다 태양 코어의 '면' 부분이 지구를 향하게 되면, 방사성 물질의 붕괴속도에 상응하는 변화가 나타난다는 사실을 발견했다. 그는 "이것은 지금까지 누구도 이해하지 못했던 현상입니다"라고 보고서에서 언급했다. 하지만 이러한 붕괴속도의 변화는 기존 핵붕괴 속도가 항상 일정했다는 연대측정 시계의 기초 가정에 의문을 제기하고 있는 것이다. 방사성 동위원소 붕괴속도가 일정치 않다는 사실이 의미하는 바는 실로 막대하다. 그리고 이러한 붕괴속도의 변동은 사실이며, 지구의 나이에 대한 진화론자들의 견고한 주장에 의문을 제기하고 있는 것이다.

〈ICR News, 2010. 9. 3. http://www.creation.or.kr/library/itemview.asp?no=4992〉

VIII | 맺는 글

교회가 창조과학을 가르쳐야 하는 이유

당신은 기독교 라디오와 TV, 교회 등에서 이 사회의 기독교적 가치관의 쇠락을 한탄하는 목사님들의 설교를 자주 듣게 될 것이다. 교회 지도자들은 이 세상이 예수 그리스도께로 돌아가야 할 필요가 있음을 힘주어 전하고 있다. 또한 많은 사람들이 낙태, 동성애, 사회적 범죄들, 반기독교적 문화 등을 한탄하고 있다.

주목해야 할 것은 이러한 이슈들은 그 안에 진정한 근본적인 문제가 있는 것이다. 모든 그러한 이슈들은 정말로 상상할 수 있는 것보다 훨씬 크고 사악한 어떤 사상이 만들어낸 증상이라는 것이다. 사실, 교회는 이제 누더기가 되어가고 있는 이 세상의 영적, 도덕적 파괴에 대한 궁극적인 책임이 있다.

교회는 기독교 정신과 도덕성을 유지하고 다시 세우기 위해 절망적인 노력을 하고 있다. 그러나 교회가 전하고 있는 메시지가 더 이상 '현실적 실제성'을 가지고 있지 않다는 사실을 깨닫지 못하는 한, 정말로 그 원인을 발견할 수 없을 것이다. 그 원인은 간단하다. 교회는 진정한 역사로서 성경과 단절되어 있기 때문이다. 성경의 역사는 세상이 받아들였으면 하는 영적, 도덕적 일들의 기초가 되는 것이다.

에덴동산 이후로, 하나님 말씀의 권위에 대한 하나의 전쟁이 있어 왔다. 바울은 고린도후서 11:3절에서 우리에게 경고하고 있다.

"뱀이 그 간계로 하와를 미혹한 것 같이 너희 마음이 그리스도를 향하는 진실함과 깨끗함에서 떠나 부패할까 두려워하노라" (고후 11:3)

바꾸어 말하면, 마귀가 하와에게 하나님의 명확한 말씀을 의심하게 했던 것처럼, 오늘날에도 사람들에게 하나님의 명확한 말씀을 의심하도록 하고 있다는 것이다. 마귀는 사람들에게 본질적으로 이렇게 묻고 있다. "하나님이 참으로… (먹지 말라) 하시더냐" (창 3:1).

여러 시대를 통하여, 마귀는 여러 방법을 사용해서 사람들이 하나님의 말씀을 의심하도록 해왔다. 불행하게도, 교회 안에 있는 대부분의 사람들은 현대 시대에 사용하는 사탄의 특별한 전술을 깨닫지 못하고 있다. 심지어 하나님 말씀의 권위를 깎아내리려는 사탄의 계략을 도와주기도 한다.

1700년대 말과 1800년대 초부터 화석을 함유하는 퇴적지층들의 형성에 장구한 시간이 걸렸다는 생각은 인기를 얻게 되었다. 본질적으로 이것은 지구의 나이가 수십억 년이라는 개념을 발달시켰고, 이것은 오늘날 사탄의 전략을 이해하는 핵심인 것이다. 슬프게도, 많은 교회 지도자들은 지구의 나이가 수십억 년 되었다는 개념에 굴복하였고, 성경 본문을 수십억 년의 장구한 연대와 조화시키기 위해 성경을 재해석하게 되었다.

따라서 창조의 날들은 장구한 기간을 의미하는 것으로 재해석되

었고, 노아의 홍수는 단지 그 지역에 있었던 국소적 홍수였으며, 성
경적 지질학은 세속적 지사학으로 교체되었다. 다윈의 진화론이 대
중들의 인기를 얻게 되자, 많은 교회 지도자들은 성경적 생물학(분명
한 '종류'대로의 창조)을 진화론적 생물학으로 교체해 버렸다. 그 다음
성경적 인류학(흙으로 첫 번째 남자를 창조하시고 그의 갈빗대로 첫 번째
여성을 창조하심)을 세속적 인류학(사람은 원숭이처럼 생긴 조상의 후손)
으로 교체해 버렸다. 그리고 성경적 천문학을 '빅뱅설'과 같은 세속
적 우주론으로 교체해 버렸다.

교회들은 점차적으로 창세기에 기록된 문자 그대로의 역사를 포
기했고, 세속적 역사에 항복하기 시작했다. 그렇지만 교회 지도자
들은 기독교의 영적·도덕적 측면은 고수하기를 원했다. 그래서 대
부분 교회들은 이것들(즉, 예수 그리스도와 복음에 대한 메시지, 기독교
적 도덕성 등)을 지켰다. 반면에 회중(그리고 세상)에게 우주에 대한 세
속적 역사가 하나님이 어느 정도 포함되는 한에서 포용될 수 있음을
또한 가르쳤다. 잠시 동안, 이러한 타협은 괜찮은 듯이 보였다. 그러
나 성경적 역사(성경적 지질학, 성경적 생물학을 포함하여)의 단절은 두
가지의 주요한 결과를 가져오게 되었다.

첫째, 창세기에 기록된 성경의 역사는 중요하지 않으며, 세속적 역
사에 기초해 재해석되어야 한다는 주장에 대해 교회와 세상에 대해
빗장을 열어 놓게 되었다. 세대가 지나가면서 점진적으로 그 '문'은
조금씩 더 열려졌고, 그 결과 하나님의 말씀에 대한 불신은 점점 더
자라나기 시작했다.

둘째, 기독교의 도덕성에 의해서 영향을 받아왔던 이 세상은, 성

경이 역사적으로 믿을 수 없는 것이라면, 영적이고 도덕적인 것들에 관한 절대적인 권위로서도 믿을 수 없다고 주장하기 시작했다. 따라서 세상은 기독교적 도덕성을 포기하기 시작했고, 세속적 역사와 일치하는 다른 세계관을 만들어내기 시작했다.

교회에 다니는 학생들은 학교로 돌아가면 성경적 역사와 완전히 틀린 세속적 역사(지질학, 생물학, 인류학, 천문학 등을 포함하여)를 배우게 되는 것이다. 그 결과는 무엇인가? 한 연구에 의하면, 교회 안의 젊은 십대들의 약 70%는 학교를 졸업하면 교회를 떠나가는 것으로 조사되었다. 교회를 다녔던 학생들은 학교에서 지질학, 생물학 등에 관한 세속적 역사를 주입받은 후에, 성경의 역사가 신뢰받을 수 없다면 결국 성경의 역사에 기초한 구원의 메시지나 도덕성에 관한 것들도 신뢰할 수 없다는 생각을 하게 되는 것이다.

교회가 18세기 말과 19세기 초에 세속적인 지질학을 채택하기 시작했을 때, 하나의 '거품 막'이 교회 주위에 형성되기 시작했다. 이 막은 성경과 그 역사 사이에 단절을 가져왔다. 역사는 모든 것을 함께 결합하는 것임에도 말이다.

만약 성경의 지질학(예를 들어 한 번의 전 세계적인 홍수, 아담의 범죄 이전에 죽음이 없었음, 아담의 범죄 이전에 동물과 사람의 화석화는 없었음 … 등)이 사람 이전에 수억 년 동안 죽음이 있었다는 세속적 지질학으로 대체된다면, 그것에 의해 실제적 역사로부터 성경의 '영적인 사건들'(복음의 메시지를 포함하여)은 분리되게 된다. 만약 성경이 지질학에서 신뢰될 수 없다면, 성경의 다른 부분에 대한 의심의 문이 열려지는 것이다. 따라서 성경은 절대적 권위를 가질 수 없고, 오류 많은 인간들이 성경 밖에서 자기들의 생각대로 하나님의 말씀을 재해석할 수 있게 했던 것이다. 이러한 암적인 요소들은 교회와 사회 내로 침투했고, 그 결과 세상은 점차 기독교의 도덕성과 구원을 거부하게 되었던 것이다.

점차적으로, 이와 같은 종류의 사태들은 인류학, 천문학, 생물학 등에서 발생했다. 오늘날, 교회는 이제 하나의 거품막 안에 완전히 포위되게 되었다. 교회는 세속적인 역사를 받아들였고 허용하였다. 그러나 아직도 기독교의 영적 · 도덕적인 면을 고수하기 위해서 노력하고 있다. 그러나 구원의 메시지와 도덕성에 대한 거품막은 세속적 구조 틀 안에서는 존재할 수 없다.

따라서 막 안쪽의 교회는 진정한 역사와는 단절된 성경 이야기들을 가르치면서 세속적 역사의 구조 틀 밖에 존재하는 것이 오늘날의 상황이 되어버렸다. 이제 세속적 역사의 구조 틀 안에 살아가는 모든 사람들은 교회가 가르치는 것은 절대적인 진리가 아닌, 그리고 그것들의 어느 것도 실제 역사와 관계가 없는, 단지 기독교인들의 의견이나 이야기임에 틀림없다고 (의식적으로 또는 무의식적으로) 결론짓기 시작하는 것이다.

그리고 세속적 구조 틀 속에 있던 사람들은 이제 이 세속적 역사와 일치하는 세계관을 건설하기 시작했던 것이다. 당신이 사람은 단지 동물에 불과하다고 생각한다면, 그것은 당신의 낙태에 대한 생각에 영향을 미치게 된다. 창세기가 문자 그대로의 역사가 아니라면, 결혼은 자기가 원하는 대로(두 명의 남자 또는 두 명의 여자) 정의할 수 있을 것이다. 교회에 다니는 사람들이 사람의 이론에 기초하여 성경의 역사를 재해석할 수 있다면, 그 다음은 도덕성에 관한 말씀도 재해석하려 할 것이다. 물리적 세계에 대해서 재해석할 수 있다면, 왜 도덕적 세계는 재해석할 수 없는가라고 반문할 것이다. 따라서 이 세상(심지어 교회도)은 낙태, 동성애, 간음 … 등을 수용하기 시작하는 것이다.

오늘날 교회는 악한 일들과 반기독교적 정서가 증가하는 이 세상을 바라보면서 몸서리치고 있다. 거품막 속에서 교회는 사회적 악에 반대하면서 이 세상과 전투를 벌이고 있다. 그리고 예수를 믿으라고만 말한다. 그러나 교회의 노력에도 불구하고 이 세상 문화는 점점 더 세속화되고 있다. 왜냐하면 오래 전에 이 '전쟁'은 패배해 버렸기 때문이다. 왜냐하면 교회는 이 세계의 진정한 역사를 포기해 버렸고, 그것을 세상으로 넘겨주고 말았다. 교회는 애써 지키려고 노력하는 영적 도덕적인 것들의 기초를 이미 빼앗겨 버렸던 것이다.

이것이 우리가 교회에 앉아있거나 기독교 라디오나 TV를 켤 때, 대부분의 성경적 가르침이 거품막 안에서만 머물러 있는 것을 발견하는 이유이다. 교회를 다니는 대부분의 사람들은 주일학교, 중고등부, 청년부, 설교 강단, 모든 곳에서 성경적 지질학, 성경적 생물학, 성경적 인류학 등을 재확립시켜야 한다는 것을 이해하지 못하고 있다.

진실된 역사를 방어하고 다시 회복하는 것이, 그리고 이 진실된 역사에 성경의 영적·도덕적인 것들을 재연결하는 것이 얼마나 중요한지를 교회가 이해할 때까지, 그리고 교회가 얼마나 빠르게 그 영향력을 잃어갈 것인지에 대하여 우리는 지속적으로 충격을 가할 것이다. 예수님께서는 요한복음 3:12절에서 다음과 같이 말씀하셨다.

"내가 땅의 일을 말하여도 너희가 믿지 아니하거든 하물며 하늘 일을 말하면 어떻게 믿겠느냐" (요 3:12)

〈Ken Ham, http://www.creation.or.kr/library/itemview.asp?no=2864〉